JIDONGCHE JIASHIYUAN PEIXUN
GAOZHILIANG FAZHAN YANJIU

机动车驾驶员培训高质量发展研究

曾 诚 孟兴凯 蔡凤田 吴初娜 等 编著

人民交通出版社股份有限公司
北 京

内 容 提 要

本书以探索机动车驾驶员培训行业高质量发展为出发点，从社会学员、机动车驾驶员培训机构和行业管理三个维度，深入分析了我国机动车驾驶员培训行业发展现状与特征、教学与管理政策的发展与变革和行业发展面临的矛盾、新形势和新需求，以及机动车驾驶员培训机构经营管理模式、效益与发展需求，系统总结了日本、德国和美国等发达国家机动车驾驶员培训教学与管理经验，最后，提出了机动车驾驶员培训行业高质量发展目标、路径和措施建议。

本书可为政府部门、交通运输行业主管部门制定机动车驾驶员培训行业发展政策提供参考，也可供机动车驾驶员培训机构和驾驶培训教学技术研发机构的相关从业人员阅读。

图书在版编目(CIP)数据

机动车驾驶员培训高质量发展研究/曾诚等编著.—北京:人民交通出版社股份有限公司,2022.12

ISBN 978-7-114-18356-0

Ⅰ.①机… Ⅱ.①曾… Ⅲ.①汽车驾驶员—技术培训—研究 Ⅳ.①U471.3

中国版本图书馆 CIP 数据核字(2022)第 222900 号

书　　名:**机动车驾驶员培训高质量发展研究**
著 作 者:曾　诚　孟兴凯　蔡凤田　吴初娜　等
责任编辑:范才彬
责任校对:刘　芹
责任印制:刘高彤
出版发行:人民交通出版社股份有限公司
地　　址:(100011)北京市朝阳区安定门外外馆斜街 3 号
网　　址:http://www.ccpcl.com.cn
销售电话:(010)59757973
总 经 销:人民交通出版社股份有限公司发行部
经　　销:各地新华书店
印　　刷:北京虎彩文化传播有限公司
开　　本:710 × 1000　1/16
印　　张:19
字　　数:290 千
版　　次:2022 年 12 月　第 1 版
印　　次:2022 年 12 月　第 1 次印刷
书　　号:ISBN 978-7-114-18356-0
定　　价:98.00 元
(有印刷、装订质量问题的图书,由本公司负责调换)

前言 | PREFACE

机动车驾驶员培训行业（以下简称驾培行业）担负着为社会培养安全文明机动车驾驶员、守护道路交通安全第一道防线的使命和责任。近20年来，我国经济社会快速发展，人民群众的生活水平显著提高，汽车成为社会家庭生活的重要工具，带动了社会公众学驾需求的快速增长，促进了驾培行业的发展，驾培行业管理法规制度体系不断健全，服务社会能力显著增强，培训服务质量明显提高，为我国培养了数亿名合格的机动车驾驶员。同时，驾培行业已成为服务民生的基础性行业，为社会提供了100余万个就业岗位，年实现税收20余亿元，对我国经济社会发展起到了积极促进作用。

驾培行业在快速发展的过程中，面临着驾培市场供给与培训需求之间、学员素质教育与应试教学之间、企业经营效益与履行社会责任之间的诸多发展矛盾，还存在支撑培训质量的基础较为薄弱、促进服务质量提升的机制不够健全、驾培市场秩序不够规范、行业信息化应用水平不足等发展痛点。与此同时，驾培行业面临着发展的新需求和新形势：一是社会学驾需求发生深刻变化，学驾需求总量减少并趋于稳定，年轻学员占比增大，多样化、个性化和品质化学驾需求明显增加；二是党中央、国务院持续深化“放管服”改革，要求各地政府部门进一步加大简政放权力度，强化事中事后监管，实行利企便民举措；三是虚拟现实、大数据、人工智能、新能源汽车等新技术发展并在驾培行业中试点和推广应用，为驾培行业数字化、智能化、低碳化转型发展带来历史机遇。驾培行业单纯的规模化、粗放式发展模式已经不适应新时期行业发展需要。

党的十八大以来，以习近平同志为核心的党中央在深刻总结国内外发展经验教训的基础上，根据社会经济发展规律和我国社会经济发展的阶段性特征，对当前的经济形势做出了“中国经济发展已经进入新常态”的重大判断，将“高质量发展”作为“十四五”时期经济社会发展的重要指导思想之一。新时代高质量发展的号角已经吹响，国家相继确立了交通强国建设和碳达峰、碳中和等发展战略目标任务。站在“两个一百年”奋斗目标的历史交汇点，驾培行业需要探索如何贯彻落实习近平总书记关于新发展阶段的新思想、新理念和新战略，通过质量变革、效率变革和动力变革实现行业高质量发展，更好地满足人民群众的学驾需求。

在上述背景下，本书以探索驾培行业高质量发展为出发点，从社会学员、机动车驾驶员培训机构（以下简称驾培机构）和行业管理三个维度，深入分析了我国驾培行业发展现状与特征、驾培教学与管理政策的发展与变革和驾培行业发展面临的矛盾、新形势和新需求，以及驾培机构经营管理模式、效益与发展需求，系统总结了日本、德国和美国等发达国家驾培教学与管理经验，研究提出驾培行业高质量发展目标、路径和措施建议。本书在内容上兼顾研究性和实践性，既包括对行业发展现象深层次原因的剖析，又包括对各地实践经验的提炼总结，力求为行业管理人员和从业人员提供一副全面、客观的驾培行业发展图像，为探索驾培行业高质量发展战略提供指导。

本书由交通运输部公路科学研究院道路运输组织与管理研究团队成员编写，人民交通出版社股份有限公司的研究人员也参与了本书第六章的编写，编写人员包括曾诚、孟兴凯、蔡凤田、吴初娜、张琼、刘畅、王雪然、夏鸿文、罗文慧。本书素材来自该团队近年来围绕机动车驾驶培训管理、技术、政策等开展的多个相关课题研究的成果，包括江苏省交通科技服务项目《〈机动车驾驶培训质量提升行动〉研究》《江苏省“先培后付”服务模式应用情况研究》《大型客货车驾驶人职业教育实施工作调研》、交通运输部标准化项目《〈汽车驾驶培训模拟器标准〉修订》《汽车驾驶培训智能辅助教学系统技术条件研究》《汽车驾驶教练员技能要求》，以及交通运输部公路科学研究院标准技术跟踪和实施效果评估项目《国家标准〈机动车驾驶员培训机构资格条件〉（GB/T 30340—2013）和〈机动车驾驶员培训教练场技术要求〉（GB/T 30341—2013）技术跟踪和实施效果评估》等。本书的顺利出版需要感谢交通运输部运输服务司、江苏省交通运输厅运输管理局、四川省交通运输厅道路运输管理局、陕西省交通运输厅道路运输事业发展中心、中国道路运输协会机动车驾驶培训分会、江苏省机动车驾驶人培训行业协会、陕西省机动车驾驶员培训协会、长安大学、人民交通出版社股份有限公司、北京国交安驾文化传播有限公司等单位的有关领导和行业专家的帮助和指导。

由于作者的水平有限，本书的观点难免存在局限性，希望本书能抛砖引玉，吸引更多的科研工作者、行业管理人员和从业人员致力于驾培行业技术政策的研究与实践工作，共同推动驾培行业高质量发展。

编著者

2022 年 11 月

目录 | CONTENTS

第一章

驾培行业发展现状与特征

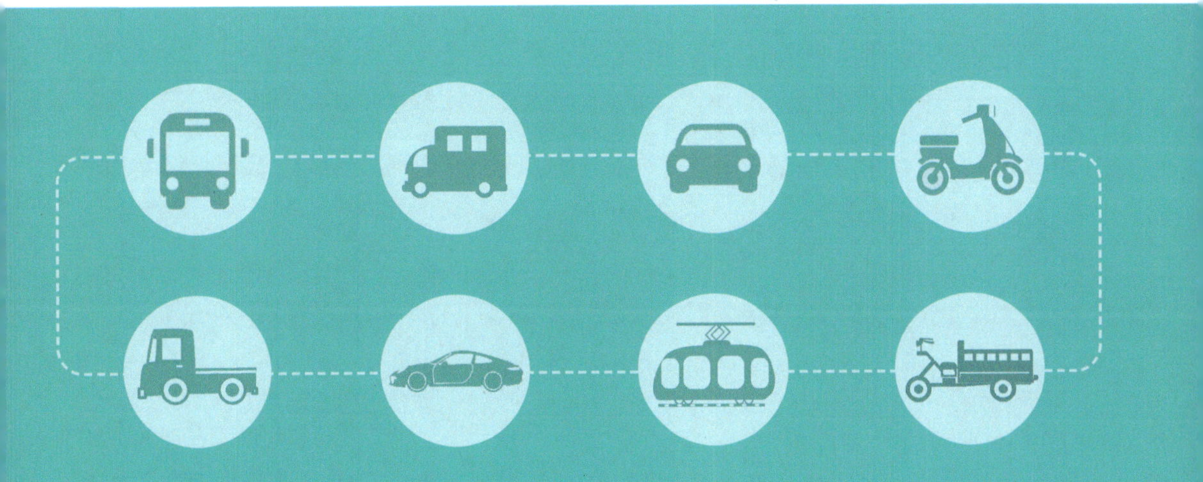

随着我国经济社会的快速发展以及汽车工业的迅速繁荣，社会群众的学驾需求日益增长，机动车驾驶员培训行业（以下简称驾培行业）也随之发展成为重要的民生服务行业和汽车社会的重要支撑行业。近20年来，驾培行业发展取得了巨大的成就，服务社会能力显著增强，培训服务质量明显提升，为社会提供了数亿名合格的机动车驾驶员，从源头上为社会道路交通安全提供了重要保障。同时，驾培行业也面临着社会学驾需求减少、行业规模增速放缓、行业产能过剩、教学资源配置有待优化、区域发展不够均衡等现状和问题。本章分析了驾培行业发展现状、发展特征以及发展制约因素。

第一节 驾培行业发展现状

本节以行业统计数据和项目调查数据为基础，从行业发展历程、发展规模、供给结构、教学资源配置等方面分析了驾培行业的发展现状。

一 驾培行业发展历程

（一）驾驶培训社会化发展历程

在20世纪80年代前，机动车基本上被作为一种生产工具，社会家庭拥有机动车的情况非常少，汽车驾驶员是一种社会职业，汽车驾驶员的培养方式主要是由专业的技工学校培养和道路运输企业采用师傅带徒弟的方式培养。此后，随着汽车保有量的增加，社会对汽车驾驶员的需求逐渐增大，公安和交通系统内相关单位开始开办专门从事机动车驾驶员培训的机构，但这类培训机构的数量不多。

1993年，国务院印发了《关于研究道路交通管理分工和地方交通公安机构干警评授警衔问题的会议纪要》（国阅〔1993〕204号），文件提出“驾校应实行社会化，公安、交通部门都应按照政企分开的原则，与驾校和驾驶员培训工作的经济利益彻底脱钩。”2004年，我国出台了《中华人民共和国道路交通安全法》（以下简称《道路交通安全法》），规定机动车的驾驶培训实行社会化，首次在法律中确立了驾驶员培训社会化的发展思路。

自20世纪90年代中期，特别是21世纪初开始，机动车驾驶员培训机构（以下简称驾培机构）数量逐年快速增长，同时，随着汽车进入社会家庭，机动车驾驶员培训的目的也在逐渐发生变化，由早期的职业技能培训逐渐向人们的一种生活技能培训转变。

（二）驾驶培训与考试管理体制变革

1985年以前，我国机动车驾驶员考试发证由交通监理部门负责。1986年，国务院改革道路交通管理体制，出台了《国务院关于改革道路交通管理体制的通知》（国发〔1986〕94号），规定公安机关对全国城乡道路交通依法管理，其中包括机动车驾驶员考核发证与机动车注册发牌。

1993年和1994年，国务院先后印发了《关于研究道路交通管理分工和地方交通公安机构干警评授警衔问题的会议纪要》（国阅〔1993〕204号）和《国务院办公厅关于印发交通部职能配置、内设机构和人员编制方案的通知》（国办发〔1994〕29号），文件进一步明确了公安和交通两个部门的职责：交通部门负责对驾校和驾驶员培训工作进行宏观方面的行业管理，包括制定管理规章、技术标准、教学大纲，负责规划布局和实施监督检查；公安部门负责对驾驶员的考核与发牌发证工作。

2004年，《道路交通安全法》和《中华人民共和国道路运输条例》（以下简称《道路运输条例》）规定机动车的驾驶培训实行社会化，由交通主管部门对驾驶培训学校、驾驶培训班实行资格管理，公安部门负责机动车驾驶员考试及发证。国家首次在法律和法规中确立了交通部门和公安部门各自对机动车驾驶培训和驾驶证考试的管理职责。驾驶培训与考试由交通部门和公安部门分别管理的模式延续至今。

二 驾培行业发展规模与供给结构

（一）社会学驾需求量分析

1. 社会潜在学驾需求量

社会潜在学驾需求量是指全国总人口中符合申领驾驶证年龄等条件（我国申领驾驶证的年龄要求在18周岁以上）的人员数量，本部分重点从人的年龄条件进行分析。考虑到人口年龄结构较为复杂，本部分仅对每年新增年龄为18周岁的人口数量进行分析。根据国家有关统计数据，我国1987—2002年人口数量与年出生人口数量变化情况如图1-1所示。由图可知，1987—2002年，我国人口数量呈现逐年增长的态势，截至2002年年底，我国人口数量超过12.84亿人；而我国每年出生人口数量总体呈现下降的态势，2002年我国出生人口数量为1651.91万人。

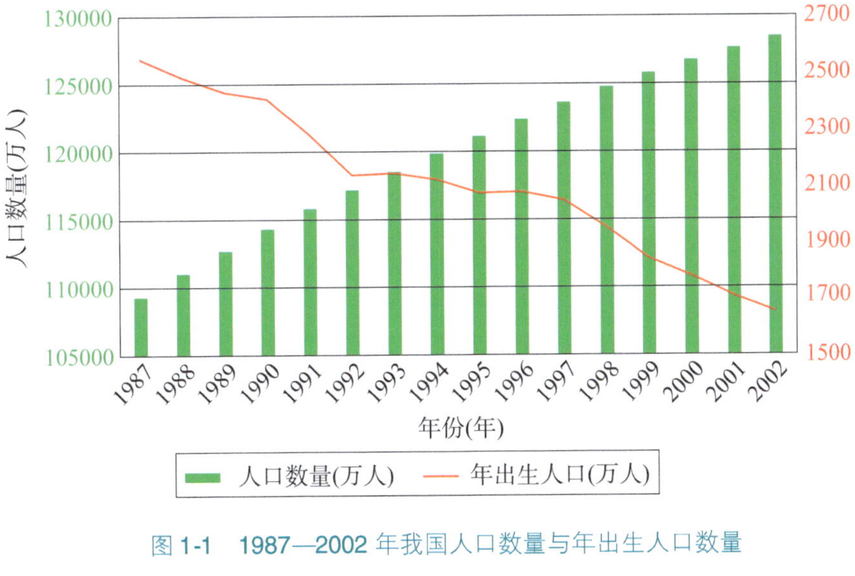

图1-1　1987—2002年我国人口数量与年出生人口数量

1987年出生的人的年龄在2005年达到18周岁，照此类推，“十一五”“十二五”和“十三五”期间，我国每年新增年龄为18周岁的人口数量分别在2137.2万~2483.65万人、2048.48万~2143.97万人和1651.91万~1951.26万人之间。由此可见，自“十一五”以来，我国每年为驾培行业带来的潜在学驾需求人口数量总体呈现逐年下降的趋势，其中，“十一五”

和“十二五”期间每年为驾培行业带来超过 2000 万人的潜在学驾需求量，而“十三五”期间每年为驾培行业带来的潜在学驾需求量低于 2000 万人。

2. 驾培行业年培训量

驾培行业年培训量是指全国驾培机构每年培训学员的数量，可以反映驾培行业的市场实际学驾需求量。根据交通运输行业统计数据分析，2010—2020 年驾培行业年培训量与年培训合格人次如图 1-2 所示。其中，年培训量是指当年在驾培机构报名参加驾驶技能培训的人员数量；年培训合格人次是指当年在驾培机构参加驾驶技能培训并通过结业考核的人员数量，包括部分当年报名参加驾驶技能培训通过结业考核的学员和部分往年报名但在当年才完成驾驶技能培训并通过结业考核的学员。

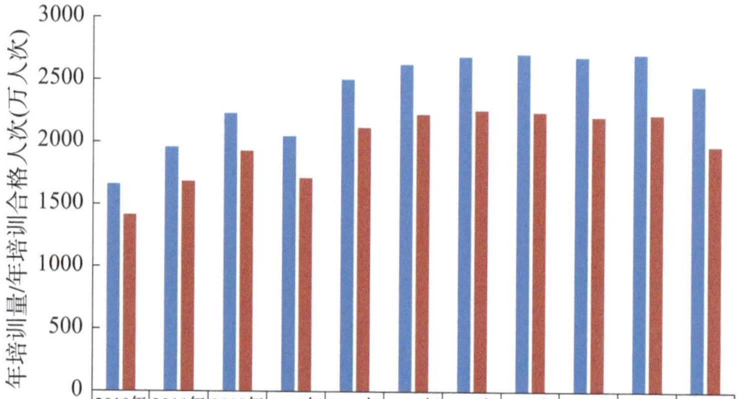

	2010年	2011年	2012年	2013年	2014年	2015年	2016年	2017年	2018年	2019年	2020年
年培训量(万人次)	1658.2	1955.1	2228.7	2044	2500.7	2624.9	2686.6	2706.6	2684.7	2705.2	2452.8
年培训合格人次(万人次)	1415.5	1682.3	1926	1710.2	2114.1	2225.5	2257.8	2241.7	2206.3	2222.6	1971

图 1-2　2010—2020 年驾培行业年培训量与年培训合格人次

由图 1-2 可知，“十二五”和“十三五”期间，报名参加驾驶技能培训的人数分别超过 1.13 亿人次和 1.32 亿人次，培训合格的人数分别超过 0.96 亿人次和 1.08 亿人次。在这两个五年期间，驾培行业累计为社会贡献超过 1 万亿元的产值，缴纳税费超 200 亿元，为社会经济发展作出了巨大的贡献。

由图 1-2 可知，我国驾培行业的年培训量和年培训合格人次均呈现“n”形变化的趋势，“十三五”期间的年培训量和年培训合格人次均高于“十二五”期间的水平，具体从年培训量来看，2010 年为 1658.2 万人次，2020 年为 2452.8 万人次，比 2010 年增长 47.92%；从年培训合格人次来看，

2010年为1415.5万人次，2020年为1971万人次，比2010年增长39.24%。

利用年新增社会潜在学驾需求量和年培训量进一步分析社会学驾需求存量的变化情况，“十二五”和“十三五”期间分别累计新增1.04亿人、0.89亿人的潜在学驾需求量，可以估算出“十二五”和“十三五”期间社会学驾需求存量变化值分别为-0.09亿人和-0.43亿人。由此可见，驾培行业经过近20年的快速发展，从“十二五”末期开始社会学驾需求存量呈现负增长。

（二）驾培行业发展规模

全国驾培机构、教练车、教练员的数量及其变化情况可以反映驾培行业的发展规模情况。根据交通运输行业统计数据分析得出我国2010—2020年驾培机构、教练车和教练员的数量变化情况和增长率，如图1-3和图1-4所示。

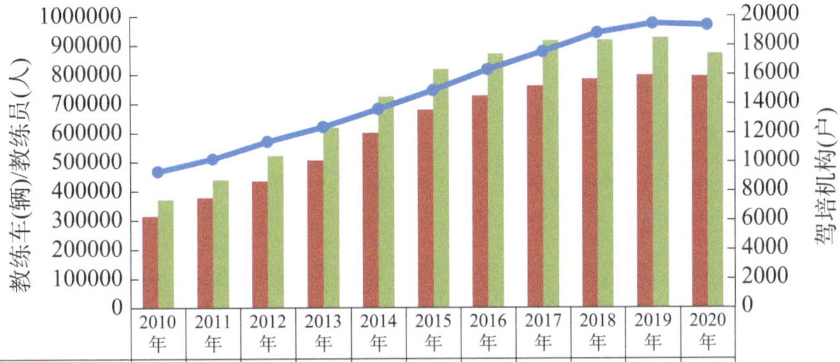

	2010年	2011年	2012年	2013年	2014年	2015年	2016年	2017年	2018年	2019年	2020年
教练车(辆)	316066	377903	434498	506494	601157	680813	728442	761973	784692	798069	795643
教练员(人)	371964	438804	522739	618822	724088	818550	871140	916239	918207	925475	871900
驾培机构(户)	9337	10202	11403	12408	13631	14912	16325	17552	18837	19471	19361

图1-3　2010—2020年我国驾培机构、教练车和教练员数量变化情况

从驾培机构数量变化情况来看，全国驾培机构数量逐年增加，2010年全国驾培机构数量为9337户，2020年增长至19361户，11年内增长了107.36%。从年增长率来看，在“十二五”期间，驾培机构数量的年增长速度保持平稳，2012年驾培机构数量的年增长率最高，为11.77%；在“十三五”期间，驾培机构数量的年增长速度逐年放缓，2019年下降至3.37%，2020年首次出现负增长。

从教练车数量变化情况来看，全国教练车数量逐年增加，2010年全国驾培机构拥有的教练车数量为 314995 辆，2020 年增长至 794267 辆，11 年内增长了 152.15%。从年增长率来看，在“十二五”期间，教练车数量保持两位数的年增长速度，2014 年教练车数量的年增长率最高，为 18.7%；在“十三五”期间，教练车数量的年增长速度逐年放缓，2019 年下降至 1.74%，2020 年首次出现负增长。

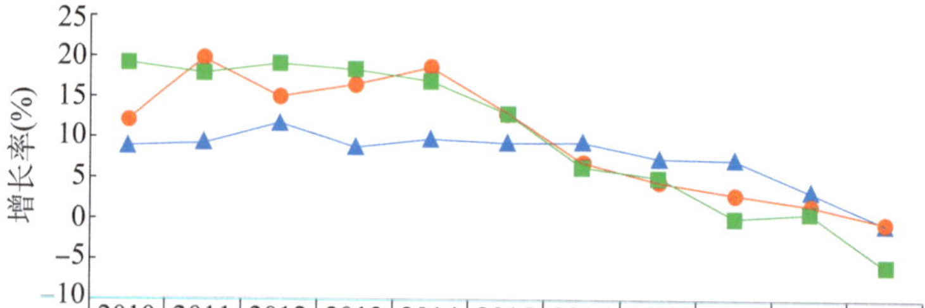

	2010	2011	2012	2013	2014	2015	2016	2017	2018	2019	2020
驾培机构年增长率(%)	8.95	9.26	11.77	8.81	9.86	9.40	9.48	7.52	7.32	3.37	-0.56
教练车年增长率(%)	12.19	19.74	15.07	16.59	18.70	13.16	7.01	4.57	3.06	1.74	-0.41
教练员年增长率(%)	19.25	17.97	19.13	18.38	17.01	13.05	6.42	5.18	0.21	0.79	-5.79

图 1-4　2010—2020 年我国驾培机构、教练车和教练员数量增长率

从教练员数量变化情况来看，全国教练员数量逐年增加，2010 年全国驾培机构拥有的教练员数量为 371964 人，2020 年增长至 871900 人，11 年内增长了 134.4%。从年增长率来看，在“十二五”期间，教练员数量保持两位数的年增长速度，2012 年教练员数量的年增长率最高，为 19.13%；在“十三五”期间，教练员数量的年增长速度逐年放缓，2018 年和 2019 年分别下降至 0.21% 和 0.79%，2020 年首次出现负增长。

分析其原因，主要体现在社会学驾需求变化带来的影响。自“十二五”末期以来，社会学驾需求存量呈现负增长，在社会学驾需求量下降的影响下，驾培行业在“十三五”期间的发展速度放缓。2020 年进一步受新冠肺炎疫情的影响，驾培机构、教练车和教练员的数量均出现负增长。

（三）驾培行业供给结构

驾培行业供给结构包括驾培机构等级结构组成、培训车型结构组成等情况，反映驾培行业的培训经营范围、行业规模化和专业化发展情况。

1. 驾培机构等级结构

驾培机构根据培训能力分为一级、二级和三级。教练车数量、教练场地面积等是驾培机构分级的重要指标。比如，一级驾培机构配备的教练车数量应不少于 80 辆，二级驾培机构配备的教练车数量应不少于 40 辆，三级驾培机构配备的教练车数量应不少于 20 辆。图 1-5 展示了 2010—2020 年全国驾培机构的等级结构变化情况。

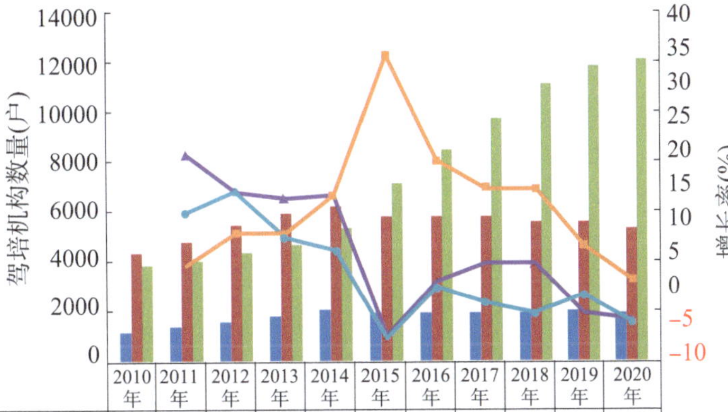

	2010年	2011年	2012年	2013年	2014年	2015年	2016年	2017年	2018年	2019年	2020年
一级驾培机构数量(户)	1162	1390	1585	1796	2044	1908	1934	2011	2090	2022	1938
二级驾培机构数量(户)	4321	4808	5480	5913	6249	5842	5870	5782	5595	5564	5333
三级驾培机构数量(户)	3854	4004	4338	4699	5338	7162	9759	9759	11152	11885	12090
一级驾培机构数量年增长率(%)		19.62	14.03	13.31	1381	-6.65	1.36	3.98	3.93	-3.25	-4.15
二级驾培机构数量年增长率(%)		11.27	13.98	7.90	5.68	-6.51	0.48	-1.50	-3.23	-0.55	-4.15
三级驾培机构数量年增长率(%)		3.89	8.34	8.32	13.60	34.17	18.98	14.53	14.27	14.27	1.72

图 1-5　2010—2020 年全国驾培机构的等级结构变化情况

由图可以发现，各级驾培机构的数量变化呈现以下特点。

（1）11 年间不同等级驾培机构数量均有不同程度的增长，其中三级驾培机构数量的增长幅度最大。与 2010 年相比，2020 年一级驾培机构数量从 1162 户增加至 1938 户，增长率为 66.78%；二级驾培机构数量从 4321 户增加至 5333 户，增长率为 23.42%；三级驾培机构数量从 3854 户增加至 12090 户，增长率为 213.7%。

（2）不同等级驾培机构的数量变化趋势呈现差异化。一级驾培机构数量在“十二五”期间（2015 年除外）保持两位数的快速增长，而在“十三五”期间增长速度明显放缓，且“十三五”末期出现负增长的情形。二级驾培机构数量在“十二五”前期保持两位数的快速增长，而之后增长速度放缓，且在“十三五”期间出现持续负增长的情形。三级驾培机构在“十二五”前期保持低速增长，在“十二五”后期和“十三五”期间开始保持两位数的快速增长，而在“十三五”末期的增速又开始放缓。从具体年份来看，2015 年是一个重要的转折期。2015 年之后，一级和二级驾培机构的数量增速明显放缓，并出现负增长，而三级驾培机构的数量则出现前期增速明显加快然后又放缓的现象。

（3）全国驾培机构的结构发生明显变化，由二级和三级驾培机构为组成主体调整为以三级驾培机构为组成主体。2010 年，一级、二级和三级驾培机构数量占驾培机构总数的比例分别为 12.44%、46.28% 和 41.28%；2020 年，一级、二级和三级驾培机构数量占驾培机构总数的比例分别为 10%、27.55% 和 62.45%。由此可见，一级驾培机构数量占比略有下降，二级驾培机构数量占比明显下降，三级驾培机构数量占比明显上升。

分析其原因，主要有以下两个方面：一是 2014 年 6 月，国家标准《机动车驾驶员培训机构资格条件》（GB/T 30340—2013）开始实施，标准规定一级和二级驾培机构的教练场地面积要求比三级驾培机构的要求高，并将提供大型客货车驾驶员培训服务的驾培机构的教练场地面积要求明显提高，因此，相对于经营规模大的驾培机构而言，经营规模小的驾培机构具有前期投入少、运行成本低和服务学员的方式灵活等特点，具有经营发展优势；二是各地交通运输主管部门贯彻落实《国务院办公厅转发〈公安部　交通运输部关于推进机动车驾驶人培训考试制度改革意见〉的通知》（国办发〔2015〕88 号）文件要求，进一步放开了驾培市场，取消了驾培业务许可环节限制小规模驾培机构发展的政策，因此，驾培机构经营者鉴于驾培市场需求减少和经营成本高等诸多因素，普遍选择规模相对较小的三级驾培机构往集约化、专业化方向发展。

2. 培训车型结构

在国家标准《机动车驾驶员培训机构资格条件》（GB/T 30340—2013）中，教练车车型分为大型客车（A1）、牵引车（A2）、城市公交车（A3）、中型客车（B1）、大型货车（B2）、小型汽车（C1）、小型自动挡汽车（C2）、低速载货汽车（C3）、三轮汽车（C4）、残疾人专用小型自动挡载客汽车（C5）、普通三轮摩托车（D）、普通二轮摩托车（E）、轻便摩托车（F）、轮式自行机械车（M）、无轨电车（N）和有轨电车（P）共 16 种类型。表 1-1 显示了 2010—2020 年我国驾培行业教练车保有量。

表 1-1

2010—2020 年我国驾培行业教练车保有量

教练车车型	年份										
	2010 年	2011 年	2012 年	2013 年	2014 年	2015 年	2016 年	2017 年	2018 年	2019 年	2020 年
大型客车（A1）	4083	4452	4789	5030	5120	4774	4556	4513	4454	4264	4236
牵引车（A2）	2667	2337	2681	3160	3531	3432	3880	4424	4787	5260	6117
城市公交车（A3）	1146	1078	1065	1255	1207	1275	1362	1607	1493	1581	1615
中型客车（B1）	2652	2510	2143	2064	1908	1910	1912	2017	1842	1762	2049
大型货车（B2）	41465	48761	51860	53455	50554	43483	36951	34189	29262	27235	24475
小型汽车（C1、C2）	251299	305073	358225	427504	520291	611916	666198	701804	729198	741949	736929
低速载货汽车（C3）	2094	2101	3797	2963	6715	2459	2239	2301	2561	1723	1270
残疾人专用小型自动挡载客汽车（C5）	1071	720	479	487	526	1123	1097	1379	824	545	1376
摩托车（D、E、F）	8238	8871	7863	8449	8365	7467	7241	7200	7390	11248	14590
三轮汽车、轮式自行机械车、无轨电车和有轨电车等其他车型（C4、M、N、P）	1351	2000	1596	2127	2940	2974	3006	2539	2881	2502	2986

从表1-1中的数据可知，截至2020年年底，大型客车教练车占比为0.54%，牵引车教练车占比为0.78%，城市公交车教练车占比为0.21%，大型货车教练车占比为3.13%，中型客车教练车占比为0.26%，小型汽车（含手动挡和自动挡小型汽车）教练车占比为94.17%，摩托车教练车占比为0.19%。进一步分析，可以发现驾培行业教练车车型结构呈现以下特点。

（1）大型客车（A1）、牵引车（A2）、城市公交车（A3）、中型客车（B1）和大型货车（B2）等大中型教练车的数量占全部教练车数量的比例呈现逐年降低的趋势，由2010年的16.46%降低至2020年的4.84%，其中大型货车的占比降低最为明显，由2010年的13.12%降低至2020年的3.08%。

（2）小型汽车（C1）和小型自动挡汽车（C2）的数量占全部教练车数量的比例呈现逐年增长的趋势，由2010年的79.51%增长至2020年的92.62%。

（3）普通三轮摩托车（D）、普通二轮摩托车（E）和轻便摩托车（F）的数量占全部教练车数量的比例呈现“U”形波动，由2010年的2.61%逐年降低至2018年的0.94%，又开始逐年增长至2020年的1.83%。

（4）其他车型的教练车数量占全部教练车数量的比例在0.54%~1.43%之间并呈现小幅波动。

综上所述，2010—2020年的11年间，驾培行业具有的教练车的车型类别齐全，能够满足社会各种车型学驾需求。同时，受驾培市场需求及训练场地条件等因素的影响，全国范围内教练车车型以小型汽车教练车为主，大中型教练车占比逐年减少，轮式自行机械车、无轨电车和有轨电车等培训车型教练车的数量很少。

三 驾培行业教学资源配置

教学资源是指可被利用的、支持教学有效开展的各种条件，包括教材、教师资源、教具和基础设施等。在驾培行业，教学资源主要包括教练车、从业人员和教练场地等。教学资源配置对保证教学秩序和教学质量具有非常重要的作用，同时，它受到市场学驾需求、驾培机构经营者的经营管理理念和管理水平的影响。

（一）教练车配置情况

实操训练是学员安全驾驶技能培训的重要组成部分，教练车则是实操训练依赖的重要教学工具。教练车的配置情况可以反映社会学驾需求变化特征以及驾培行业满足社会学驾需求的能力。从表 1-1 中可以发现驾培行业教练车保有量具有以下特点。

1. 2010—2020 年驾培机构不同车型的教练车数量变化趋势存在差异

2010—2020 年的 11 年间，牵引车、小型汽车两种车型的教练车数量逐年增长，尤其是小型汽车教练车数量在十年间的增长率达到 193.25%。其原因主要是这 11 年我国经济社会和汽车工业保持较好的发展水平，小型汽车作为社会家庭生活、旅游及办公出行的主要工具，使得小型汽车学驾需求保持较高的水平。此外，我国物流行业中甩挂运输、多式联运等运输组织方式得到广泛应用，推动了牵引车学驾需求的增加。

大型客车、大型货车两种车型的教练车数量均在“十二五”前期呈现增长态势，但从 2015 年开始大型客车数量逐年下降，从 2014 年开始大型货车数量逐年下降。其原因主要是道路客运行业受高速铁路快速发展的巨大冲击、大型客车驾驶员职业素质要求高且劳动强度大，而普通货物运输盈利能力差且驾驶员劳动强度大，从事大型客车、大型货车道路运输职业的人员数量减少。

摩托车教练车数量逐年下降，但在 2019 年出现明显增长。其原因主要是国家标准《电动自行车安全技术规范》（GB 17661—2018）于 2019 年 4 月 15 日开始实施，规定车辆最高时速大于 25km/h、整车质量（含电池）大于 55kg、电机功率大于 400W、电池标称电压大于 48V 的，均属于机动车范畴，骑行这类车辆需持有相应的机动车驾驶证。近年来，快递、外卖等以摩托车为主要工具的物流配送行业快速兴起，公众骑行摩托车通勤或短途出行的需求增大，而公安部门对非法骑行摩托车、非标电动自行车进行治理，催生了大量的摩托车学驾需求。

2. 驾培机构户均教练车数量年增长率呈现先增长、后下降的态势

户均教练车数量是指平均每户驾培机构拥有的教练车数量，反映驾培

行业规模化发展的程度。2010—2020 年驾培机构户均教练车数量变化情况如图 1-6 所示。从图中可以发现，“十二五”期间驾培机构户均教练车数量的年增长率为正值，即驾培机构户均教练车数量呈现增长的态势，在 2015 年达到最高值（为 45. 58 辆），而在“十三五”期间，驾培机构户均教练车数量的年增长率为负值（2020 年为正值），即驾培机构户均教练车数量呈现下降的态势。

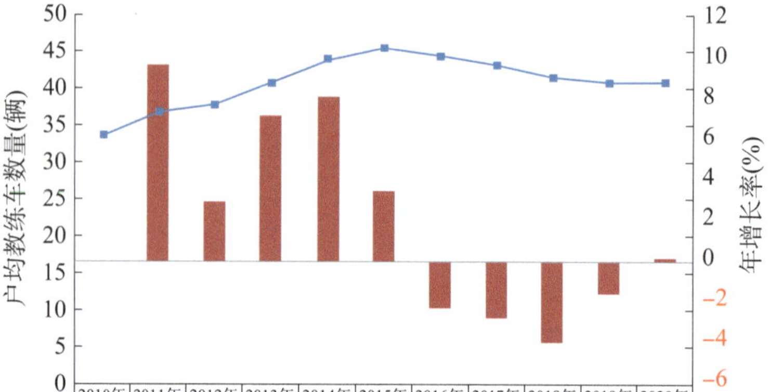

	2010年	2011年	2012年	2013年	2014年	2015年	2016年	2017年	2018年	2019年	2020年
户均教练车数量(辆)	33.74	36.97	38.06	40.78	44.06	45.58	44.55	43.33	41.61	40.96	41.02
年增长率(%)		9.59	2.95	7.14	8.05	3.44	-2.25	-2.74	-3.97	-1.57	0.16

图 1-6　2010—2020 年驾培机构户均教练车数量变化情况

分析其原因，主要是受市场学驾需求变化和政策调整的影响：一是社会学驾需求量自“十二五”末期开始下降，驾培机构对教练车的配置数量也相应产生波动；二是国家标准《机动车驾驶员培训机构资格条件》（GB/T 30340—2013）将驾培机构的教练车数量与其教练员数量、教练场地面积等经营条件正向关联，即驾培机构的教练车数量越多，教练员数量、教练场地面积等要求相应地提高；三是《公安部　交通运输部关于推进机动车驾驶人培训考试制度改革意见的通知》（公交管〔2016〕50 号）印发后，公安部门进一步规范了机动车驾驶证考试管理，各地逐渐取消了驾培机构教练车数量与其参加驾驶证考试的学员数量挂钩的制度。上述的一系列政策调整引导驾培机构回归到以市场需求为导向的教学资源配置模式，驾培机构经营者不再盲目追求规模化发展，使得教练车数量回归理性动态变化状态。

（二）从业人员配置情况

驾培行业从业人员主要包括驾培机构主要负责人、教学负责人、教练员和结业考核员等。本部分重点分析驾培行业中教学负责人、教练员和结业考核员的配置情况。

1. 教学负责人

国家标准《机动车驾驶员培训机构资格条件》（GB/T 30340—2013）要求驾培机构应当配置相应的理论教学负责人和驾驶操作训练负责人。图 1-7 展示了 2010—2020 年驾培机构教学负责人的数量变化情况。

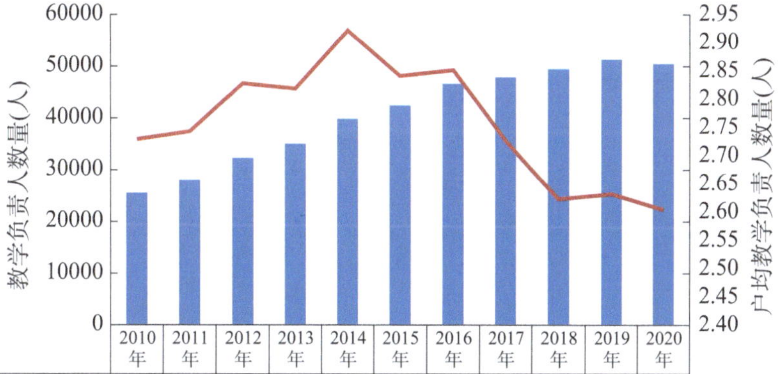

	2010年	2011年	2012年	2013年	2014年	2015年	2016年	2017年	2018年	2019年	2020年
教学负责人数量(人)	25484	27985	32243	34972	39824	42364	46549	47854	49411	51243	50422
户均教学负责人数量(人)	2.73	2.74	2.83	2.82	2.92	2.84	2.85	2.73	2.62	2.63	2.60

图 1-7　2010—2020 年驾培机构教学负责人数量变化情况

由图 1-7 可知，驾培机构教学负责人数量呈现逐年增长的态势，但户均教学负责人数量在“十二五”期间呈现增长、而在“十三五”期间呈现下降的趋势。从总体来看，户均教学负责人数量保持在 2. 6 人以上，能够满足驾培机构的教学管理需要。

2. 教练员

根据《道路运输从业人员管理规定》（交通运输部令 2019 年第 18 号）的规定，教练员分为理论教练员、驾驶操作教练员、道路客货运输驾驶员从业资格培训教练员和危险货物运输驾驶员从业资格培训教练员。本部分重点分析驾培机构对理论教练员和驾驶操作教练员的配置情况。国家标准《机动车驾驶员培训机构资格条件》（GB/T 30340—2013）对理论教练员和驾驶操作教练员的配置提出以下要求。

（1）驾培机构应当按教练车总数的 3% 配备理论教练员，且不少于 2 人；实施集中理论培训或网上理论培训的地区，理论教练员配置数量由省级道路运输管理机构确定。

（2）按照不少于相应车型教练车总数的100%配备驾驶操作教练员。

图1-8和图1-9分别展示了2010—2020年驾培机构理论教练员和驾驶操作教练员的数量变化情况，图1-10展示了2010—2020年驾培机构教练员配备情况。

	2010年	2011年	2012年	2013年	2014年	2015年	2016年	2017年	2018年	2019年	2020年
理论教练员数量(人)	29344	33418	33418	45425	48707	58291	62314	65297	58284	58702	64275
增长率(%)		13.88	14.96	18.24	7.23	19.68	6.90	4.79	-10.74	0.72	9.49

图1-8　2010—2020年驾培机构理论教练员数量变化情况

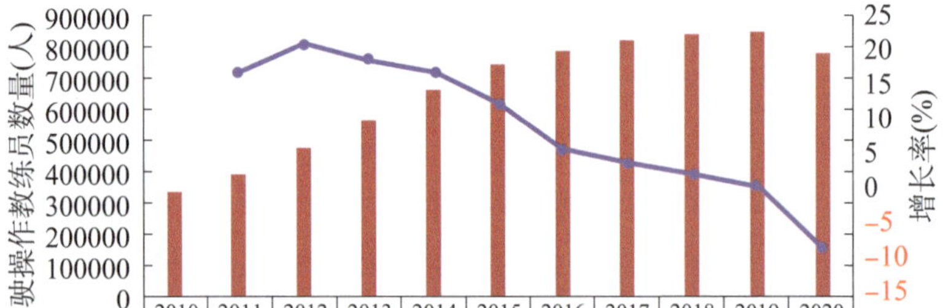

	2010年	2011年	2012年	2013年	2014年	2015年	2016年	2017年	2018年	2019年	2020年
驾驶操作教练员数量(人)	335644	392953	476226	566513	663753	746541	790639	822105	842109	849151	781969
增长率(%)		17.07	21.19	18.96	17.16	12.47	5.91	3.98	2.43	0.84	-7.91

图1-9　2010—2020年驾培机构驾驶操作教练员数量变化情况

由图1-8可知，随着驾培机构数量的增长，理论教练员数量总体保持增长态势，但是2018年出现10.74%的负增长。分析其原因，主要是交通运输主管部门结合教学大纲规定于2017年开始在驾培行业推动网络远程理论教学，相应地，行业对理论教练员的需求减少。2020年，理论教练员数量比2019年增长了9.49%，这个统计数据存在异常，其深层次原因有待进一步考证。由图1-10可知，总体来看，户均理论教练员数量保持在3人/户以上，按照教练车数量配备的比例均超过7%，符合国家标准的要求，也能满足驾培机构理论教学的需要。

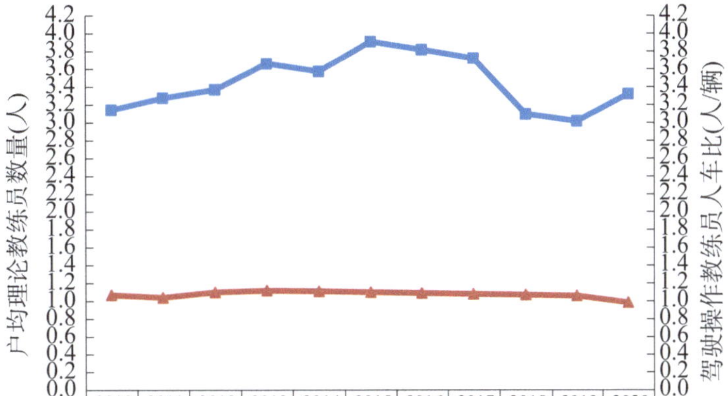

	2010年	2011年	2012年	2013年	2014年	2015年	2016年	2017年	2018年	2019年	2020年
户均理论教练员数量(人)	3.14	3.28	3.37	3.66	3.57	3.91	3.82	3.72	3.09	3.01	3.32
驾驶操作教练员人车比(人/辆)	1.07	1.04	1.10	1.12	1.11	1.10	1.09	1.08	1.07	1.06	0.98

图 1-10　2010—2020 年驾培机构教练员配备情况

由图 1-9 可知，“十二五”期间驾驶操作教练员数量逐年增长，且年增长率保持两位数；“十三五”期间驾驶操作教练员数量的年增长率逐年放缓，且在 2020 年首次出现负增长。分析其原因，主要是受社会学驾需求下降的影响，驾培机构教练车配备数量的增长放缓，驾驶操作教练员的配备需求相应地减少。由图 1-10 可以看出，除 2020 年以外，其他年度全国范围内驾驶操作教练员的人车比平均值均高于 1 人/辆，教练员数量配置符合国家标准要求，能够保障正常的教学秩序。进一步分析，2020 年驾培行业驾驶操作教练员的人车比平均值首次低于 1 人/辆，其中西藏、青海、宁夏、新疆、河北、贵州等 10 余个省（自治区、直辖市）驾驶操作教练员的人车比均低于 1 人/辆。其原因是受新冠病毒疫情的影响，一部分驾培机构的驾驶训练未全面开展，驾驶操作教练员出现减员的情况。

在年龄方面，我国教练员队伍主要集中在 31 ~ 40 岁和 41 ~ 50 岁，这两个年龄段的教练员数量占比分别为 38.1% 和 38.4%，而 30 周岁以下的教练员占比仅为 12.7%，教练员队伍总体以中青年为主，教练员的年龄结构分布情况如图 1-11 所示。在性别方面，教练员以男性为主，男性教练员数量占教练员总数的比例达 87%。分析其原因，主要是由于教练员职业教学任务重、工作时间长、休息时间不固定、工作中存在交通安全风险，这些因素致使选择从事教练员职业的女性较少。在学历方面，初中及以下学历的教练员占比为 8%，高中学历的教练员占比为 64%，专科及以上学历的教练员占比为28%。教练员队伍的学历水平总体偏低，但相比10年前的情况已有所改善。

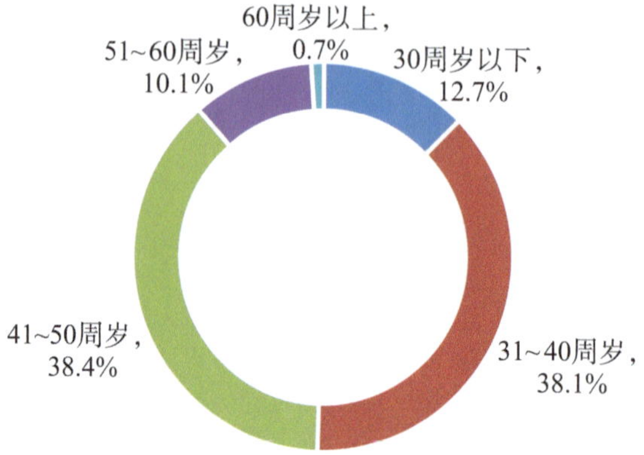

图1-11　教练员的年龄结构分布情况

3. 结业考核员

国家标准《机动车驾驶员培训机构资格条件》（GB/T 30340—2013）要求驾培机构应当按教练车总数的5%配置结业考核员，且不少于2人。图1-12展示了2010—2020年驾培机构结业考核员数量的变化情况。

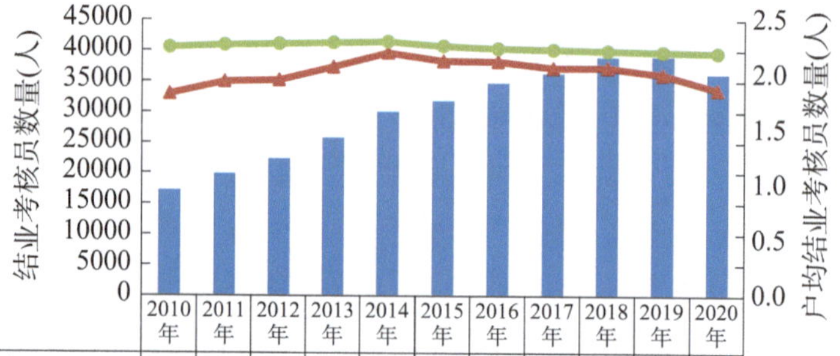

	2010年	2011年	2012年	2013年	2014年	2015年	2016年	2017年	2018年	2019年	2020年
结业考核员数量(人)	17079	19801	22281	25705	29995	31727	34665	36231	38949	39036	36157
实际户均结业考核员数量(人)	1.83	1.94	1.95	2.07	2.20	2.13	2.12	2.06	2.07	2.00	1.87
理论户均结业考核员数量(人)	2.25	2.27	2.28	2.29	2.30	2.26	2.24	2.23	2.22	2.21	2.20

图1-12　2010—2020年驾培机构结业考核员数量变化情况

由图1-12可知，结业考核员的数量整体呈现逐年增长的态势，2020年出现下降。实际户均结业考核员的数量在“十二五”期间呈现增长、而在“十三五”期间呈现下降的趋势，主要是因为“十三五”期间的学驾需求量下降，结业考核员配置相应减少。自2013年以来，实际户均结业考核员数量维持在2人的水平。进一步分析发现，2010—2020年这11年间，驾培机构户均结业考核员的实际配置数量均比理论配置数量（根据国家标准要求和教练车数量估算得到的数值）略低，说明部分驾培机构对结业考核的重视程度仍然存在不足，未按照规定足额配置结业考核员。

（三）教练场地配置情况

教练场地是驾培机构组织实操训练的重要教学设施，驾培行业教练场地的配置情况可以反映驾培行业发展规模、可持续发展情况。驾培机构可以自有教练场地，也可以按照规定租用经营性教练场地。自有教练场地是指驾培机构利用自有或者合法租用的土地设计建造的、专门用于自有教练车进行驾驶训练的教练场地；租用经营性教练场地是指驾培机构租用由第三方机构提供的设施设备齐全且有偿使用的教练场地。

2010—2020 年，随着我国驾培机构数量的增长，驾培机构教练场地的用地面积逐年增长。截至 2020 年年底，我国教练场地面积达到 5.76 亿 m^2，与 2010 年相比，增长了 141.83%，如图 1-13 所示。2012—2017 年间，驾培机构教练场地面积均保持两位数的增长，其中，2014 年教练场地面积年增长率最高，达到 19.85%，其原因主要是驾培市场持续保持良好的发展势头，国家标准《机动车驾驶员培训机构资格条件》（GB/T 30340—2013）的实施进一步提高了开展大型客货车驾驶员培训业务的驾培机构的教练场地面积要求，促使驾培行业教练场地用地面积增加。

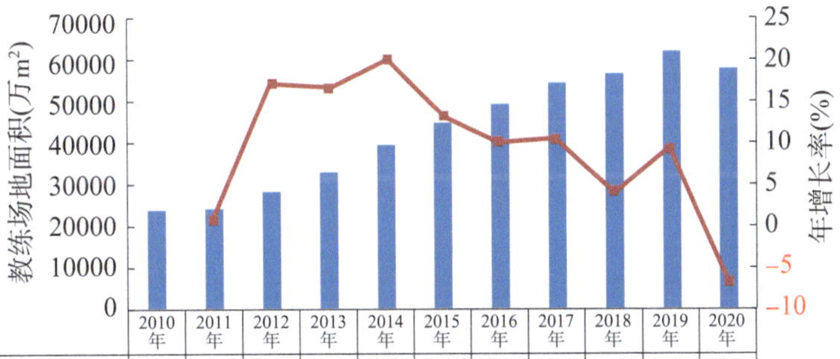

	2010年	2011年	2012年	2013年	2014年	2015年	2016年	2017年	2018年	2019年	2020年
教练场地面积(万m²)	23839	24050	28193	32895	39425	44628	49118	54346	56549	61896	57650
年增长率(%)		0.89	17.23	16.68	19.85	13.20	10.06	10.64	4.05	9.46	−6.86

图 1-13　2010—2020 年驾培行业教练场地面积变化情况

目前，驾培机构教练场地用地的土地类型具有多样性，包括：工业用地、商业服务业用地、农村自留地和集体土地、公共管理与公共服务用地、交通服务场站用地等。在驾培机构教练场地的使用方式上，20%的驾培机构自有教练场地，77%的驾培机构租用教练场地（含租用土地自建教练场和租用经营性教练场），3%的驾培机构部分自有和部分租用教练场地。驾培机构租用教练场地的期限分布情况如图 1-14 所示。

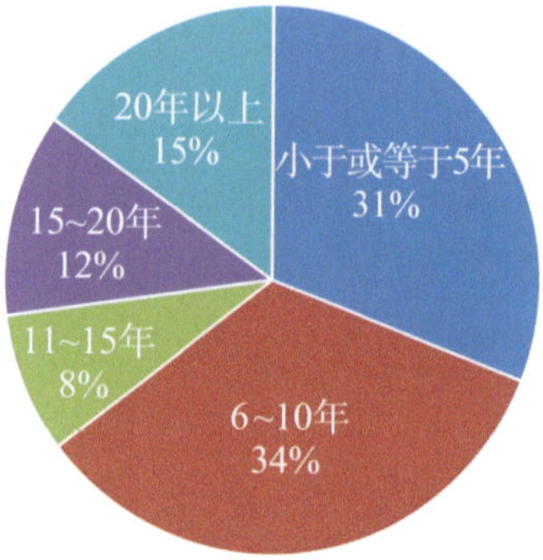

图 1-14　驾培机构租用教练场地的期限分布情况

由图 1-14 可知，土地或教练场地租用期限在 6 ~ 10 年的比例最多，占比为 34%；租用期限小于或等于 5 年的占比为 31%；租用期限大于 10 年的占比为 35%，其中租用期限在 20 年以上的占比为 15%，租用期限在 15 ~ 20 年的占比为 12%，租用期限在 11 ~ 15 年的占比为 8%。综上所述，驾培机构以租用土地或租用经营性教练场地为主，且场地租赁以长租期为主，通常超过 5 年。分析其原因，主要是驾培机构经营者在场地建设时需要较大的投入，长租期有利于经营者获得投资回报。对于驾培行业发展来说，长租期也有利于驾培机构的稳定发展，为社会持续性地提供驾培服务。

（四）经营性教练场发展情况

驾驶培训教练场经营是驾驶培训业务的一种类型，是为驾培机构开展驾驶训练提供有偿使用的教练场地和配套设施设备，并提供场内训练管理的经营业户，行业俗称为经营性教练场。经营性教练场是一种土地资源集约利用的经营模式，在一定程度上可以加强集约化管理、缓解当地驾培机构用地难的问题。图 1-15 为 2010—2020 年我国经营性教练场业户数量的变化情况。

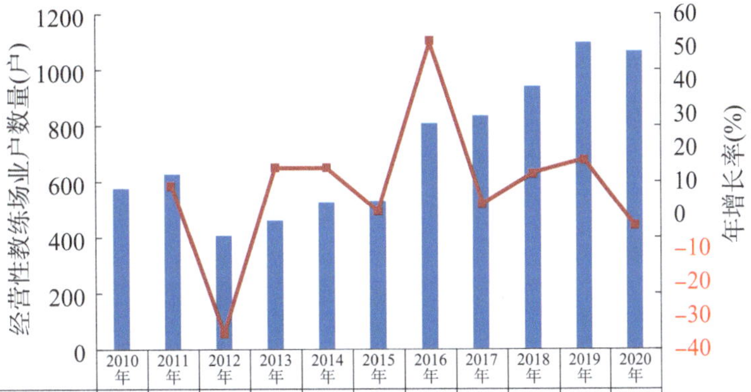

	2010年	2011年	2012年	2013年	2014年	2015年	2016年	2017年	2018年	2019年	2020年
经营性教练场业户数量(户)	576	626	404	461	525	531	807	836	941	1099	1067
年增长率(%)		8.68	-35.46	14.11	13.88	1.14	51.98	3.59	12.56	16.79	-2.91

图 1-15　2010—2020 年经营性教练场业户数量变化情况

由图 1-15 可知，自 2012 年以来，我国经营性教练场业户数量总体呈现增加趋势，尤其是 2016 年的增长最为明显，年增长率达到 51.98%。其原因主要是国家对土地资源的使用管理一直以来非常严格，有限制性、禁止性的土地使用政策，驾培机构自主获得土地建造教练场地较为困难；另外，随着社会经济的发展，商业性用地的成本大幅提高，驾培机构用这样的土地来建设教练场地，难以承受经济上的压力，因此，驾培机构通常会选择租用训练场地的方式经营。

第二节　驾培行业发展特征

本节从学员结构与学驾需求、驾培机构教学组织与经营管理、驾培行业供需关系及驾培行业区域均衡发展等方面总结了驾培行业的发展特征。

一　学员结构与学驾需求特征

由于年龄、性别、职业背景等不同，学员对学习驾驶技能的目标和需求也会存在差异。随着社会经济的发展和政策的不断变革，驾培机构面临着多样化的学驾需求所带来的挑战。

（一）学员年龄结构与学驾需求

对学员年龄、性别等特征进行了调研分析，学员年龄分布情况如图 1-16

所示。由图可知，25 岁及以下的学员占比为 40%，26～35 岁的学员占比为 35%，36～55 岁的学员占比为 24%，56 岁及以上的学员占比为 1%。通过对江苏省 2012—2019 年驾驶培训学员的年龄进行分析，发现 25 岁及以下的学员占比呈现逐年增长的态势。

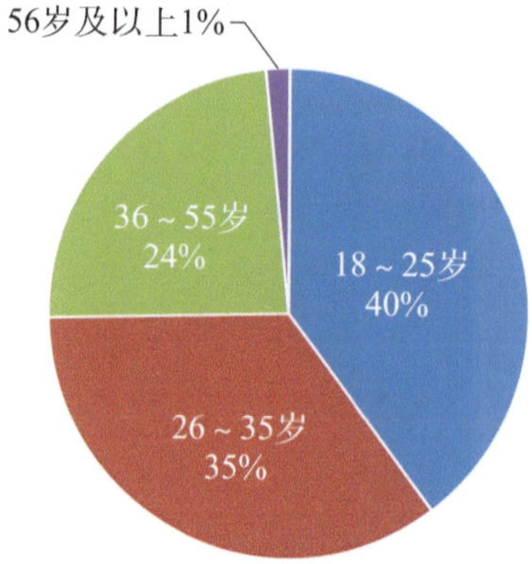

图 1-16 学员的年龄分布情况

综上所述，年轻学员所占比例高，且呈现年轻化趋势。年轻学员思想活跃，学习能力强，易于接受新事物，能够熟练运用移动互联技术，具有个性化消费的意识，喜欢时尚、自由，追求消费品质。

（二）学员性别结构与学驾需求

调研发现，男性学员占比约为54%，女性学员占比约为46%，男性学员的占比比女性学员高 8%。男性学员一般精力充沛，善于独立思考，对于教练员的指导常常保持独立意见，敢说敢干，好胜心强。相对男性学员而言，女性学员通常性格内敛、心思细腻、自尊心强，训练时容易紧张、出错，害怕教练员批评，因此，女性学员学车时更期望教练员教学有耐心、态度和蔼，服务意识强和服务态度好的教练员更受女性学员的青睐。

（三）特殊群体学驾需求

2012 年，公安部发布了《机动车驾驶证申领和使用规定》（公安部令第 123 号），文件提出准许左下肢缺失或者丧失运动功能的、手指末节残缺或者右手拇指缺失的人员申领小型汽车等车型的驾驶证，放宽了部分类型残疾人士的驾驶证申领限制，自此，残疾人学驾需求快速增长。2019 年和 2020 年，我国能提供残疾人驾驶培训服务的驾培机构数量分别为 354

户、348户，残疾人专用教练车分别为545辆、1376辆，年培训量分别为17923人、10070人。相较于2015年，2019年和2020年提供残疾人驾驶培训服务的驾培机构数量分别增长了16.45%、14.47%，年培训量分别增长了108.74%、21.53%。残疾人士因某些生理机能受限，动作的灵活度和准确度下降，自尊心和意志力强，对教练员的态度和评论比较敏感，希望在培训中得到尊重。

《机动车驾驶证申领和使用规定》（公安部令第123号）中将申请小型汽车、轻便摩托车准驾车型的年龄条件放宽至70周岁以下，全国各地开始出现60岁以上的学员报名参加驾驶培训的情况。2020年10月，公安部通报了12项公安交管优化营商环境新措施，其中包括取消申请小型汽车、小型自动挡汽车、轻便摩托车驾驶证70周岁的年龄上限，为驾培行业提供了新的市场需求。北京、内蒙古、广东等省（自治区、直辖市）开始出现70周岁以上老年人报名参加驾驶培训的情况。近年来，一些驾培机构专门针对老年学员开设了“老年班”，为老年人学习驾驶提供专门的教学和服务。相比年轻人，老年人的视觉、听力、动作的灵活度和准确度等生理机能下降，感知的敏锐度和反应速度降低，但经验丰富、思维判断能力强、较为稳重，自尊心强，希望受到尊重。

二 驾培机构教学组织与经营管理特征

（一）驾培机构教学组织

1. 驾驶培训教学组织方法

教学大纲规定驾驶培训实行计时制，即驾培机构对学员每次参加培训的内容和完成的培训学时进行记录和管理。针对驾驶技能形成的阶段性特征以及教学内容的特点，驾培机构普遍采用理论教学、模拟训练和实操训练三种教学组织方法。

（1）理论教学。理论教学的作用是对学员系统地传授交通法律法规、车辆构造知识、安全文明驾驶常识、应急处置知识等内容。理论教学组织形式主要有课堂集中教学和网络远程理论教学两种，且随着互联网技术和教育技术的进步，网络远程理论教学越来越受到欢迎。

（2）模拟训练。模拟训练的作用是帮助学员快速掌握操纵装置的协调操作动作，让学员建立各种交通环境下的安全驾驶经验。模拟训练以驾驶培训模拟器作为辅助教学工具，在驾培行业得到了广泛应用。

（3）实操训练。实操训练的作用是学员通过在场内道路和实际道路进行实车训练，掌握安全驾驶技能。在实践中，驾培机构组织实操训练主要有两种模式：一种是"一车多人"组织模式，另一种是"一车一人"组织模式。

2. 实操训练组织模式的特征

"一车多人"教学模式是驾培机构将学员按照一定的数量进行分组，教练员在某一时段对同一组的多名学员同时组织训练。驾培机构实行"一车多人"教学模式，为学员统一安排教练员、教练车、训练时段等事项，且通常教练员对同组的学员负责到底。"一车多人"教学模式的优劣性主要表现在以下方面。

（1）在优势方面，学员缴费之后，只要按照驾培机构的安排参加训练就可以了，学员比较省心；教练员对学员的学习进度、技能掌握情况比较了解；企业也能降低培训成本。

（2）在劣势方面，学员的自主选择权较小，学员对教练员的教学水平、服务态度等不满意时，较难更换教练员。此外，同车训练的学员之间存在竞争，会出现学员训练时间少、等待时间长等现象，容易衍生出教练员因掌握"训练时间分配"的权利，向学员"吃、拿、卡、要"等问题。

"一车一人"教学模式是教练员在某一时段仅对1名学员进行训练。通常学员会选择同一名教练员负责到底，但也会因学员或教练员因素出现中途更换教练员的情况。"一车一人"教学模式的优劣性主要表现在以下方面。

（1）在优势方面，"一车一人"实行"一对一教学"，学员可以自主选择培训时间、培训学时和教练员；同时，教练员可以提前查看预约学员的培训记录，了解和掌握学员的训练进度，提前规划学员的教学内容，实行个性化教学。

（2）在劣势方面，学员每次学车都需要提前预约，在驾培机构学车高峰时期容易因教练员、教练车等资源紧张导致学员难预约的情况；此外，学员每次预约不一定是同一名教练员，教练员对学员的学习情况不熟悉，学员对教练员的教学方式不适应，都会影响教学效果。

（二）驾培机构经营管理

目前，全国驾培机构的经营管理模式主要有公司化经营、承包经营和混合经营三种。

（1）公司化经营，表现为驾培机构运用自身具备的教练车、教练场地等生产资料，聘用和组织教学、管理和服务人员开展驾驶培训相关经营活动。在这种经营管理模式中，驾培机构是生产经营的主体，是招生和培训等经营活动的组织者，承担着全部经营风险，经营管理相对较为规范。在招生环节，驾培机构会制定统一的招生策略并组织实施，除了在驾培机构经营场所设立报名服务区外，还会在商业区、高校等目标客户聚集场所设立报名点或咨询服务中心，或者利用门户网络、微信公众号等媒介进行社会宣传。在培训环节，驾培机构会制定训练计划，统筹安排教练员和教练车为学员提供培训服务。

（2）承包经营，表现为教练员与驾培机构签订承包合同，利用驾培机构所属的教练车、教练场地等生产资料从事驾驶培训活动。在这种经营管理模式中，教练员与驾培机构之间更倾向于合作经营关系，教练员和驾培机构共同承担经营风险。教练员是招生和培训的实施主体，驾培机构对教练员的培训教学活动进行监督和管理。学员通过教练员报名，将培训费用交付给教练员，教练员按照承包合同约定向驾培机构缴纳管理费、场地租用费等，并从培训经营活动中获得收益。驾培机构采用承包经营，经营管理方式较为粗放，教练员管理的主体责任有待进一步得到落实。

（3）混合经营，表现为驾培机构同时具有公司化经营和承包经营两种经营管理方式。

全国各地驾培机构均不同程度地存在承包经营的现象，甚至部分驾培机构的教练车全部采用承包经营的方式。驾培机构经营者的经营管理理念较为传统，重数量规模、轻经营管理水平提升，重社会宣传和市场招生、轻企业教学条件和教学水平的改善和提升，常常通过低价、保证通过考试等宣传来扩大企业的市场影响力和提高市场占有率，驾培机构表面上做大了规模，但实质上形成了“大而不强”的局面。此外，驾培机构的信息化应用与信息服务水平较低，培训信息的透明度不高，学员报名和参加培训等的便利性存在不足。

三 驾培行业供需关系特征

（一）驾培市场供给情况

驾培市场供给能力是指驾培机构利用教练场地、教练车和教练员等教学资源能实现的最大学员培训数量，即年理论培训量，可以反映驾培行业的产能情况。本部分先以“十三五”期间驾培行业数据和政策要求为例，介绍年理论培训量的计算方法。因利用“十三五”期间驾培行业教练车数量统计数据进行分析，因此，应以2016年发布的《机动车驾驶培训教学大纲》作为测算的依据。

2016年发布的《机动车驾驶培训教学大纲》规定了各种培训车型的基本培训学时，包括理论培训学时、实操培训学时（含基础和场地驾驶培训学时、道路驾驶培训学时），各种培训车型实操培训学时要求见表1-2。

各培训车型实操培训学时要求　　表1-2

内容	车型								
	A1、B1	A2	A3	B2	C1	C2	C3	C4、D、E、F	C5
基础和场地驾驶	36	40	53	54	16	14	14	10	16
道路驾驶	20	22	33	32	24	24	16	10	24
小计	56	62	86	86	40	38	30	20	40

某类教练车的年理论培训量可依据该车型的实操培训学时和该车型的年度工作时间进行估算，计算方法如下：

$$n_i = \frac{t_{1i} \times r \times 365}{t_{2i}} \tag{1-1}$$

式（1-1）中，n_i是第i类教练车的年理论培训量，人/（年·辆）；t_{1i}是第i类教练车平均日工作时间，h；r是教练车工作率，即教练车技术状况正常，可用于训练的时间占比，%；t_{2i}是第i类教练车大纲要求的学员最低实操培训学时，h。

以小型手动挡汽车（C1）为例，学员最低实操培训学时要求为40学时，车辆平均日工作时间为 10 小时，教练车工作率为 75%，可以估算出小型手动挡汽车（C1）的年理论培训量约为 68 人/（年·辆）。相应地，大型客车（A1）和中型客车（B1）的年理论培训量约为 49 人/（年·辆），牵引车（A2）的年理论培训量约为 44 人/（年·辆），城市公交车（A3）、大型货车（B2）的年理论培训量约为 32 人/（年·辆），低速载货汽车（C3）和残疾人专用小型自动挡载客汽车（C5）的年理论培训量约为 68 人/（年·辆），摩托车（D、E、F）的年理论培训量约为 136 人/（年·辆）。

根据各类车型教练车保有量及其年理论培训量的估算值，可以进一步计算得出驾培行业的年理论培训量，计算方法如下：

$$N = \sum_{1}^{i} n_i \times m_i \tag{1-2}$$

式（1-2）中，N 为年理论培训量，人/年；m_i 为某一车型教练车的保有量，辆；n_i 为某一车型教练车的年理论培训量，人/（年·辆）；i 为教练车的车型数量，$i = 10$。

运用上述计算方法测算出 2010—2020 年驾培行业的年理论培训量，如图 1-17 所示。由图可知，这 11 年来，驾培行业的年理论培训量随着教练车数量的增加而逐年增长，2020 年驾培行业的年理论培训量达到 4576 万人。从全国驾培行业的理论培训量的增长趋势看，“十二五”期间均保持两位数的增长，而“十三五”期间的增长速度逐年放缓，2020 年出现负增长。

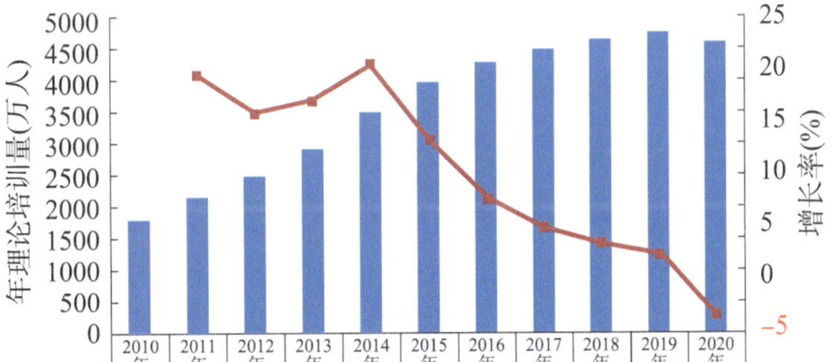

	2010年	2011年	2012年	2013年	2014年	2015年	2016年	2017年	2018年	2019年	2020年
年理论培训量(万人)	1790	2140	2477	2897	3491	3957	4260	4469	4625	4733	4576
增长率(%)		19.55	15.75	16.96	20.50	13.35	7.66	4.91	3.49	2.34	−3.32

图 1-17　2010—2020 年驾培行业年理论培训量及其增长率

（二）驾培市场供需平衡情况

通过对驾培行业的年理论培训量（市场供给量，此处假设每人每年只参加一次全部教学内容的培训，则年理论培训人次与年理论培训人数相同）与年实际培训量（市场需求量）进行比较，可以反映驾培市场的供需总量变化情况，分析结果如图 1-18 所示。

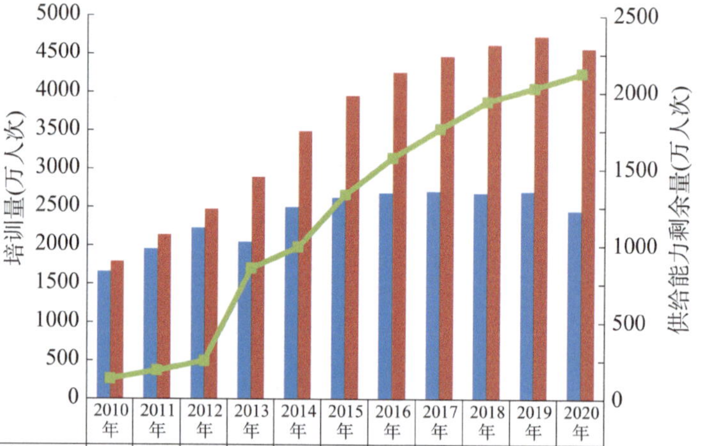

	2010年	2011年	2012年	2013年	2014年	2015年	2016年	2017年	2018年	2019年	2020年
实际培训量(万人次)	1658	1955	2229	2044	2501	2625	2687	2707	2685	2705	2453
理论培训量(万人次)	1790	2140	2477	2897	3491	3957	4260	4469	4625	4733	4576
供给能力剩余量(万人次)	132	185	248	853	990	1332	1573	1762	1940	2028	2123

图 1-18　2010—2020 年全国驾培市场供需总量变化情况

由图 1-18 可知，2010—2020 年，驾培市场的培训供给量均大于社会学驾需求量。进一步分析驾培行业的年供给能力剩余情况（驾培行业年理论培训量与年实际培训量的差值），发现驾培行业的年供给能力剩余量逐年递增，由 2010 年的 132 万人次增长至 2020 年的 2123 万人次，这表明驾培市场存在供大于求的现象，而且供大于求的状态越来越明显，曾经的“卖方市场”正在向“买方市场”快速转变。

驾培市场的供需关系还可以通过行业教练车等教学资源的使用情况来反映，比如单车年培训人次。单车年培训人次是指单辆教练车平均一年培训学员的人次数，直接反映教练车的使用效率，也间接反映了驾培行业的运行效率，单位为人次/（年·辆）。单车年理论培训人次反映驾培市场的培训供给量，单车年培训人次反映市场学驾需求量。如果单车年培训人次高于年理论培训人次且差值越大，说明驾培市场供给小于需求且此现象越严重，行业产能不能满足市场需求；如果单车年培训人次低于年理论培训人次且差值越大，说明驾培市场供大于求且此现象越严重。当单车年培训人次略低于年理论培训人次时，即行业产能略有剩余时，驾培市场供需关系相对较为合理。

以年度培训人次与当年教练车数量的比值进行估算，可以得出驾培行业教练车的单车年培训人次，2010—2020 年我国驾培机构教练车的单车年培训人次见图 1-19。由图可知，驾培行业教练车的单车年培训人次逐年下降，2020 年为 31 人次/（年·辆），不足小型汽车年理论培训量 68 人次/（年·辆）的一半，说明驾培行业的市场供给明显高于市场需求。

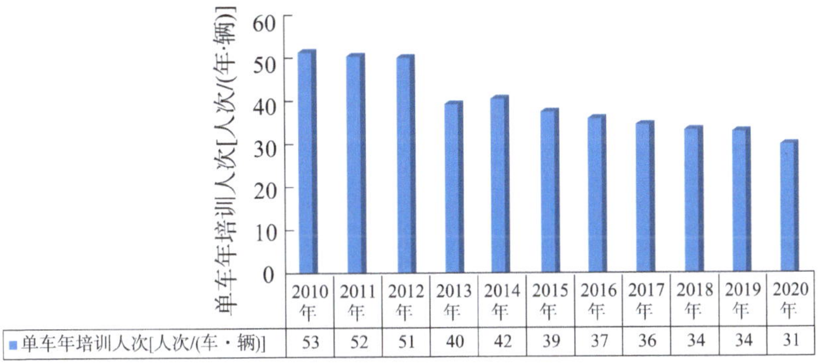

图 1-19　2010—2020 年驾培机构单车年培训人次

综上所述，无论从驾培市场的供需总量，还是从教练车的单车年培训量来看，驾培市场均存在供需失衡，即产能过剩现象。驾培市场产能过剩导致驾培市场竞争越来越激烈，使得一部分驾培机构经营者采用低价招生、缩减培训学时等不正当的市场竞争方式，为驾培行业的有序发展带来了负面影响，致使驾培行业在一定程度上偏离了“筑牢道路交通安全第一道防线”的初心。

四 驾培行业区域均衡发展特征

本部分根据交通运输主管部门 2020 年行业统计数据，对全国 31 个省（自治区、直辖市）的驾培行业发展情况进行了统计分析。

（一）不同地区驾培机构等级结构

分析 2020 年全国各地不同等级驾培机构的占比情况，结果见表 1-3，发现存在以下特点。

（1）从当地一级驾培机构数量占驾培机构总数的比例来看，上海为 0%，黑龙江为 2%，河南为 3%，内蒙古为 4%，江西为 5%，这些省（自治区、直辖市）明显低于全国10%的平均水平；北京、天津为33%，宁夏为27%，山东为23%，福建为19%，这些省（自治区、直辖市）明显高于全国平均水平。

（2）从当地二级驾培机构数量占驾培机构总数的比例来看，上海为0%，河南为12%，内蒙古、吉林、新疆为13%，这些省（自治区、直辖市）明显低于全国27.55%的平均水平；宁夏为61%，海南为57%，西藏为49%，北京为42%，这些省（自治区、直辖市）明显高于全国平均水平。

（3）从当地三级驾培机构数量占驾培机构总数的比例来看，宁夏为13%，北京为25%，天津为31%，海南为36%，西藏为38%，福建为41%，山东为43%，这些省（自治区、直辖市）明显低于全国62.45%的平均水平；上海为100%，河南为85%，内蒙古为83%，吉林、新疆为81%，这些省（自治区、直辖市）明显高于全国平均水平。

2020年全国各地驾培机构的结构组成情况 表1-3

序号	省、自治区、直辖市	占驾培机构总数的比例（%）			序号	省、自治区、直辖市	占驾培机构总数的比例（%）		
		一级	二级	三级			一级	二级	三级
1	北京	33	42	25	17	湖北	10	26	64
2	天津	33	36	31	18	湖南	7	32	62
3	河北	10	36	54	19	广东	11	26	63
4	山西	11	25	63	20	广西	8	32	60
5	内蒙古	4	13	83	21	海南	7	57	36
6	辽宁	8	24	68	22	重庆	10	34	56
7	吉林	6	13	81	23	四川	14	24	62
8	黑龙江	2	30	68	24	贵州	14	33	53
9	上海	0	0	100	25	云南	9	42	49
10	江苏	12	28	61	26	西藏	13	49	38
11	浙江	12	34	53	27	陕西	14	38	49
12	安徽	17	29	55	28	甘肃	6	29	65
13	福建	19	40	41	29	青海	10	37	54
14	江西	5	26	69	30	宁夏	27	61	13
15	山东	23	34	43	31	新疆	6	13	81
16	河南	3	12	85	—	—	—	—	—

综上所述，全国各地驾培机构等级结构存在差异，其中，宁夏、北京、天津等省（自治区、直辖市）以规模相对较大的一级和二级驾培机构为主，宁夏、海南、西藏等省（自治区）的二级驾培机构占比相对较高，上海、河南、内蒙古、吉林、新疆等省（自治区、直辖市）以规模相对较小的三级驾培机构为主。不同地区之间驾培机构的结构组成存在差异，主要是受当地人口数量、经济发展水平、城市布局、土地资源等多重因素的影响，同时也与当地“十二五”和“十三五”期间驾培行业发展规划等因素有关。

（二）不同地区培训车型结构

分析全国各地驾培行业各类车型教练车的保有情况，发现存在以下特点。

（1）从当地小型汽车教练车数量占教练车总数量的比例来看，西藏为53.03%，黑龙江为77.19%，这些省（自治区）明显低于全国94.17%的平均水平；广东为97.55%，湖南为97.09%，海南为96.86%，浙江为95.87%，江西为95.03%，内蒙古为94.71%，湖北为94.53%，江苏为94.30%，山东为94.26%，这些省（自治区）均高于全国平均水平；其余省（自治区、直辖市）均超过80%，与全国平均水平接近。

（2）从当地大型货车教练车数量占教练车总数量的比例来看，浙江为0.38%，上海为0.43%，广东为0.54%，福建为0.77%，北京为0.79%，海南为0.83%，这些省（直辖市）明显低于全国3.13%的平均水平；西藏为27.39%，青海为10.66%，宁夏为10.28%，黑龙江为9.87%，甘肃为9.56%，这些省（自治区）明显高于全国平均水平。

（3）从当地低速载货汽车教练车数量占教练车总数量的比例来看，西藏为10.85%，青海为2.19%，这些省（自治区）明显高于全国0.16%的平均水平；其余省（自治区、直辖市）的比例均低于0.95%。

（4）从当地摩托车教练车数量占教练车总数量的比例来看，上海为0%，江西为0.03%，宁夏为0.06%，这些省（自治区、直辖市）明显低于全国0.19%的平均水平；北京为14.70%，吉林为10.75%，福建为5.47%，西藏为4.17%，这些省（自治区、直辖市）明显高于全国平均水平。

（5）从当地大型客车、牵引车、城市公交车、中型客车、残疾人专用小型自动挡载客汽车等教练车各自的占比情况来看，这些类型的教练车的占比均比较低，地区之间没有显著的差异。

综上所述，全国各地均以小型汽车教练车为主，各地在大型货车、低速载货汽车和摩托车等教练车型配置方面存在差异，其中，西藏的大型货车、低速载货汽车和摩托车教练车占比均明显高于全国平均水平，青海的大型货车、低速载货汽车教练车占比明显高于全国平均水平。驾培行业教练车的配置与当地该车型培训需求有直接的关系，而某种车型的培训需求又受当地的地理条件、经济发展水平以及交通安全管理等因素影响。

（三）不同地区教学人员配置情况

分析全国各地驾培行业教练员和结业考核员的配置情况，发现存在以下特点。

（1）从当地理论教练员数量与教练车数量的比例来看，除北京为1.73%外，其余省（自治区、直辖市）均高于3%的配置要求，其中，上海为14.43%，新疆为13.42%，内蒙古为13.33%，重庆为12.72%，山西为11.28%，西藏为10.24%，辽宁为10.04%。从当地驾培机构户均配备理论教练员的数量来看，各省（自治区、直辖市）均高于2人的配置要求，其中上海为13人，明显高于配置标准要求。

（2）从当地驾驶操作教练员数量与教练车数量的比例来看，上海为143%，福建为129%，江苏为127%，海南为124%，浙江为116%，山西为114%，天津和湖北均为113%，内蒙古为107%，四川为106%，湖南和云南均为102%，甘肃为101%，这13个省（自治区、直辖市）均超过100%的配置要求，而其余省（自治区、直辖市）的比例均低于100%，其中西藏为19%，青海为56%，明显低于配置标准要求。

（3）从当地结业考核员数量与教练车数量的比例来看，福建为9.43%，浙江为7.92%，山西为6.73%，甘肃为5.6%，西藏为5.46%，重庆为5.44%，河南为5.14%，海南为5.13%，这8个省（自治区）均超过5%的配置要求；从当地驾培机构户均配备结业考核员的数量来看，福建为5.34人，浙江为4.13人，北京为2.99人，天津为2.59人，山西为2.46人，重庆为2.43人，四川为2.15人，山东为2.05人，这些省（直辖市）均高于2人的配置要求，其他省（自治区、直辖市）均低于2人。

综上所述，全国各地驾培行业对理论教练员的配置总体上都符合配置要求，且部分省（自治区、直辖市）的配置数量明显高于其他地区的水平；各地对驾驶操作教练员、结业考核员的配置存在差异。

（四）不同地区教练场地情况

对全国各地驾培机构单车平均拥有的教练场地面积进行估算，新疆为 $2266m^2$/辆，山西为 $1417m^2$/辆，西藏为 $1311m^2$/辆，陕西为 $1187m^2$/辆，北京为 $1152m^2$/辆，吉林为 $1043m^2$/辆，其余省（自治区、直辖市）均在 $365 \sim 940m^2$/辆之间。由此可见，西北区域和西南区域、东北区域的个别省（自治区、直辖市）驾培机构平均单车教练场地面积较高，这些省（自治区、直辖市）的经济发展水平相对较低、土地资源相对充裕。北京市驾培机构的单车平均教练场地面积较高，与驾培机构在“十一五”期以前投入经营、开业时的经营规模普遍较大等因素有关。

进一步分析 2020 年全国各地经营性教练场的数量情况，分析结果见表 1-4。由表 1-4 可知，2020 年，山东、甘肃、浙江、安徽、广东、广西、四川、湖南、云南和重庆 10 个省（自治区、直辖市）的经营性教练场数量在全国排名前十，均达到了 43 户及以上，且具有因地形地貌带来土地资源紧张或者区域经济发达带来用地成本高等特点。

2020 年全国各地经营性训练场业户数量　　表 1-4

省、自治区、直辖市	山东	甘肃	浙江	安徽	广东	广西	四川	湖南	云南	重庆	内蒙古
数量（户）	125	116	103	77	76	71	63	44	44	43	35
省、自治区、直辖市	天津	黑龙江	新疆	湖北	西藏	上海	北京	江苏	海南	辽宁	陕西
数量（户）	31	29	29	27	27	23	22	20	15	10	10
省、自治区、直辖市	宁夏	河南	吉林	福建	河北	江西	贵州	山西	青海	—	—
数量（户）	8	7	6	3	1	1	1	0	0	—	—

（五）不同地区驾培市场供给能力

当地人口数量与教学资源的配比可以反映当地潜在市场需求与市场供给的关系。本部分从单户驾培机构平均服务区域人口数量（万人）、单辆教练车的平均服务区域人口数量（人）、单名驾驶操作教练员平均服务区域人口数量（人）三个方面对各地驾培行业服务能力进行分析。

单户驾培机构平均服务区域人口数量可以反映当地的驾培机构保有量及驾培市场供需关系，数值高说明当地社会潜在学驾需求旺盛，可能会出现驾培机构数量不足带来行业培训供给能力不足的情况；数值低说明当地驾培机构的培训供给能力好，满足社会潜在学驾需求的能力强，可能会出现驾培机构数量过于饱和的情况。根据相关政府部门的统计数据，2020 年我国总人口为 141212 万人，全国驾培机构数量为 19361 户，全国单户驾培机构平均服务人口数量为 7.29 万人。根据全国各地 2020 年的人口数量、驾培机构数量进一步测算得出各地驾培机构户均服务区域人口数量情况，分析结果见表 1-5。由表 1-5 可知，北京、上海、安徽、天津、四川、广东、山东等 16 个省（自治区、直辖市）的单户驾培机构平均服务人口数量均高于全国平均水平，而内蒙古、甘肃、新疆、青海、河南等 15 个省（自治区、直辖市）则均低于全国平均水平。

2020 年全国各地驾培机构户均服务区域人口数量　　表 1-5

序号	省、自治区、直辖市	户均服务区域人口数量（万人）	序号	省、自治区、直辖市	户均服务区域人口数量（万人）	序号	省、自治区、直辖市	户均服务区域人口数量（万人）
1	北京	31.72	12	辽宁	7.93	23	福建	6.22
2	上海	12.44	13	浙江	7.90	24	江西	5.99
3	安徽	10.54	14	陕西	7.75	25	吉林	5.79
4	天津	10.43	15	广西	7.43	26	西藏	5.37
5	四川	10.41	16	江苏	7.42	27	河南	4.63
6	广东	10.31	17	重庆	7.27	28	青海	4.42
7	山东	10.21	18	山西	7.26	29	新疆	4.40
8	宁夏	9.11	19	河北	7.00	30	甘肃	3.92
9	黑龙江	8.54	20	海南	6.34	31	内蒙古	3.56
10	湖北	8.17	21	云南	6.33	—	—	—
11	贵州	8.15	22	湖南	6.25	—	—	—

单辆教练车平均服务区域人口数量可以反映当地教练车保有量及其市场供需关系，数值高说明当地潜在的社会学驾需求高，可能会出现教练车资源紧张的情况；数值低说明当地教练车资源充足，满足社会潜在学驾需

求的能力强，可能会出现教练车数量过于饱和的情况。对2020年全国各地单辆教练车平均服务区域人口数量的情况进行统计分析，分析结果如表1-6所示。2020年全国单辆教练车平均服务区域人口数量的平均值为1777人，西藏、黑龙江等13个省（自治区、直辖市）均高于全国平均水平，天津、福建等18个省（自治区、直辖市）均低于全国平均水平。

2020年全国各地单辆教练车平均服务区域人口数量 表1-6

序号	省、自治区、直辖市	单辆教练车平均服务区域人口数量（人）	序号	省、自治区、直辖市	单辆教练车平均服务区域人口数量（人）	序号	省、自治区、直辖市	单辆教练车平均服务区域人口数量（人）
1	西藏	2768	12	河南	1887	23	广东	1553
2	黑龙江	2599	13	江苏	1874	24	浙江	1525
3	北京	2402	14	江西	1772	25	宁夏	1509
4	四川	2373	15	河北	1759	26	广西	1459
5	湖北	2328	16	贵州	1692	27	上海	1355
6	山东	2195	17	湖南	1687	28	青海	1351
7	安徽	2176	18	甘肃	1675	29	内蒙古	1336
8	陕西	2156	19	云南	1666	30	福建	1097
9	吉林	2073	20	新疆	1643	31	天津	1032
10	山西	1990	21	海南	1632	—	—	—
11	辽宁	1913	22	重庆	1629	—	—	—

单名驾驶操作教练员平均服务区域人口数量可以反映当地驾驶操作教练员数量及其市场供需关系，数值高说明当地潜在的社会学驾需求相对旺盛，可能会出现驾驶操作教练员资源紧张的情况；数值低说明当地驾驶操作教练员资源充足，满足社会学驾需求的能力大，可能会出现驾驶操作教练员数量过于饱和的情况。对2020年全国各地单名驾驶操作教练员平均服务区域人口数量的情况进行统计分析，分析结果如表1-7所示。2020年，全国单名驾驶操作教练员平均服务区域人口数量为1620人，西藏、黑龙江等23个省（自治区、直辖市）均高于全国平均水平，而福建、天津和上海等8个省（自治区、直辖市）均低于全国平均水平。

驾培机构的地域分布受当地经济发展水平、交通发展水平、人口集中程度等因素影响，全国各地驾培市场发展不够均衡。同时，由于城市人口密集、交通发达、出行需求量大、高等院校多，而乡村人口集中度低且分散、交通不够便捷、出行需求量小等，城市的驾培机构分布数量普遍多于乡村地区，乡村地区学员学车的便捷性较差。

2020 年全国各地单名操作教练员平均服务区域人口数量　表 1-7

序号	省、自治区、直辖市	单名操作教练员平均服务区域人口数量（人）	序号	省、自治区、直辖市	单名操作教练员平均服务区域人口数量（人）	序号	省、自治区、直辖市	单名操作教练员平均服务区域人口数量（人）
1	西藏	14830	12	河南	2233	23	甘肃	1653
2	黑龙江	3099	13	江西	2169	24	宁夏	1562
3	陕西	2819	14	湖北	2060	25	江苏	1480
4	北京	2657	15	河北	1960	26	海南	1316
5	安徽	2565	16	重庆	1939	27	浙江	1305
6	辽宁	2475	17	贵州	1850	28	内蒙古	1237
7	青海	2395	18	云南	1816	29	上海	946
8	吉林	2347	19	广西	1748	30	天津	916
9	山东	2319	20	山西	1741	31	福建	853
10	新疆	2307	21	广东	1661	—	—	—
11	四川	2242	22	湖南	1660	—	—	—

（六）不同地区驾培行业产能利用率

驾培行业产能利用率是指驾培行业年实际培训量与理论培训量的比值，可以反映该地区的学驾需求和市场供给情况。产能利用率高，说明该地区学驾需求高，市场供需关系较为合理；产能利用率低，说明该地区学驾需求少，市场供给过剩，市场供需关系不合理。根据交通运输主管部门的行业统计数据，利用公式（1-2）可以估算出全国各地驾培行业的年度理论培训量及产能利用率，如表 1-8 所示。

由表 1-8 可知，不同地区驾培行业产能利用率存在较大的差异。据测算，2020 年全国驾培行业的平均产能利用率为 53.60%，安徽、江苏、北京、宁夏、湖北、甘肃、河南 7 个省（自治区、直辖市）的驾培行业产能利用率高于全国平均水平。

表 1-8

2020 年全国各地驾培行业产能利用情况

序号	省、自治区、直辖市	理论培训量（人次）	产能利用率（%）	序号	省、自治区、直辖市	理论培训量（人次）	产能利用率（%）	序号	省、自治区、直辖市	理论培训量（人次）	产能利用率（%）
1	安徽	1245161	67.99	12	青海	136453	48.43	23	海南	157891	37.13
2	江苏	1954689	65.06	13	江西	803547	47.71	24	吉林	308552	36.58
3	北京	439266	62.22	14	黑龙江	380866	46.93	25	浙江	1038445	35.00
4	宁夏	185491	61.35	15	四川	1122780	46.55	26	广西	814706	34.38
5	湖北	936540	56.57	16	辽宁	663552	44.13	27	新疆	326608	31.81
6	甘肃	516229	53.87	17	贵州	686040	43.77	28	福建	813355	30.11
7	河南	1867401	53.66	18	西藏	34149	43.27	29	内蒙古	341106	28.09
8	陕西	656350	51.79	19	云南	846506	43.25	30	上海	306742	24.72
9	河北	1396942	50.74	20	重庆	496079	39.90	31	天津	205509	22.33
10	广东	2823504	50.66	21	湖南	1030851	38.86	—	—	—	—
11	山东	1548548	50.18	22	山西	443899	38.00	—	—	—	—

单辆教练车、单名驾驶操作教练员年平均培训量也可以反映该地区驾培行业的产能利用情况。单车、单名教练员年平均培训量越高，说明教练车、教练员的使用效率越高，可能存在教学资源缺乏的情况；反之，则说明教练车、教练员的使用效率越低，可能存在教学资源过于饱和的情况。对2020年全国各地驾培行业的单辆教练车、单名驾驶操作教练员的年平均培训量进行分析，分析结果分别见表1-9、表1-10。

2020年全国各地单辆教练车年平均培训量　　表1-9

序号	省、自治区、直辖市	单车年平均培训量（人次）	序号	省、自治区、直辖市	单车年平均培训量（人次）	序号	省、自治区、直辖市	单车年平均培训量（人次）
1	北京	48	12	四川	32	23	山西	25
2	安徽	44	13	江西	32	24	重庆	25
3	江苏	43	14	青海	31	25	浙江	25
4	宁夏	39	15	黑龙江	31	26	广西	24
5	湖北	38	16	贵州	30	27	福建	21
6	陕西	36	17	云南	30	28	新疆	21
7	河南	35	18	辽宁	30	29	内蒙古	19
8	广东	35	19	吉林	27	30	上海	17
9	甘肃	35	20	湖南	26	31	天津	15
10	山东	33	21	西藏	26	—	—	—
11	河北	33	22	海南	26	—	—	—

由表1-9可知，不同地区驾培行业教练车的单车年平均培训量存在较大的差异。2020年全国单辆教练车年平均培训量约为31人次，其中，北京、安徽、江苏等13个省（自治区、直辖市）的单车年平均培训量高于全国平均水平，青海、黑龙江两个省份的单车年平均培训量与全国平均水平持平，而天津、上海、内蒙古等16个省（自治区、直辖市）的单车年平均培训量低于全国平均水平。

由表1-10可知，不同地区驾培行业单名驾驶操作教练员的年平均培训量存在较大的差异。2020年全国单名驾驶操作教练员的年平均培训量约为31人次，其中，西藏、青海、北京、安徽等18个省（自治区、直辖市）的单名驾驶操作教练员年平均培训量高于全国平均水平，而上海、天津、福建、内蒙古等13个省（自治区、直辖市）的单名驾驶操作教练员年平均培训量均低于全国平均水平。

2020年全国各地单名驾驶操作教练员年平均培训量 表1-10

序号	省、自治区、直辖市	单车年平均培训量（人次）	序号	省、自治区、直辖市	单车年平均培训量（人次）	序号	省、自治区、直辖市	单车年平均培训量（人次）
1	西藏	139	12	河北	37	23	广西	28
2	青海	55	13	山东	35	24	湖南	26
3	北京	53	14	江苏	34	25	山西	22
4	安徽	52	15	甘肃	34	26	浙江	21
5	陕西	47	16	湖北	33	27	海南	21
6	河南	42	17	贵州	33	28	内蒙古	18
7	宁夏	40	18	云南	33	29	福建	17
8	辽宁	39	19	吉林	30	30	天津	14
9	江西	39	20	四川	30	31	上海	12
10	广东	37	21	重庆	30	—	—	—
11	黑龙江	37	22	新疆	29	—	—	—

第三节 驾培行业发展制约因素

经过数十年的发展，我国驾培行业的发展规模、市场供给能力明显提升，同时，仍然存在着诸多因素阻碍着驾培行业的健康发展。本节根据学员、驾培机构从业者、行业管理人员对驾培行业发展的认识，分析了制约驾培行业健康发展的因素。

一 学员对驾培行业发展制约因素的认识

学员满意度是衡量学员在驾驶培训过程中对驾培机构培训服务情况满意与否的重要指标。对全国31个省（自治区、直辖市）的10650名学员进行满意度调查，结果如图1-20所示。由图1-20可知，对于驾培机构的培训服务，56%的学员表示非常满意，37%的学员表示比较满意，表示不满意的学员占比为7%。总体来看，93%的受访学员对驾培机构的培训服务表示满意。

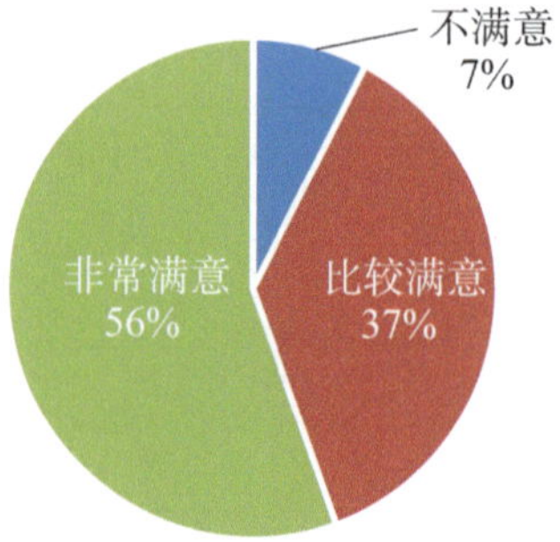

图1-20 学员满意度情况

学员对驾培机构培训服务不满意的情形如图1-21所示。其中，反映参加培训后未通过驾驶证考试的学员占比为65.2%；反映驾培机构乱收费的学员占比为61.4%；反映教练员服务态度差、存在“吃拿卡要”的学员占比为57.3%；反映驾培机构退费难的学员占比为46.7%；反映驾培机构培训服务内容与合同不一致的学员占比为41.7%；还有学员反映驾培机构不及时安排学员参加培训或学员约车困难、驾培机构环境差、学员的投诉未得到及时处理等问题。从学员反映的问题来看，制约驾培行业发展的因素主要包括：①在人员素质方面，教练员的专业素质和服务水平不高，教学态度不好；②在经营管理方面，驾培机构培训收费不够规范、透明，未严格履行培训服务合同约定的义务；③在服务保障方面，学员参加培训的便利性不足，驾培机构不能及时和规范地处理投诉问题，经营训练场所的环境卫生不佳。

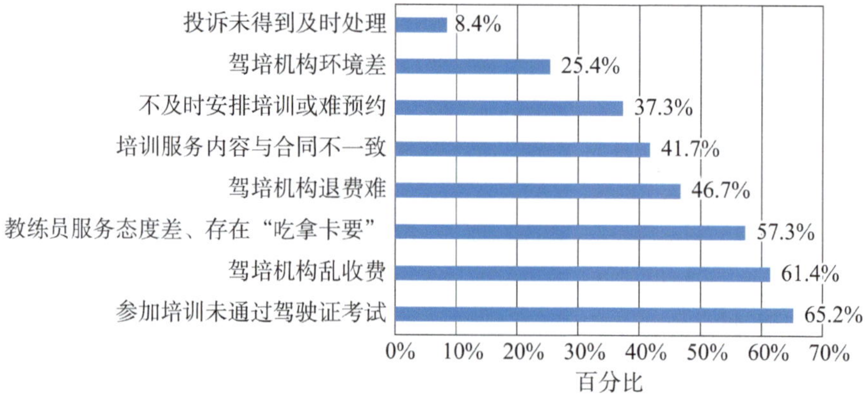

图1-21 学员对驾培机构培训服务不满意的情形

二 驾培机构从业者对驾培行业发展制约因素的认识

驾培机构负责人、教练员对制约行业发展因素的认识如图 1-22 所示。从驾培机构从业者的角度来看，制约驾培行业发展的因素主要包括：①在企业经营方面，培训收费标准低，企业提升质量的动力不足；②在质量条件方面，教练员队伍素质和驾培机构负责人素质不高，行业新技术应用不足，对提升培训服务质量提出挑战；③在质量保障方面，行业管理法规政策存在滞后，培训与考试未实现有效衔接，行业管理部门对驾培市场秩序的整治力度不足，行业自律仍然欠缺。

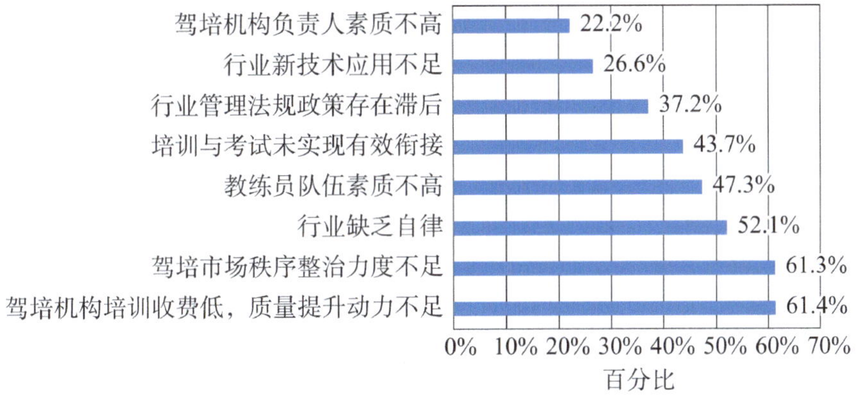

图 1-22　驾培机构负责人、教练员对制约驾培行业发展因素的认识

三 行业管理人员对驾培行业发展制约因素的认识

行业管理部门对当前制约行业发展因素的认识如图 1-23 所示。从行业管理人员的角度来看，制约驾培行业发展的因素主要包括：①在质量条件方面，教练员队伍和驾培机构负责人素质不高，对行业提升培训服务质量提出挑战；②在发展动力方面，行业新技术应用不足以及学员维护消费权益的意识不足，质量效率提升的动力不足；③在质量保障方面，行业管理法规政策存在滞后，培训与考试未实现有效衔接，行业自律仍然欠缺，驾培市场的竞争秩序不够规范；④在行业管理方面，主要是行业管理理念陈旧，监管手段不足。

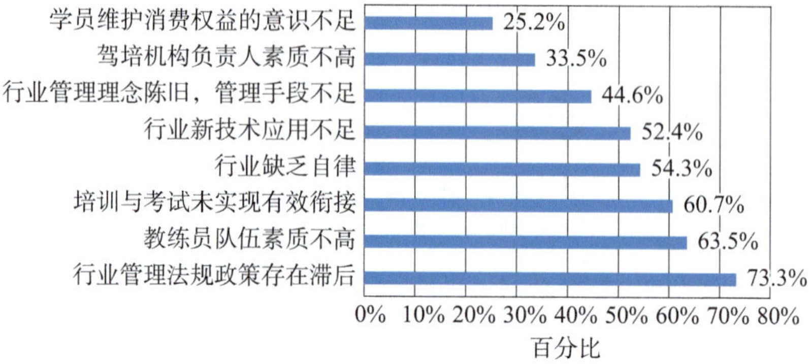

图 1-23　行业管理人员对制约驾培行业发展因素的认识

第二章

驾培行业管理政策与技术及文化建设

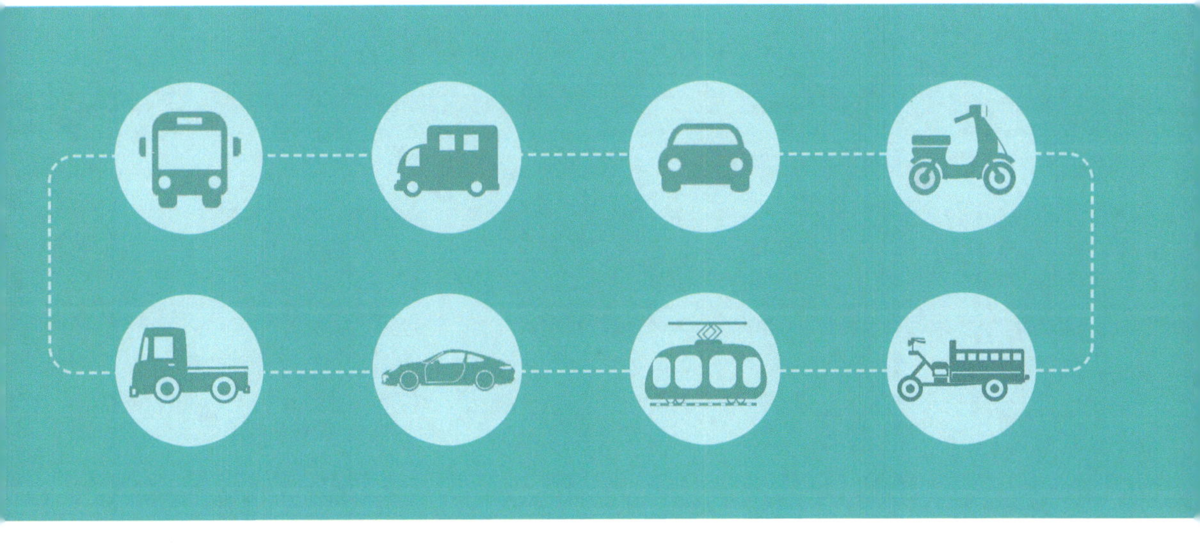

驾培行业的管理环节包括市场进入和经营行为监管，管理对象包括驾培机构和关键岗位从业人员。驾培行业的健康有序发展，离不开行业管理政策的约束和引导以及先进管理技术的应用。本章从行业管理法规政策、驾培机构经营条件、教练员管理、大型客货车辆驾驶员培养、信息化技术应用、行业文化建设等方面，系统梳理分析了近年来推行的一系列管理政策措施的实施效果和存在的主要问题。

第一节　驾培行业管理法规政策及实施情况

随着“放管服”改革的进一步深化，依法治国、信用管理等管理理念在驾培行业得到强化，驾培行业管理与服务的法制基础日益完善。本节主要从市场进入、教学、信用管理等方面，梳理了驾培行业管理法规政策体系以及存在的问题。

一　驾培行业管理法规政策发展情况

1996 年，交通部根据国务院相关文件精神制定了《机动车驾驶员培训管理规定》(交通部令 1996 年第 11 号)，提出对从事机动车驾驶员培训的单位实行许可证制度，并推行“四证一牌”制度，即《学员证》《培训结业证》《教员准教证》《教练车证》和教练车标志牌，体现出以市场许可为抓手，以教练员、教练车和学员为管理核心的管理思路。2000 年，交通部组织制定了交通行业标准《机动车驾驶培训机构资格条件》(JT/T 433—2000)和《机动车教练场技术要求》(JT/T 434—2000)，明确了驾培机构开业条件，为规范市场许可提供了技术支撑。

2004 年，国家相继出台《道路交通安全法》和《道路运输条例》，为驾培行业管理建立了上位法依据。随后，交通部先后制定了《机动车驾驶员培训管理规定》（交通部令2006年第2号）、《道路运输从业人员管理规定》（交通部令2006年第9号）、《机动车驾驶员培训教学大纲》（交公路发〔2004〕778号）等系列规章制度，组织编制了全国统一的驾驶培训教材，建立了包括驾培业务许可管理、教练员从业资格管理、计时培训管理、驾培机构质量信誉考核等在内的系列管理制度，并随着行业发展需要以及深入贯彻国家“放管服”改革要求，不断进行完善。

《道路交通安全法》和《道路运输条例》在法律法规中赋予交通运输主管部门管理驾培行业的职责。交通运输主管部门围绕市场准入、教学质量、服务质量、从业人员素质提升等关键环节，逐步构建起以法律法规、规章为主体，以规范性文件和标准规范为补充的驾培行业管理法规政策体系。我国现行的驾培行业管理相关法律法规与标准规范见表2-1。

我国现行的驾培行业管理相关法律法规与标准规范　　表2-1

类　别		内　容	实施（发布）时间	修正时间
法律		道路交通安全法	2004年5月1日	2021年4月29日
行政法规		道路交通安全法实施条例	2004年5月1日	2017年10月7日
		道路运输条例	2004年7月1日	2022年3月29日
部门规章		机动车驾驶员培训管理规定（交通运输部令2022年第32号）	2006年4月1日	2022年9月26日
		道路运输从业人员管理规定（交通运输部令2022年第38号）	2007年3月1日	2022年11月10日
规范性文件		国务院关于加强道路交通安全工作的意见（国发〔2012〕30号）	2012年7月22日	—
		国务院办公厅转发公安部交通运输部关于推进机动车驾驶人培训考试制度改革意见的通知（国办发〔2015〕88号）	2015年12月2日	—
		机动车驾驶培训教学与考试大纲（交运发〔2022〕36号）	2022年4月1日	—
标准规范	业务条件	机动车驾驶员培训机构资格条件（GB/T 30340—2013）	2014年6月1日	—

续上表

类别		内容	实施（发布）时间	修正时间
标准规范	业务条件	机动车驾驶员培训教练场技术要求（GB/T 30341—2013）	2014年6月1日	—
	培训教学	汽车驾驶节能操作规范（JT/T 807—2011）	2011年6月15日	—
		机动车驾驶员安全驾驶技能培训要求（JT/T 915—2014）	2014年11月1日	—
		道路运输驾驶员 特殊环境与情境下安全驾驶技能培训与评价方法（JT/T 916—2014）	2014年11月1日	—
		机动车驾驶员计时培训系统计时终端技术规范（交通运输部公告2016年第17号）	2016年5月20日	—
		机动车驾驶员计时培训系统平台技术规范（交通运输部公告2016年第17号）	2016年5月20日	—
		道路客货运输驾驶员行车操作规范（JT/T 1134—2017）	2017年8月1日	—
		机动车驾驶培训网络远程理论教学技术规范（交通运输部公告2017年第64号）	2018年4月1日	—
		机动车驾驶员计时培训系统第1部分：计时终端技术规范（JT/T 1302.1—2019）	2020年3月1日	—
		道路运输行业网络远程教学平台技术规范（JT/T 1289—2020）	2020年4月1日	—
		汽车驾驶培训模拟器（JT/T 378—2022）	2022年9月9日	—
	培训服务	机动车驾驶员培训机构培训服务规范（JT/T 1099—2016）	2017年4月1日	—
	教练员素质	机动车驾驶教练员国家职业标准	2018年12月28日	—

“十三五”期间，各地根据驾培行业管理相关法律法规和标准规范，并结合当地的行业管理实际，制定出台了一系列地方性法规、规章和标准规范。

（1）针对驾培行业管理，江苏省出台了《江苏省机动车驾驶人培训管理办法》（江苏省政府令 2012 年第 121 号），四川省出台了《四川省机动车驾驶员培训管理办法》（四川省政府令 2009 第 328 号）；

（2）针对驾培机构开业条件，浙江省制定了地方标准《道路运输培训机构资格条件　第 1 部分：普通机动车驾驶培训机构》（DB33/T 557.1—2012），安徽省制定了《机动车驾驶员培训机构　分训场地要求》（DB34/T 2693—2016）；

（3）针对教学管理，江苏省制定了地方标准《机动车驾驶培训智能化管理与服务系统　计时终端技术规范》（DB32/T 2721—2014）、《机动车驾驶培训智能化管理与服务系统 平台技术规范》（DB32/T 3386—2018）；

（4）针对培训服务，江苏省制定了地方标准《机动车驾驶培训先培后付服务规范》（DB32/T 3215—2017）、《机动车驾驶员培训机构服务规范》（DB32/T 3216—2017），浙江省制定了《基于物联网技术的机动车驾驶员培训服务规范》（DB3301/T 0178—2018）。

二　驾培行业管理法规政策实施情况

《道路交通安全法》规定，驾驶培训学校、驾驶培训班应当严格按照国家有关规定，对学员进行道路交通安全法律、法规、驾驶技能的培训，确保培训质量。驾培机构培训质量的优劣直接影响社会道路交通安全水平，因此，交通运输主管部门围绕驾培机构的培训质量与服务质量，从市场准入、培训经营等环节开展驾培行业事前管理和事中事后监管。

（一）驾培行业事前管理

1. 驾培机构许可管理

2004 年发布实施的《道路交通安全法》和《道路运输条例》规定交通运输主管部门对驾驶培训学校、驾驶培训班实行许可管理。自 2004 年以来，驾培机构开业许可管理是交通运输主管部门开展事前管理的重要方式。交通运输主管部门依据《道路交通安全法》《道路运输条例》等法律法规，以及《机动车驾驶员培训管理规定》（交通运输部令 2016 年第 51 号）和国家标准《机动车驾驶员培训机构资格条件》（GB/T 30340）等配套规章和标准规范，对机动车驾驶培训业务申请进行审核，确定其是否满足驾培经营条件。

2021 年 4 月，第十三届全国人大常委会审议通过了《道路交通安全法》修改案，规定交通运输主管部门对驾驶培训学校、驾驶培训班实行备案管理，并对驾驶培训活动加强监督。2022 年 3 月，国务院决定对《道路运输条例》的部分条款予以修改，规定从事机动车驾驶员培训业务的，应当在依法向市场监督管理部门办理有关登记手续后，向所在地县级人民政府交通运输主管部门进行备案。这标志着我国从法律法规上明确了驾培业务在开业环节由许可管理改为备案管理，驾培行业进入了强化事中事后监管的新阶段。

在管理实践中，一些地方的交通运输主管部门编制了驾培行业发展规划，配合许可管理来调控新进入驾培市场的驾培机构的业务范围和发展规模等，引导当地驾培市场有序发展。还有一些地方的交通运输主管部门根据驾培市场供需缺口（为满足当地市场需求，需要新增教练车），配合许可管理采用了面向社会招投标的方式。在招标工作中将驾培机构质量信誉考核结果作为准予新增教练车的重要依据，增强了驾培行业事前管理与事中事后监管之间的有效衔接。

2. 驾培从业人员资格管理

（1）驾培机构负责人从业资格管理。

2006 年，交通运输主管部门组织制定了《道路运输从业人员管理规定》（交通部令 2006 年第 9 号），对包括驾培机构负责人在内的道路运输经理人实行从业资格考试制度，由省级道路运输管理机构组织实施；驾培机构负责人经考试合格后，取得《道路运输从业人员从业资格证》。2016 年 1 月，国务院发布了《国务院关于取消一批职业资格许可和认定事项的决定》（国发〔2016〕5 号），文件提出取消道路运输经理人资格许可和认定。

在实践中，为了贯彻落实道路运输经理人从业资格考试制度，进一步规范道路运输经理人从业资格考试，交通运输主管部门于 2012 年组织制定了《道路运输经理人从业资格考试大纲》(交运发〔2012〕159号),将道路运输经理人分为初级、中级和高级,并规定驾培机构经理人从业资格考试分为公共知识考试和专业知识考试两个科目,其中,公共知识科目考试内容包括国家基本法律法规、管理知识、经济知识三个部分,专业知识科目考试内容包括驾驶培训与考试相关的政策法规和标准规范、生产组织、经营管理、安全质量四个部分。各地省级道路运输管理部门均按照考试大纲的要求对驾培机构经理人组织从业资格考试,对考试合格的人员发放从业资格证件。

(2)教练员从业资格管理。

20世纪90年代末,交通运输主管部门开始建立教练员资格管理制度。2006年以来,交通运输主管部门依据《道路运输从业人员管理规定》(交通部令2006年第9号)对教练员实行从业资格考试制度,并不断完善教练员从业资格管理制度体系。2016年以来,随着国务院深化“放管服”改革,教练员从业资格管理制度被取消。驾培机构对聘用教练员设立资格条件和把关,成为教练员素质管理的主体。

在实践中,为了贯彻好教练员从业资格考试制度,交通运输主管部门编制了教练员从业资格考试大纲、考试题库,供全国各地统一使用;各地交通运输主管部门建立了教练员从业资格考试中心,每年定期面向社会组织教练员从业资格考试,对通过考试的人员核发教练员证,为教练员队伍素质提升发挥了重要的作用。

(二)驾培行业事中事后管理

1. 驾培行业监督管理

交通运输主管部门对驾培行业监管的重点是驾培机构的培训教学。一直以来,交通运输主管部门以相关法规、规章和驾驶培训教学大纲为依据,以计时培训系统为手段,以《教学日志》《培训记录》《结业证书》为载体,监督驾培机构对教学大纲中教学内容和培训学时的落实情况,包括要求驾培机构按照相关规定安装和使用计时培训系统对学员培训过程进行记录和管理,填写《教学日志》,记录学员每次培训完成的教学内容和培训学时等信息;要求驾培机构在学员完成一个阶段的培训内容和培训学时后,组织阶段考核,由学员、教练员和驾培机构共同对《培训记录》进行签字和盖章；要求驾培机构在学员完成全部培训内容和培训学时后，组织结业考核，向交通运输主管部门提交《培训记录》。

在实践中，交通运输主管部门主要通过以下方法加强对驾培行业的监督管理：

（1）运用计时培训系统监督驾培机构记录学员培训学时的情况，发现培训学时记录异常的，及时进行查处；

（2）负责审核驾培机构提交的学员《培训记录》，审核通过后提供给公安交通管理部门车辆管理所查验，实现培训与考试预约的衔接；

（3）通过对驾培机构的经营情况开展日常检查和专项检查，对驾培机构和教练员的违规经营行为进行记录和惩处，并纳入驾培机构质量信誉考核和教练员教学质量信誉考核；

（4）对违法开展驾驶培训活动的机构和个人开展专项检查和联合执法，营造健康有序的驾培市场环境。

2015 年 12 月，国务院办公厅转发了《公安部 交通运输部关于推进机动车驾驶人培训考试制度改革的意见》（国办发〔2015〕88 号），根据文件精神，交通运输主管部门推行了一系列利企便民的驾驶培训管理新举措，主要包括：

（1）赋予驾培机构更大的经营自主权，驾培机构根据市场需要和培训能力，自主安排招生、培训；根据需要自主决定增减和调整教练车，聘用和辞退教练员；自主确定合理的收费标准，明码标价，在服务场所或互联网等渠道公开费用项目和标准。

（2）改变驾培机构一次性预收全部培训费用的模式，推行计时培训、计时收费、先培训后付费的服务措施；实行学员自主预约培训时段、自主选择教练员、自主选择缴费方式。

（3）推广使用全国统一标准的计时培训管理系统，建立省级驾培机构监管平台，强化对驾培机构培训过程的动态监管。

（4）畅通电话、网络等投诉渠道，建立以学员为主的教学服务质量监督评价体系，让学员参与到驾驶培训监督管理过程中来，从根本上促进驾驶培训服务质量的提升。

2. 驾培行业信用管理

随着国务院深化“放管服”改革，推行“先照后证”“许可改备案”

等进一步开放市场的举措，市场主体的数量快速增长，新业态、新模式不断涌现，为事中事后监管增加了难度和复杂程度，以行政处罚为主要手段的监管方式难以适应经济发展的要求，政府部门逐渐意识到信用管理在加强事中事后监管中的重要作用，积极推动建立健全以信用管理为基础的新型监管制度，构建“一处失信、处处受限”的信用监管格局。

信用管理是指政府部门对市场主体从事经营活动的信用信息记录、信用等级评定和信用奖惩等管理，包括信用信息采集与归集、失信行为认定、信用信息共享与公开、信用评价、守信激励与失信惩戒、信用修复等内容。

（1）信用信息采集与归集是不同层级的管理部门按照管理职责依法收集和汇集市场主体的基础信息、失信行为信息、表彰奖励信息和信用评价信息的过程，是实施信用管理的前提和基础。

（2）失信行为认定是管理部门按照失信行为认定标准和认定程序，以具有法律效力的文书为依据，认定并如实记录市场主体失信行为的过程。

（3）信用信息共享与公开是管理部门按照相关要求在一定范围内公开和共享市场主体的信用信息，为信用评价和信用信息的应用创造条件。

（4）信用评价包括信用评价的方法、信用等级划分、评价程序和信用结果应用等，为分级分类管理奠定基础。

（5）守信激励是对信用状况良好的企业采用激励措施，比如在日常检查、专项检查中适当减少检查频次，减少不必要的干扰，降低企业制度性交易成本，营造宽松有序的市场环境；而失信惩戒对失信风险较高的企业加大监管力度，对违法失信企业则实施严管重罚，形成一种“让守信者留下，使失信者出局”的优胜劣汰市场机制。

（6）信用修复是失信主体按要求纠正失信行为、消除不良影响后，可以申请信用修复，这样可以增强企业的自治意识、强化企业主体责任。

近年来，党中央、国务院对社会信用体系建设做出了一系列决策部署，陆续出台了《中华人民共和国政府信息公开条例》《征信业管理条例》《企业信息公示暂行条例》《优化营商环境条例》等行政法规，印发了《国务院关于建立完善守信联合激励和失信联合惩戒制度 加快推进社会诚信建设的指导意见》（国发〔2016〕33 号）、《国务院办公厅关于加快推进社会信用体系建设 构建以信用为基础的新型监管机制的指导意见》（国办发〔2019〕35

号）、《国务院关于加强和规范事中事后监管的指导意见》（国发〔2019〕18号）和《国务院办公厅关于进一步完善失信约束制度 构建诚信建设长效机制的指导意见》（国办发〔2020〕49号）等系列文件。

党的十八大以来，交通运输部在交通工程建设、交通出行、运输物流、安全生产等重点领域运用信用手段加强市场监管，以“信用交通省”建设为统领组织各地交通运输主管部门创新推进信用建设。近年来，江苏、重庆、贵州、湖南、山东、宁夏、黑龙江、北京、吉林等全国大部分省（自治区、直辖市）均开展了驾培行业信用评价工作，取得了较好的成效。

专栏2-1 我国部分地区驾培行业信用管理制度

2020年7月，江苏省交通运输厅修订印发了《江苏省道路运输从业人员信用管理办法》（苏交规〔2020〕4号）和《江苏省道路水路运输经营者信用管理办法》（苏交规〔2020〕5号），2020年12月，修订印发了《江苏省道路运输违法行为累积记分管理办法》（苏交规〔2020〕10号），与《江苏省交通运输守信联合激励和失信联合惩戒对象名单管理办法》（苏交规〔2020〕2号）有效衔接，形成较为完善的道路水路运输市场信用闭环管理制度体系。文件规定经营者相关信用信息包括经营者基本情况信息、荣誉信息、失信行为信息和信用评价信息等与运输经营活动相关的信用信息，明确了严重失信行为的具体情形，以“江苏运政在线”系统为核心，加强与公安、公共信用管理、市场监督管理等相关部门信息交换共享，强化信用信息记录；经营者信用等级评定实行扣分制，信用等级分为好、较好、一般和较差四个信用等级，分别用AAA级、AA级、A级和B级表示；实行奖惩管理和信用信息公开，加强经营者信用评价结果在行业的运用。

2019年4月，长沙市机动车驾驶员培训管理处印发了《长沙市机动车驾驶员培训行业信用红黑榜制度实施细则》（长驾培〔2019〕30号）。文件以驾培机构、教练员、其他管理人员（驾培机构法定代表人、负责人）为监管对象，明确了列入信用红榜、信用黑榜的具体情形，红黑榜信息评定工作程序，红黑榜信息动态管理要求以及红黑榜人员奖惩措施。

2021年9月，北京市交通委员会印发了《北京市机动车驾驶员培训行业信用评价标准（试行）》，驾培行业信用评价实行计分制，评价指标包括通用指标和驾培行业指标两个部分，评价等级分为优、良、中、差四个等级，分别用A+级、A级、B级、C级表示。其中，通用指标包括企业注册年限、社保和公积金缴纳、纳税级别、慈善捐赠、知识产权获得，以及企业履诺、所受行政措施情况等方面的内容；驾培行业指标包括企业安全生产、经营管理、服务质量、教学管理等方面的内容。

三 存在的主要问题

近些年，交通运输主管部门对驾培行业的管理服务意识增强，监管水平明显提升，但仍然存在一些机制性、基础性的问题需要改进。

（一）未能充分调动学员参与行业监督的积极性

近年来，交通运输主管部门为了推动驾培机构培训质量提升，维护学员合法权益，促进驾培行业有序发展，出台了系列管理政策，而在实践中，一些管理政策并没有引起学员的广泛关注，学员参与行业监督的意识和主动性仍然不强。从市场需求端引导驾培行业质量提升的机制尚未有效形成，造成驾培机构追求培训服务质量变革的内生动力不足。部分驾培机构经营者认为管理政策落实仅仅是增加了企业的负担，对企业发展并没有带来好处，因此，一些行业管理政策没能完全落到实处或者落实的效果并不好。

（二）跨部门和跨区域协同管理机制建设有待强化

驾培机构的一些违法经营行为隐蔽性强、复杂度高、影响面广，比如驾培机构异地开展培训、遭学员高频次投诉，以及“黑驾校”“黑教练”“黑教练场”等非法培训行为，需要交通运输部门、公安部门、市场监督管理部门、城市管理部门等多个部门之间建立监管执法联动响应和协作机制，加强信息共享。此外，目前驾驶培训遵循属地管理原则，相邻地区跨区域的行业监管机制还不完善，加上近年来交通运输行业体制改革，行业内各机构之间的管理职责和边界界定不够清晰，法律法规建设相对滞后，信息化应用不足，造成部分违法经营行为的监管成为老大难问题。

（三）驾培行业信用管理体系有待健全

交通运输行业的信用管理存在顶层立法缺失、各管理相关方的责任划分不够清晰、信用信息归集共享制度不够健全、信用评价等标准不够统一、失信认定和惩戒措施应用不够规范、信用权益保护不够健全等问题。此外，根据《机动车驾驶员培训管理规定》（交通运输部令 2016 年第 51 号）的要求，行业管理部门每年均会对驾培机构实行质量信誉考核，并建立了考核评分标准。还有一些地方在交通运输行业推行了信用管理，然而行业管理部门开展质量信誉考核或信用管理的信息来源主要是日常检查记录以及社会群众的投诉举报，信息来源渠道较为单一，行业推行的各类信息系统之间存在“信息孤岛”，致使质量信誉考核结果或信用评价结果的客观性、科学性不足，不能全面反映驾培机构真实的质量信誉水平，自然带来信用评价结果应用效果不佳的情况。

（四）基层行业管理人员素质有待提高

目前，各地基层行业管理人员岗位人事调整较为频繁，导致新上岗的管理人员对行业政策理解不够透彻、执行把握不够准确等，对行业管理和执法的有关要求不够熟悉，与行业管理体制的改革要求存在差距，较难适应驾培行业高质量发展的要求。

第二节 驾培机构经营条件及实施情况

加强驾培市场的源头管理是规范驾培市场发展的重要环节之一，而制定科学、合理的驾培机构经营条件标准规范，并在全国范围内严格实施，是驾培市场源头管理的重要内容，对于驾培机构安全、有序地组织培训教学，为学员提供优质服务具有重要的保障作用。本节全面分析了驾培机构经营条件标准规范的发展历程、实施情况以及存在的问题。

一 驾培机构经营条件标准制修订情况

20 世纪 90 年代初以来，交通部根据国务院相关文件精神建立了驾培行业许可管理制度，并组织制定了驾培行业管理法规、规章和驾培机构经营条件标准规范，引导驾培机构具备了与自身培训服务质量要求相适应的运营条件，规范了驾培市场经营秩序。

1995 年 3 月，交通部发布了《汽车驾驶员培训行业管理办法》（交公路发〔1995〕246 号），规定汽车驾驶员培训学校（班）必须符合交通部颁布的开业条件，开业条件内容主要包括设备、场地、教员、教学管理。1995 年 11 月，交通部发布了《汽车驾驶员培训学校（班）开业条件》（交公路发〔1995〕1079 号）。1996 年 12 月，交通部发布了《中华人民共和国机动车驾驶员培训管理规定》（交通部令 1996 年第 11 号），对驾驶员培训学校（班）的开业审批、办学条件等提出了具体、详细的规定和标准，包括汽车驾驶员培训学校（班）在开业时须具备的设备、场地、教员、教学管理、资金等方面的基本条件及经营性教练场地开业时须具备的基本条件，对规范培训市场起到了很大的促进作用。

2000 年，交通部组织制定了交通行业标准《机动车驾驶员培训业户开业条件》（JT/T 433—2000）和《机动车教练场技术要求》（JT/T 434—2000），规定了培训业户应具备的技术、经济条件。相比《汽车驾驶员培训学校（班）开业条件》，《机动车驾驶员培训业户开业条件》（JT/T 433—2000）增加了机动车驾驶员培训业户的分类，规定了培训业户的组织管理、人员素质、教学设施及设备、安全及流动资金等基本条件要求；《机动车教练场技术要求》（JT/T 434—2000）规定了机动车教练场应该具备的训练场地规模、功能、维护服务设施设备、环境、安全等基本条件。2004 年，交通部对上述两个行业标准进行了修订，《机动车驾驶员培训业户开业条件》（JT/T 433—2004）将驾培机构分类由原来的一、二、三类改为综合类和专项类，并根据教练车数量分为一、二、三级；增加了教练车的安全设备要求，删除了资金及其他教学以外设施设备的要求，优化了主体资格、管理制度、人员条件、教学设施及设备等要求。

2013 年，交通运输部在《机动车驾驶员培训业户开业条件》（JT/T 433—2004）和《机动车教练场技术要求》（JT/T 434—2004）交通行业标准的基础上，组织制定了国家标准《机动车驾驶员培训机构资格条件》（GB/T 30340—2013）和《机动车驾驶培训教练场技术要求》（GB/T 30341—2013），于2013年12月发布，2014年6月1日正式实施。《机动车驾驶员培训机构资格条件》（GB/T 30340—2013）坚持市场配置资源的导向原则，由驾培机构经营者根据市场学驾需求自主决定配置的培训车型及教练车数量，并规定了驾培机构和经营性教练场的主体资格、组织机构、管理制度、岗位及人员、教练车、教练场地、教学设施设备、办公场所及教室、服务及其他设施等基本条件。《机动车驾驶培训教练场技术要求》（GB/T 30341—2013）规定了驾培机构教练场地的场地训练项目设施、设备及道路条件，办公、教学与服务设施，安全条件，环境条件等基本要求，强化了场内模拟城市道路训练以及场内训练安全与环境保护的要求。2017年，标准编制单位根据国务院有关取消驾培机构教学负责人、结业考核员、教练员的从业资格认定的文件精神，对国家标准《机动车驾驶员培训机构资格条件》（GB/T 30340—2013）研究提出了第1号修改单，对涉及教练员、驾培机构负责人和结业考核员等人员条件的有关条款进行了相应的修订。

二 驾培机构经营条件标准实施情况

2014年1月，交通运输部办公厅印发了《关于做好〈机动车驾驶员培训机构资格条件〉等两项国家标准实施工作的通知》（厅运字〔2014〕11号），文件要求各地道路运输管理机构督促驾培机构严格按照两项国家标准进行整改，确保驾培机构的软硬件基础条件；对新申请开展驾培业务的，按照两项国家标准实施许可。全国各地均按照交通运输部的文件要求贯彻实施两项国家标准，督促本行政区域内的驾培机构按照国家标准进行整改。2015年年底，全国各地的驾培机构历时1年半按照两项国家标准基本完成整改，部分达不到相应条件要求的驾培机构，选择降低等级或者退出了驾培市场。

2016年6月，交通运输部修改发布了《机动车驾驶员培训管理规定》（交通运输部令2016年第51号），其引用两项国家标准作为驾培机构开业条件的重要依据，明确了两项国家标准的法律地位。全国各地交通运输主管部门均按照《机动车驾驶员培训管理规定》对新申请开展驾培业务的机构实施许可管理，并对驾培机构实施督查和检查。因各地驾培行业的实际情况存在差异，两项国家标准的执行方式略有不同：

（1）四川、陕西、广东、江西和内蒙古等地按照两项国家标准的要求，督促驾培机构对场地面积、教学设施设备、办公场所等软硬件条件进行完善；

（2）安徽、河北、辽宁、湖南、江苏和浙江等地根据当地驾培机构教练场地等的实际情况，在满足两项国家标准要求的基础上，制定了机动车驾驶员培训机构资格条件地方性标准或者实施细则，对驾培机构的教练场地面积及数量、教练员配置等条件进行了更加详细的规定。

专栏2-2 我国部分地区关于两项国家标准的执行情况

2014 年 4 月，湖南省道路运输管理局与湖南省公安厅交通管理局联合印发了《关于开展机动车驾驶员培训机构资格条件达标 加强驾驶人培训考试管理工作的通知》（湘运管驾培发〔2014〕50 号），成立了达标工作领导小组，明确了达标查验和教练员、教练车、训练场地备案工作要求，对不能按规定达标的驾培机构的处理规定，以及达标查验工作完成时限。湖南省交通厅机动车驾驶员培训管理办公室同步印发了《关于机动车驾驶员培训机构资格条件达标工作有关事项的说明》（湘驾培办函〔2014〕33 号），对国家标准的部分条件要求进行了细化，便于达标查验工作的开展。其中，提出对现有教练车总数达到相应级别，教练场地总面积、单车道长度不符合要求的驾培机构，经许可机关同意，在许可机关行政辖区内可以另外增设 1 个或者多个“科目二培训场地”，但训练项目设施需齐全，场地总面积和单车道长度需达到三级驾培机构的要求（小型车辆：场地总面积≥$10000m^2$、单车道长度≥1000m；大型车辆：场地总面积≥$47000m^2$、单车道长度≥4500m），按两项国家标准建设，并经查验合格。2014 年年底，湖南省在全省范围内完成了全部驾培机构的达标查验和整改工作。

2014 年 6 月，安徽省道路运输管理局印发了《关于认真做好〈机动车驾驶员培训机构资格条件〉等两项国家标准实施工作的通知》（皖运车〔2014〕31 号），要求自 2014 年 6 月 1 日起，行业管理部门应按照新的国家标准实施机动车驾驶员培训业务许可；各现有驾培机构应对照两项国家标准明确驾培机构级别、培训车型，调整教学场地训练项目设施、教练车和其他教学设施、设备；驾培机构原有教学场地面积不足，需要增加场地的，应另寻场地新建，且场地为一块，其面积应大于10000m²；2015年3月1日起，各市（省直管县）道路运输管理机构组织对现有驾培机构办学条件进行审核，重新核定驾培机构级别、培训车型，换发经营许可证。2016年6月，安徽省道路运输管理局组织制定了地方标准《机动车驾驶员培训机构分训场地要求》（DB34/T 2693—2016），并于2016年7月15日实施，为规范驾培机构分训场地的设立提供了技术支撑。截至2021年10月，80%的地区允许现有驾培机构具备2块及以上的教练场地，其中，60%的地区要求驾培机构每一块独立教练场地的面积应达到10000m²。

三 存在的主要问题

两项国家标准的实施，对规范驾培市场经营秩序，提升驾驶培训与服务质量起到了重要作用。但在标准实施过程中，发现存在以下方面的问题，标准还需要进一步优化。

（一）教练场地条件要求需根据地域特征进一步优化

国家标准规定，仅提供小型汽车培训服务的三级驾培机构的教练场地总面积最低要达到10000m²，教练场地总面积不包括办公场所及其他服务设施的占地面积；驾培机构教练场地面积与教练车数量关联，小型汽车教练车超过20辆后，每增加1辆教练车，教练场地面积需相应增加400m²。

各地在执行教练场地面积要求中存在以下现象。

（1）教练场地要求未综合考虑各地的特点，比如，四川、重庆、湖北等地的丘陵山地较多，驾培机构较难找到一块平整适宜的场地改造为教练场；浙江、江苏、广东等经济发达地区的土地使用价格较高，且受城市规划的影响，驾培机构在城市内较难获得一块合适的场地用作教练场地或者即使可以获得土地但难以承受高昂的用地成本。然而，内蒙古、新疆等地，行业管理部门和驾培机构均认为教练场地面积要求较低。

（2）教练场地面积要求未综合考虑场地利用率因素。教练场地规模不同，其场地利用率存在差异，比如，一块独立场地的面积越大，其场地改造时的土地利用率相对越高。因此，每增加 1 辆小型汽车教练车相应地增加 400m^2 教练场地，这项要求未综合考虑场地利用率的因素，增加了规模大的驾培机构的教练场地压力，也不利于土地资源的节约利用。行业普遍认为，标准应根据教练场地的不同规模合理设置增加教练场地面积的级差要求。

（二）教学设施设备条件需根据技术发展和应用进一步完善

随着科学技术的进步和驾驶培训中教学方法的迭代，标准中部分技术条款内容已不适应当前形势的发展。

（1）《机动车驾驶员培训管理规定》（交通运输部令 2022 年第 32 号）规定驾培机构的级别与其具备的培训车型数量相关，而国家标准中将培训车型细分为 16 种类型，驾培机构根据市场学驾需求配置培训车型受到一定程度的限制，不利于行业发展和标准的实施。

（2）公安部门在驾驶证分类中新增了轻型牵引挂车准驾车型，教学大纲新增了轻型牵引挂车车型培训要求，国家标准也需要相应地增加轻型牵引挂车培训所需的训练设施、设备条件要求。

（3）国家标准要求驾培机构配备透明或实物整车解剖模型、发动机透明或解剖模型等模型模具。目前，虚拟现实技术用三维的形式仿真展现汽车零部件的工作原理和工作过程，可以适当替代模型教具等教学设备，同时，驾培行业在试点和推广应用智能辅助教学系统、电动汽车等新装备，国家标准需要对教学新技术应用进行研究和吸收，引领驾培机构教学技术的进步。

第三节 教练员管理政策及实施情况

教练员是驾培机构培训教学的执行者，是学员安全驾驶的引路人，属于驾培行业的关键岗位。教练员管理政策的制定和实施，对教练员队伍素质的提升具有重要的意义。本节总结分析了教练员管理政策的发展历程、教练员管理现状及存在的问题。

一 教练员管理政策发展历程

（一）教练员从业资格管理制度

在20世纪90年代末，交通部就开始对教练员实行资格管理，历经20余年，教练员从业资格管理制度不断得到完善，有力地促进了教练员队伍素质提升。

1996年，交通部在驾培行业推行“四证一牌”制度，其中包括教练员应持有《教员准教证》。2006年，交通部先后制定了《机动车驾驶员培训管理规定》（交通部令2006年第2号）和《道路运输从业人员管理规定》（交通部令2006年第9号），文件规定：

（1）国家对包括教练员在内的道路运输从业人员实行从业资格考试制度；

（2）将教练员分为理论教练员、驾驶操作教练员、道路客货运输驾驶员从业资格培训教练员、危险货物运输驾驶员从业资格培训教练员四类，并从年龄、学历、安全驾驶经历、安全驾驶知识和教学能力等方面相应地规定了教练员的资格条件；

（3）要求申请从事教练员的，应当通过全国统一考试合格，持有《教练员证》；

（4）驾培机构应当加强教练员再教育，对教练员每年进行至少一周的脱岗培训。

2006年，交通部组织制定了《机动车驾驶培训教练员从业资格考试大纲》（交公路发〔2006〕416号）、《机动车驾驶培训教练员从业资格理论考试题库》（交公路发〔2007〕649号）等配套文件，标志着交通部门建立起了一套较为完整的教练员从业资格管理制度。《机动车驾驶培训教练员从业资格考试大纲》（交公路发〔2006〕416号）规定各类教练员从业资格考试科目分为理论考试和示范教学考试，其中，理论考试采用闭卷考试，考试试题必须从全国统一考试题库中提取；示范教学考试采用必选题和现场随机抽题方式进行，由申请人进行现场讲解和动作示范。理论教练员和驾驶操作教练员的理论考试内容包括教练员职责、道路交通安全法律法规、交通安全心理与安全意识、教育学和教育心理学及其应用、教学大纲、教学方法及规范化教学、教学手段、教案的编写、车辆结构与安全性能、车辆维护与故障车的处置、特殊环境安全行车方法、应急驾驶等。理论教练员的示范教学考试内容主要是依据教学大纲规定的理论教学知识设置了 12 个题目，驾驶操作教练员的示范教学考试内容主要是围绕基础驾驶操作、教育学和教育心理学应用、典型交通事故案例分析等设置了 8 个题目。

2016 年 2 月，国务院发布了《国务院关于第二批取消 152 项中央指定地方实施行政审批事项的决定》（国发〔2016〕9 号），文件提出取消机动车驾驶培训教练员从业资格证认定，这标志着教练员从业资格管理制度的终结。

（二）教练员职业资格管理制度

教练员职业资格管理是指由职业技能鉴定机构对教练员所掌握的技术理论知识和实际操作能力做出客观的评价，用人单位依据评价结果对教练员实施管理。

2011 年 4 月，人力资源和社会保障部办公厅与交通运输部办公厅联合发布《关于印发机动车驾驶教练员国家职业技能标准的通知》（人社厅发〔2011〕26 号），文件将教练员职业分为一级、二级、三级和四级共四个等级，明确了各级教练员职业技能要求以及鉴定要求。2013 年，国家标准《机动车驾驶员培训机构资格条件》（GB/T 30340—2013）要求结业考核员要持有二级（含）以上教练员职业资格证，将教练员职业技能作为教练员从业资格管理的补充。2017 年发布的国家标准《机动车驾驶员培训机构资格条件》（GB/T 30340—2013）第 1 号修改单将结业考核员的要求调整为：结业考核员宜持有二级（含）以上教练员职业资格证。2017 年 9 月，人力资源和社会保障部印发了《关于公布国家职业资格目录的通知》（人社部发〔2017〕68 号），文件将机动车驾驶教练员纳入国家职业资格目录水平评价类职业资格，这标志着教练员从业资格管理取消后，教练员管理进入了职业资格管理的新阶段。

2018 年，人力资源和社会保障部办公厅与交通运输部办公厅联合印发了《机动车驾驶教练员国家职业技能标准》（人社厅发〔2018〕147 号），将教练员职业调整为一级、二级、三级、四级和五级共五个等级，明确了各级教练员职业技能鉴定要求。同年，交通运输部职业资格中心印发了《机动车驾驶教练员职业资格制度实施办法》（职考发〔2018〕29 号），文件规定了教练员职业技能鉴定、登记服务、继续教育和从业服务等管理要求，进一步健全了教练员职业资格管理制度。

（三）教练员职业技能等级制度

2019 年，国务院常务会议决定分步取消水平评价类技能人员职业资格，推动实现由用人单位和第三方机构开展职业技能等级认定、颁发职业技能等级证书，政府不再颁发职业技能等级证书，将技能人员水平评价由政府认定改为实行社会化认定。

为贯彻落实国务院常务会议精神，人力资源和社会保障部办公厅于 2020 年印发了《关于做好水平评价类技能人员职业资格退出目录有关工作的通知》（人社厅发〔2020〕80 号），文件明确取消教练员水平评价类职业资格。教练员职业资格被调出《国家职业资格目录（2021 年版）》，这标志着教练员职业资格调整为职业技能技能等级认定。由经人力资源和社会保障部门备案公布的相关用人单位和社会培训评价机构，按照国家职业技能标准或评价规范对教练员的职业技能水平进行考核评价。

二 教练员管理现状

国家取消了教练员从业资格管理制度后，全国各地对教练员管理主要有以下四个方面的举措。

（1）督促驾培机构落实教练员管理主体责任。交通运输主管部门督促驾培机构落实主体责任，依法严格实施教练员聘用制度，向行业管理部门做好信息备案，加强教练员岗前培训以及教学行为管理。

（2）通过地方立法，明确继续由行业管理部门实施教练员发证和管理。上海市结合本行政区域的具体情况和实际需要制定地方性法规，确立行业管理部门对教练员实施资格管理的法律地位，依据地方性法规对教练员实施准入、教学过程和退出管理。

（3）行业协会发挥行业自律作用，强化教练员培训管理。江苏、湖南、内蒙古呼和浩特市等地的驾培行业协会组织制定了教练员岗前培训考核和继续教育管理制度，对会员单位的教练员实施统一的岗前培训、技能素质考核。

（4）结合行业诚信体系建设，推行教练员信用管理。江西、江苏等地的交通运输主管部门建立了教练员信用管理机制，对存在收受和索取学员财物、参与驾驶证考试舞弊等严重违法违规行为的教练员，实施教练员黑名单管理制度，建立教练员职业禁入机制。

三 存在的主要问题

从当前行业现状来看，我国教练员队伍综合素质参差不齐、总体不高，行业还存在岗前培训缺失、继续教育流于形式、行业管理部门和学员监督薄弱等问题。

（一）教练员队伍整体素质仍有待提高

2019 年，交通运输部组织了教练员职业现状调研，发现有 78.7% 的教练员是高中及以下学历，这些人员由于没有接受过系统的职业培训，对于从业需要的知识和技能，存在“听不懂、学不会、记不住”的情形，无法满足培训教学的高质量要求。

如图 2-1 所示，教练员教学过程中的不文明教学行为主要包括：不随车指导学员训练、教学中做与教学无关的行为、不按规定使用计时终端、索取和收受学员钱物、向学员谋取其他利益以及虚假填写教学日志等。这些情形反映了教练员队伍缺乏服务意识和职业道德。

（二）教练员素质培养有待规范

《机动车驾驶员培训管理规定》（交通运输部令 2016 年第 51 号）等相关法规尚未明确驾培机构要对教练员进行岗前培训，因此，驾培机构普遍未开展教练员岗前培训，而部分管理规范的驾培机构即使对教练员进行岗前培训，由于缺乏科学的培训教学大纲作为指导，驾培机构主要是凭自身的经营管理经验组织实施，培训内容有一定的针对性，但系统性不强。

相关法规要求驾培机构加强教练员的职业道德、驾驶新知识和新技术的再教育，但缺乏规范教练员继续教育的配套政策，致使驾培机构主要是凭自身的经营管理经验组织实施，且部分驾培机构为了节约培训成本，教练员的继续教育“缺斤少两”，对教练员加强职业道德修养、补充专业知识以及提高教学能力的效果不明显。

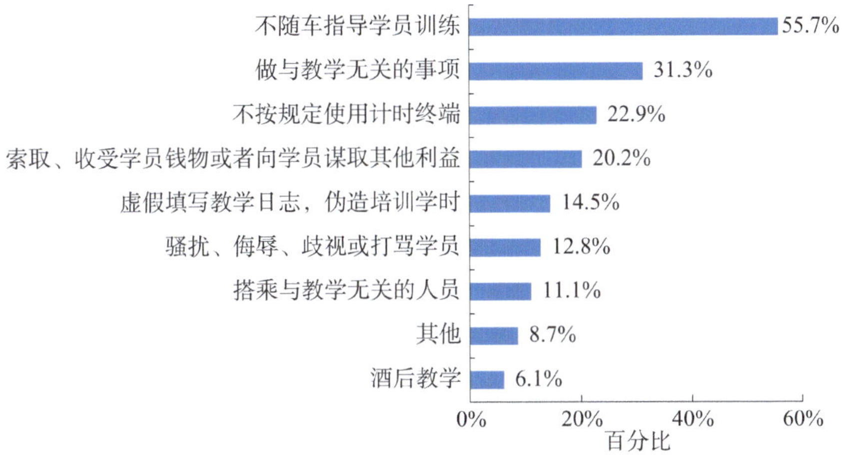

图 2-1　受访者对教练员教学过程中不文明教学行为的评价

（三）教练员规范化教学水平有待提升

在教练员队伍中，教练员的文化水平、职业背景、年龄和性格等存在着不同，教练员采用的教学方法及达到的教学效果也存在着较大的差异。一些教练员文化水平不高，理论知识不足，常常对照驾驶证考试要求以自身经验来向学员传授驾驶技能，传授的知识和技能不全面，甚至会把一些错误的知识和习惯传授给学员；另有一些教练员缺乏教育学和教育心理学方面的知识，采用的培训方法单一，不善于与学员建立良好的沟通和互动，不善于根据学员的特点组织教学，导致教学氛围和教学效果不佳。因此，迫切需要积极推动教练员教学与服务规范化水平的提升。

（四）驾培机构对教练员的管理有待加强

驾培机构是教练员聘用的主体，自然承担着教练员管理的责任，然而，驾培机构对教练员疏于管理的现象在驾培行业较为普遍：一方面由于驾培机构采用承包经营模式，招生和培训由教练员自主进行，驾培机构从教练员处获得管理费后，对教练员没有实质性的管理，出现“以包代管”的现象；另一方面由于教练员招聘难，对于存在教学服务投诉的教练员，驾培机构想管而不敢管。

（五）管理部门和学员对教练员的监督有待强化

行业管理部门和学员在教练员的管理体系中担当着监督者的角色，但是教练员从业资格管理制度取消后，部分行业管理人员未及时转变和创新管理思路，对驾培机构聘用教练员、实施教练员岗前培训和继续教育缺少指导和监督，对驾培机构是否有效落实教练员相关的培训和管理制度缺少监督手段。

在教学过程中，因学员维权意识不足、驾培机构未建立教练员教学评价机制等原因，学员对教练员教学行为、服务意识和文明施教的情况实施监督的参与度不足。

第四节 大型客货车辆驾驶员培训考试政策及实施情况

根据公安部门和交通运输部门 2020 年的统计数据分析，我国每万辆机动车肇事的事故起数为 5.45 起/万辆、事故致死人数为 1.44 人/万辆；而每万辆公路客车、公路货车肇事的事故起数分别为 10.99 起/万辆、22.99 起/万辆，事故致死人数分别为 4.78 人/万辆、11.14 人/万辆。可见，公路客车和公路货车肇事引发的事故起数以及事故致死人数均明显高于机动车安全事故的平均水平，提升公路客运驾驶员和公路货运驾驶员安全素质对于保障道路交通安全非常重要。本节重点分析了大型客货车辆驾驶员驾驶培训与考试政策、职业教育政策及其实施情况，总结了大型客货车辆驾驶员素质培训存在的问题。

一 大型客货车辆驾驶员培训考试政策发展情况

我国对大型客货车辆驾驶员分别实行驾驶技能培训和从业技能素质培训，即大型客货车辆驾驶员首先要参加相应车型的驾驶培训，掌握安全意识和驾驶技能，通过驾驶证考试；在从事道路客货运输活动前，还需要参加道路运输从业相关知识和技能培训，掌握道路运输安全与服务技能，通过相关考试并获得从业资格证件，大型客货车辆驾驶员培训管理模式如图 2-2 所示。近年来，为了提升道路客货运输驾驶员的综合素质和缓解道路客货运输驾驶员数量短缺现象，行业管理部门还推行了大型客货车辆驾驶员职业教育。

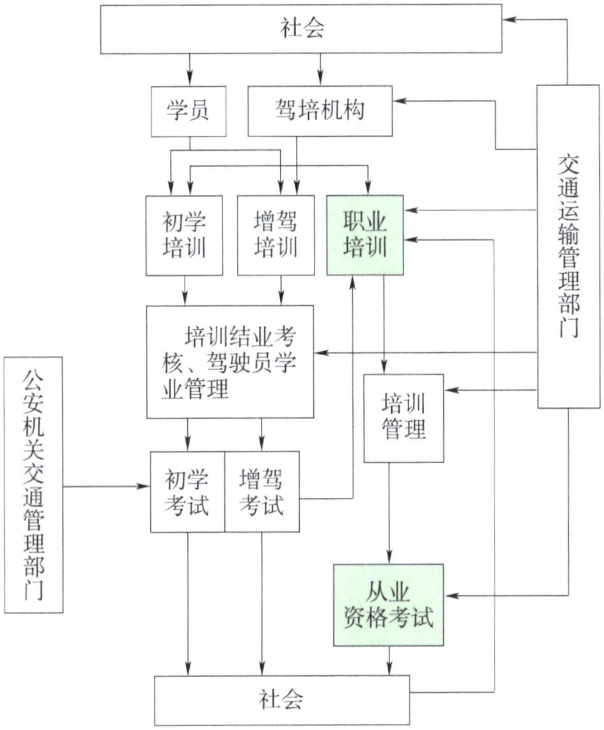

图 2-2　我国大型客货车辆驾驶员培训管理模式

（一）驾驶员培训与考试政策

交通运输部发布的《机动车驾驶培训教学大纲》（交运发〔2022〕36 号）规定了大型客车、重型牵引挂车、中型客车和大型货车等各类车型驾驶培训的教学目标、教学内容、培训学时和培训里程等要求。

根据《机动车驾驶证申领和使用规定》（公安部令第 162 号）的规定，大型客车、重型牵引挂车、轻型牵引挂车和中型客车不能初次申领该车型的机动车驾驶证，而需要采用增驾模式。对于申请增加大型客车、重型牵引挂车、轻型牵引挂车和中型客车准驾车型的，从取得某类准驾车型资格的时间、道路交通安全违法行为记分、安全驾驶经历等方面进行了规定。比如，申请大型客车驾驶证的，需取得驾驶城市公交车或中型客车准驾车型资格2年以上，或者取得驾驶大型货车准驾车型资格3年以上，或者取得驾驶重型牵引挂车准驾车型资格1年以上，并在申请前最近连续3个记分周期内没有记满12分记录。在满足上述条件的基础上，通过大型客车驾驶证考试合格后，才能取得大型客车驾驶证。

（二）驾驶员从业资格培训与考试政策

2004年以来，《道路运输条例》《道路运输从业人员管理规定》（交通部令2006年第9号）规定，国家对道路旅客运输驾驶员、道路货物运输驾驶员和道路危险货物运输驾驶员实行从业资格考试制度，即从事经营性道路客货运输活动前，驾驶员在取得相应准驾车型驾驶证的基础上，还须通过交通运输主管部门组织的从业资格考试，取得相应的从业资格证。为了规范道路旅客运输驾驶员、道路货物运输驾驶员和道路危险货物运输驾驶员等道路运输驾驶员从业资格培训与考试，交通运输部发布了《中华人民共和国道路旅客运输驾驶员及道路货物运输驾驶员从业资格考试大纲》（交运发〔2012〕339号）、《道路旅客运输驾驶员和道路货物运输驾驶员从业资格培训教学大纲》（交运发〔2012〕687号）、《道路危险货物运输从业人员从业资格考试大纲、培训教学大纲和培训教学计划》（交办运〔2014〕131号）等文件，分别明确了道路旅客运输驾驶员、道路货物运输驾驶员和道路危险货物运输驾驶员从业资格培训的内容和学时要求，从业资格考试项目和评分标准。

道路旅客运输驾驶员和道路货物运输驾驶员从业资格考试包括理论考试和应用能力考核两个科目，满分均为100分，考试时间均为60min。其中，理论考试采用闭卷考试，每套试题为90题。道路旅客运输驾驶员应用能力考核内容包括车辆安全检视、旅客急救、危险源辨识与防御性驾驶、节能驾驶四项；道路货物运输驾驶员应用能力考核内容包括车辆安全检视、轮胎更换、危险源辨识与防御性驾驶、节能驾驶四项。其中，车辆安全检视、旅客急救、轮胎更换三个项目采用申请人单独操作与考核员提问相结合的方法进行计分考核，危险源辨识与防御性驾驶、节能驾驶两个项目采用由计算机系统从全国统一题库中随机抽取案例场景题，申请人进行分析判断的方式进行计分考核。道路危险货物运输驾驶员从业资格考试为理论知识考试，采用闭卷方式，每套试题为100题，满分为100分，考试时间为60min。

2020年7月，国务院办公厅印发了《关于进一步优化营商环境　更好服务市场主体的实施意见》（国办发〔2020〕24号），对道路货物运输驾驶员从业资格考试政策进行了调整，文件明确提出推动取消除道路危险货物运输以外的其他道路货物运输驾驶员从业资格考试，将道路货物运输驾驶员从业资格相关考试培训内容纳入相应等级机动车驾驶证培训，驾驶员凭培训结业证书和机动车驾驶证申领道路货物运输驾驶员从业资格证。为贯彻落实国务院改革精神，交通运输部办公厅于2020年12月印发了《交通运输部办公厅关于做好道路货物运输驾驶员从业资格考试制度改革有关工作的通知》（交办运〔2020〕66号），文件提出从2021年3月1日起全面实施改革，不再组织开展除道路危险货物运输以外的道路货物运输驾驶员从业资格考试，驾驶员凭机动车驾驶培训结业证书和机动车驾驶证换领从业资格证；道路货物运输驾驶员从业资格的取得由考试合格发证调整为凭机动车驾驶培训结业合格发证，实现"一次报名、一次培训、一次考核"，方便道路货物运输驾驶员从业、就业和择业。

专栏2-3　广东省道路货物运输驾驶员从业资格考试制度改革情况

2021年1月，广东省交通运输厅印发了《广东省交通运输厅转发交通运输部办公厅关于做好道路货物运输驾驶员从业资格考试制度改革有关工作的通知》（粤交运函〔2021〕46号），对广东省内道路货物运输驾驶员从业资格考试改革作了细化部署和安排，其主要做法如下。

（1）及时宣贯疏解舆情。广东省道路运输事务中心通过省交通运输厅、省道路运输管理信息网两大门户网站对道路货物运输驾驶员从业资格考试改革政策进行解读，对"考试改革后，道路客货运输驾驶员从业资格考试都取消了吗？"等热点问题进行详尽解答，并对2021年3月1日之前缴纳了相应培训费和考试费的驾驶员进行了疏导，有效缓解了舆情。

（2）复核并公布驾培机构资质。广东省各地市全面梳理复核辖区内具备通用货车半挂车（牵引车）、大型货车其中一种及以上车型培训条件的驾培机构资质条件，并通过政务服务网、微信公众号、政务服务窗口等多种渠道向社会公布满足培训条件的驾培机构的基本信息。

（3）推进培训学时衔接。对改革后申领道路货物运输驾驶员从业资格证的，分情形进行培训学时对接。对在2021年3月1日前已经取得相应A2或B2驾驶证的，道路货物运输驾驶员采用网络远程教学方式完成道路货物运输从业相关知识（共7学时）的培训学习，经结业考核合格后，凭有关证件申领从业资格证；对2021年3月1日后参加机动车驾驶培训并申领普通货物运输驾驶员从业资格的学员，按照新改革要求进行培训学时对接和培训。

（4）稳妥做好考试培训过渡。对2021年3月1日前已报名或参加从业资格考试的，继续按照原考试模式做好考试发证工作；对2021年3月1日前已取得相应机动车驾驶证，且在2021年3月1日后初次申领普通货物运输驾驶员从业资格证，或在2021年3月1日后参加机动车驾驶培训并申领普通货物运输驾驶员从业资格的，按照新的培训模式做好培训发证工作。

（5）实现全省结业考核证书互认。对广东省内驾培机构培训的道路货物运输驾驶员，各地交通运输主管部门在核发普通货物运输驾驶员从业资格证时，通过“广东省驾驶培训监管服务平台”核验学员结业考核信息后方可发证；对外省驾培机构培训的驾驶员，待全国驾驶培训信息“一张网”建成后，再全面启动外省驾培机构提供的结业考核证书核验工作。

经广东省及其相关地市半年的改革调整和过渡，广东省道路货物运输驾驶员从业资格考试新政实施初见成效，实现了政策改革的平稳过渡，增强了道路货物运输驾驶员的获得感。

（三）驾驶员职业教育政策

2012年，《国务院关于加强道路交通安全工作的意见》（国发〔2012〕30号）中提出将大型客车驾驶人培养纳入国家职业教育体系。2014年，交通运输部办公厅、教育部办公厅、公安部办公厅和人力资源和社会保障部办公厅联合印发了《关于开展大客车驾驶人职业教育试点工作的通知》（厅运字〔2014〕100号），提出在江苏、安徽和云南开展大客车驾驶员职业教育试点。

2015 年，国务院办公厅转发了《公安部 交通运输部关于推进机动车驾驶人培训考试制度改革意见的通知》（国办发〔2015〕88 号），文件中提出推行大型客货车专业化驾驶培训，在全国范围内试点开展大型客货车辆驾驶员职业教育。2016 年以来，《公安部 交通运输部关于做好机动车驾驶人培训考试制度改革工作的通知》（公交管〔2016〕50 号）、《交通运输部办公厅 公安部办公厅关于开展大型客货车驾驶人职业教育的通知》（交办运〔2017〕1 号）等文件提出将大型客货车辆驾驶员培养纳入职业教育体系，不断提升大型客货车辆驾驶员的综合素质，解决大型客货车辆驾驶员数量短缺问题，要求各地交通运输部门积极联合公安、教育、人力资源和社会保障等部门根据本地实际情况选择具备资质的职业院校（含技工院校），在全国范围内开展大型客货车辆驾驶员职业教育，对大型客货车辆驾驶员进行道路交通法规、安全文明节能驾驶、防御性驾驶、事故预防和应急处理、驾驶心理学、车辆运用技术、职业道德等内容的系统教育，积极探索管理部门、行业、企业参与的办学机制，营造有利于大型客货车辆驾驶员职业教育的政策环境，形成多渠道经费投入机制，减轻学生负担。

二 大型客货车辆驾驶员培训与考试政策实施情况

（一）驾驶员从业资格培训与考试政策实施情况

各地按照《机动车驾驶员培训管理规定》（交通运输部令 2016 年第 51 号）的规定，对道路运输驾驶员从业资格培训业务实行许可管理，经审批从事道路运输驾驶员从业资格培训业务的机构通常为具备大型客货车辆驾驶员培训资格的驾培机构。道路运输驾驶员从业资格培训采取驾驶员自愿报名参加的方式，培训机构通常采取分批次集中开班培训的模式，根据当月的报名人数来决定下个月的开班数量，一期培训时间一般为 7 天左右。

道路运输驾驶员从业资格考试由设区的市级交通运输主管部门组织实施。一些地区的市级交通运输主管部门自行建立了全市统一的道路运输驾驶员从业资格考试中心，还有一些地区的道路运输驾驶员从业资格考试考点设在交通运输主管部门认可的、具备考试组织条件的驾培机构。

对于道路运输驾驶员从业资格理论考试，考试机构普遍使用了无纸化考试系统，采取滚动考试的组织模式来提高考试效率，即一场考试结束后，考核员可以继续安排下一场次考生进行考试。学员提交试卷后，能够马上查询自己的理论考试成绩。对于道路运输驾驶员应用能力考核，各地虽然严格按照考试大纲的要求组织考试，但组织方式存在差异，比如，安全检视考试科目，有的考试机构采取专门设置车辆故障让考生实车排除的方式，有的考试机构则结合考核员提问的方式进行考试。

（二）驾驶员职业教育政策实施情况

2018 年 7 月，全国共有江苏、云南、安徽、浙江、江西、吉林、湖南、四川、海南、福建、广东、内蒙古和新疆等 13 个省（自治区）印发了推进大型客货车驾驶员职业教育工作的指导意见或者实施方案。同时，其中 12 个省（自治区）共选取 25 所具备大型客车驾驶员职业教育教学条件的试点院校组织开展了大型客车驾驶员职业教育工作。其中，江苏、云南、安徽以及江西等省的技师学院的招生生源较好，江苏汽车技师学院 5 年内共招收了 451 名学生，年均招收 90 人；江西科技学院 2 年内招收了 390 名学生。各院校毕业的学生大部分进入道路运输企业就业，他们扎实的专业理论知识、良好的安全责任意识以及娴熟规范的驾驶操作技能得到了用人单位的积极肯定。

目前，全国还没有一所职业院校（含技工院校）开展大型货车（牵引车）驾驶员的职业教育。而对于大型客车驾驶员职业教育工作，由于学生生源难以组织、招生较为困难，学生招收数量逐年下降，全国各地的大型客车驾驶员职业教育工作基本处于停滞状态。

三 存在的主要问题

（一）大型客货车辆驾驶员从业资格培训方面

1. 道路运输驾驶员技能素质培训与运输企业岗位需求存在脱节

按照普通机动车驾驶员和道路客货运输驾驶员技能素质的构成及其实际应具备的技能素质，可将驾驶员分为有驾车资格的驾驶员、熟练型驾驶员、安全可靠型驾驶员及安全可靠型道路客货运输驾驶员四种类型，如图 2-3 所示。

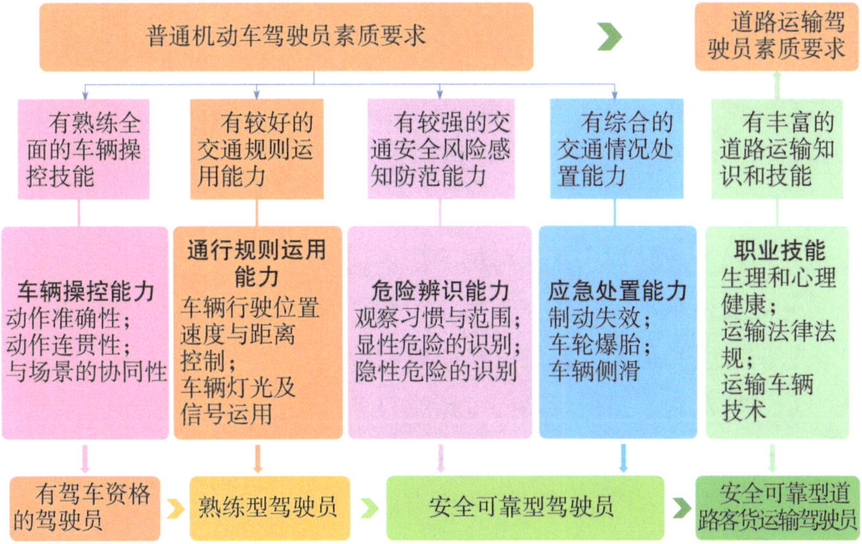

图 2-3　驾驶员类型及其技能素质构成

“有驾车资格的驾驶员”是指驾驶员有较熟练且全面的车辆操控技能。“熟练型驾驶员”是指驾驶员具有较为熟练和全面的车辆操控技能，有较好的交通规则运用能力，具备在现实交通环境中熟练驾驶车辆的能力。“有驾车资格的驾驶员”在经过多年的驾车实践后，驾驶经验会逐渐丰富，逐步成为“熟练型驾驶员”。“熟练型驾驶员”由于缺少安全风险防范知识和素质，不具备理性应对各种交通环境的能力，只能机械地、被动地感受和掌握处理交通情况的一些方法，这类驾驶员容易引发交通事故，不是安全可靠的道路交通参与者。

“安全可靠型驾驶员”是指驾驶员经过较为全面的技能训练、心理适应训练、综合知识和素质的培养，具有熟练和全面的车辆操控技能，有较好的交通规则运用能力、交通安全风险感知和防范能力以及综合的交通情况处置能力，能够应对各种道路环境和条件，其安全可靠性在很大程度上得以提高，这是社会对驾驶员技能素质需求的目标，也是人们在参与驾驶培训的过程中应争取达到的目标。当“安全可靠型驾驶员”掌握了道路运输专业知识与职业技能，就理所当然地会成为“安全可靠型道路客货运输驾驶员”。

目前，在普通机动车驾驶员培训过程中，教练员注重对学员进行驾驶操作能力的培训。一方面由于理论知识培训不足，另一方面实际道路训练较少，学员对交通安全风险感知和防范能力以及综合的交通情况处理能力掌握不足，学员经过训练后往往成为“有驾车资格的驾驶员”或者“熟练型驾驶员”。道路客货运输驾驶员培训是对普通机动车驾驶员进行素质和技能的补充性再培训，从规定的培训内容和实际培训情况来看，培训的重点是道路运输专业知识，其他增加的培训项目几乎没有。同时，道路运输驾驶员从业资格培训机构往往是具备大型客货车辆驾驶员培训业务的驾培机构，它们缺乏对道路运输驾驶员职业特征和职业需求的了解，在短期培训中，培训机构为了获得较高的考试通过率，常常以从业资格考试题库的讲解练习为主，缺乏对道路运输安全与服务知识、道路运输典型事故案例等的系统讲解，对驾驶员运输实践能力的培养不足。由此可见，道路客货运输驾驶员培训实际上是在“有驾车资格的驾驶员”或者“熟练型驾驶员”的素质和技能水平的基础上补充职业知识，培训出来的驾驶员，其能力尚未达到“安全可靠型道路客货运输驾驶员”的技能素质要求，与道路客货运输企业对驾驶员的岗位需求还存在差距。

2. 道路货物运输驾驶员从业资格考试改革后的相关政策衔接不畅

《交通运输部办公厅关于做好道路货物运输驾驶员从业资格考试制度改革有关工作的通知》（交办运〔2020〕66 号）文件实施过程中存在以下亟需解决的问题。

（1）与机动车驾驶培训教学大纲、考试大纲衔接不足，道路货物运输驾驶员驾驶证考试内容和评价标准中缺乏驾驶员从事货物运输活动所需要的专业知识和技能考核。

（2）文件明确了道路货物运输驾驶员初次申领从业资格证的程序和要求，但对道路货物运输驾驶员因从业资格证被注销、撤销后再次申领从业资格证的情况未进行明确，且缺少对再次申领从业资格证的要求。

（3）文件明确了驾培机构需要对道路货物运输驾驶员进行结业考核，驾驶员凭结业证书和驾驶证申领从业资格证，但结业考核内容要点、考核流程、评分标准、考核题库等没有配套文件。

（二）大型客货车辆驾驶员职业教育方面

大型客车驾驶员职业教育的推广应用在各地取得了一定的成效，但也存在一些亟待解决的问题，特别是《交通运输部办公厅 公安部办公厅关于开展大型客货车驾驶人职业教育的通知》（交办运〔2017〕1 号）文件发布实施以来，职业教育开展中存在以下问题。

（1）职业教育院校资质、办学条件、教学设施设备和教学人员等条件尚未明确，还缺乏对职业教育院校教学质量联合评估和考核的机制。

（2）文件规定学生需要接受小型汽车与大型客货车辆的驾驶培训教学与考试，完成 4000km 的驾驶培训里程，在企业实习时，学生在车辆不载客、不载货的情况下完成不少于 2 万公里的实习里程。上述这些要求造成学生培养成本较高，而目前没有相应的财政政策予以支持，试点院校和运输企业面临的培训成本压力较大，参与的积极性不高。

（3）在教学组织中，大型客车驾驶证考试时间与实习时间存在冲突，影响试点院校统一安排教学计划和学生实习。

（4）大型客货车辆驾驶员职业教育涉及交通运输、公安、教育、人力资源和社会保障等多个管理部门，各部门工作职责边界不明确、协同机制不健全和监管权责不清晰，成为大型客货车辆驾驶员职业教育推广的障碍之一。

第五节 驾培机构与行业管理部门信息化技术应用

信息化技术的发展为企业管理和行业管理提供了新的技术手段，增加了管理内容，提升了管理的效率和效能。本节梳理了驾培机构培训管理信息化技术应用情况、驾培行业管理信息化技术应用现状，总结了驾培行业信息化技术应用存在的问题。

一 驾培机构培训管理信息化技术应用

（一）企业信息化技术应用的意义

一位知名企业家曾说过：“我有一个简单而强烈的信念，将自身企业与竞争对手区别开来，使自身企业领先于其他企业的最好方法，就是利用信息化来开展工作，怎样搜集、管理和使用信息将决定企业的输赢。”随着信息技术的不断发展与应用，我们正向数字经济时代迈进，信息流引领物资流、技术流、资金流和人才流成为一种趋势，未来经济社会各领域的发展竞争，对数据的依赖性越来越强。

信息化建设可以让企业经营者和管理人员通过运用计算机技术、网络技术等来获取、分析企业经营数据信息，优化资源匹配，增强各业务环节的协同性，从而提高企业的生产运营效率，降低运营成本和风险，提高企业整体管理水平和持续经营的能力。信息化建设是企业创新和发展不可或缺的工作，是企业构建核心竞争力实现可持续发展的助推剂。要在未来的竞争中获得优势，驾培机构信息化发展同样非常重要。

（二）企业信息化发展的阶段特征

根据企业信息化的集成度和运用程度不同，可以将企业的信息化划分为以下三个发展阶段。

（1）财会电算化阶段。20 世纪 80 年代，国内企业开始推动信息化应用，但主要是利用计算机实现财务电算化和档案数字化等。

（2）数字化阶段。20 世纪 90 年代开始，一些大型企业为了提升企业经营和管理效率，探索利用信息化技术来改造企业的业务流程，逐步实现文档电子化、业务流程化、办公自动化，支持企业内部不同部门之间业务流程的整合。2000 年以来，一些企业利用 ERP 等软件加强信息流、业务流的集成和整合，增强信息资源的利用。

（3）智慧化阶段。近十年来，随着各种新兴技术的发展和相关政策的实施，企业根据市场需求的变化，积极尝试采用大数据、云计算、人工智能等新兴技术增强企业经营管理的智慧化水平，支持企业模式创新和产业转型升级。

（三）驾培机构信息化建设现状

当前，驾培机构的信息化建设以实现业务流程数字化为主要目标，针对学员和教练员、教练车、教练场地等教学资源管理以及教学过程管理，涵盖学员报名、培训预约、计时培训、教练场地智能化与训练监控等业务环节。一些驾培机构在报名、财务、调度、档案管理等部门建立了各自的业务模块和数据共享接口，实现学员从报名到领取驾驶证期间在不同阶段的信息流动。目前，培训预约系统、计时培训系统和教练场地监控系统是驾培机构信息化建设的核心内容。

驾培机构安装使用的培训预约系统主要实现学员浏览教练员信息，提前预约培训时段和教练员，以及开展教练员评价等功能，为学员参加训练和开展教学评价提供便利。驾培机构通常为学员提供网络预约、移动终端App 预约等培训预约方式。驾培机构安装使用的计时培训系统主要包括计时平台和计时终端，主要实现对学员身份识别以及对学员参加理论培训、模拟训练和实操训练过程信息的记录，为学员培训内容和培训学时的统计分析提供依据。教练场地智能化与监控系统主要是通过在教练场地布设传感装置、通信装置和视频监控装置，实现对教练车运行轨迹、场地训练状态等的监控、分析和管理。

专栏 2-4 智慧训练基地建设

智慧训练基地是指通过训练场地的智能化改造，并将虚拟现实（VR）模拟训练装置、教练车智能辅助教学系统（俗称机器人教练）等新技术、新设备与场地驾驶训练有机结合，实现场地训练的智能化。智慧训练基地建设运营具有以下优势：①可以促进培训过程信息化、数字化，创新培训过程监管模式，提高驾培机构训练效率和教学管理效能；②可以促进虚拟现实、5G、自动驾驶和人工智能等先进技术在行业的落地应用，推动驾培行业由劳动密集型向技术密集型转型；③可以贯通驾驶员培训过程数据信息与其交通违法、交通事故数据信息，指导建立驾驶员全驾驶生命周期内的交通安全终身教育机制，促进社会交通安全及交通安全文化建设。

北京东方时尚驾驶学校推出了“智能驾驶培训示范基地”，基地面积约 200 亩，包含了 200 余辆智能教练车、200 辆 4D VR 模拟器，运用虚拟现实（VR）模拟训练装置与智能辅助训练车组合教学，实现学员学车全过程智能化，24 小时对学员开放训练。学员选择在基地训练时无需预约，随时刷学员卡就可以进入基地，自主进行科目训练。学员在示范基地训练时，可以先通过 4D VR 模拟器进行基础驾驶操作、场地驾驶和道路驾驶的训练项目以及各种突发情况处置训练，进行有针对性的防御性驾驶学习；在 VR 模拟器训练完成后，再通过智能教练车进行实车训练，智能机器人教练将在车上指导学员进行科目训练。学员每天训练完成后，系统自动进行训练数据分析，发现学员训练中存在的问题，并对学员进行针对性的指导。

二 驾培行业管理信息化技术应用现状

（一）驾驶培训计时培训管理技术应用

教练员根据技能形成规律，运用科学的方法对学员进行一定时间周期的训练，让学员掌握动作要领，形成肌肉记忆和条件反射，这样学员就能掌握一项技能。其中，科学的训练方法和训练时间保障非常关键。在技能培训领域，培训规范化后，实行培训学时制是一种通常的做法，它是技能训练技术体系发展成熟的标志。目前，驾驶培训实行学时制，《机动车驾驶培训教学大纲》（交运发〔2022〕36 号）对各种培训车型规定了相应数量的基本培训学时，计时培训系统作为培训过程计时管理的一种有效手段，近十年来在驾培行业得到了广泛的应用。

计时培训系统是驾驶培训过程数字化的重要载体，也是驾培机构开展培训服务、行业管理部门履行事中事后监管职责的重要抓手。计时培训系统的推广应用，在一定程度上对驾培机构落实教学大纲，规范驾驶培训经营活动，提升驾驶培训质量，保护各方特别是学员的合法权益具有积极的作用。

1. 计时培训系统组成

计时培训系统是利用传感装置采集、存储和传输学员培训过程信息和教练员教学信息，支持学员培训信息记录、驾培机构培训过程管理与服务、行业对培训过程监管与服务的一体化系统，包括计时终端、计时平台。根据交通运输行业标准《机动车驾驶员计时培训系统 技术规范》（JT/T 1302）的规定，计时终端是指用于采集、存储和传输培训类别、教学部分、培训时长等学员培训信息以及教练员教学信息等的终端设备。按教学组织方式不同，计时终端分为车载计程计时终端、课堂教学计时终端和模拟训练计时终端。按管理层级不同，计时培训平台包括全国驾驶培训数据交换与服务平台、地方驾驶培训监管服务平台、驾培机构计时培训应用平台。机动车驾驶员计时培训系统构架及培训信息流如图 2-4 所示。

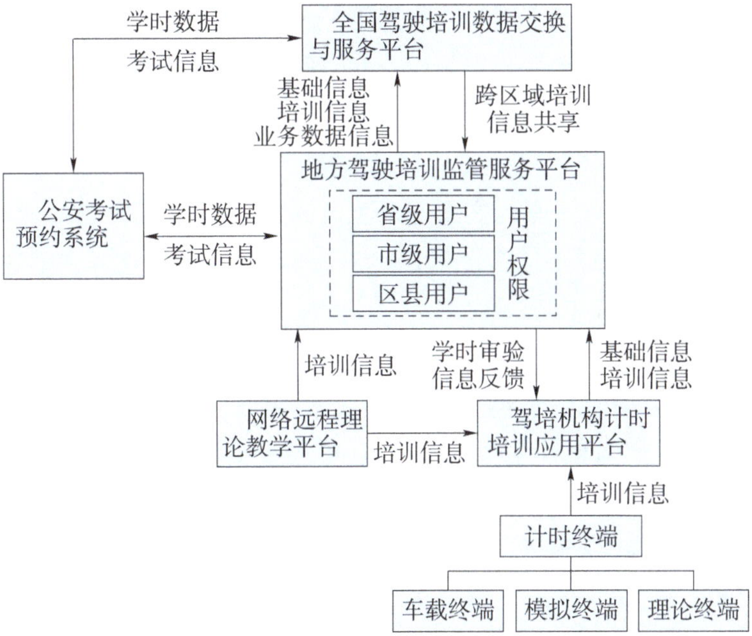

图 2-4　机动车驾驶员计时培训系统构架及培训信息流示意图

驾培机构计时培训应用平台部署在驾培机构，具备的功能主要包括：①采集本校培训学员的基础信息以及接收计时终端采集的本校培训学员的培训信息；②与驾驶培训监管服务平台之间实现数据交换与共享；③实现本校培训信息的汇总、统计分析并提供相关信息查询服务；④实现学员培训全过程的计时管理和服务。

地方驾驶培训监管服务平台部署在各地交通运输部门，按行政管理层级分为省级、市级和县级，具备的功能主要包括：①接收本行政区域内驾培机构计时培训应用平台、网络远程理论教学平台上传的基础、培训信息；②就本级行政区域内驾驶培训相关基础、培训和业务数据信息，与上、下级驾驶培训监管服务平台之间实现数据交换与共享；③实现本级行政区域内驾培行业数据的汇总、统计分析并提供相关信息查询服务；④根据实际管理需要，实现与本级行政区域内公安等相关部门信息系统的数据共享。

全国驾驶培训数据交换与服务平台部署在交通运输部的相关部署单位，具备的功能主要包括：①接收省级驾驶培训监管服务平台上传的本行政区域驾驶培训相关基础、培训和业务数据信息；②支持学员跨省培训数据信息交换，实现全国驾培行业数据的汇总、统计分析并为行业提供相关信息查询服务；③实现与公安等相关部门信息系统的数据共享。

全国驾驶培训数据交换与服务平台和地方驾驶培训监管服务平台之间通过专线网络或互联网 VPN 方式进行连接。驾培机构计时培训应用平台与地方驾驶培训监管服务平台之间通过互联网或互联网 VPN 方式进行连接。计时终端与驾培机构计时培训应用平台之间通过存储介质或无线通信网络进行连接。

2. 计时培训系统推广应用政策

《国务院关于加强道路交通安全工作的意见》（国发〔2012〕30号）中提出，加强驾驶员培训质量监督，全面推广应用计算机计时培训管理系统，督促落实培训教学大纲和学时。为了贯彻落实国务院文件精神，在驾培行业推行计时培训，实现机动车驾驶员计时培训管理，交通运输部于2012年开始在全行业逐步推广应用机动车驾驶员计时培训系统。2013年发布的国家标准《机动车驾驶员培训机构资格条件》（GB/T 30340—2013）要求驾培机构应配备一定数量的教学管理信息系统，包括计时培训企业应用平台、理论（模拟）计时终端、车载计时计程终端。2013年8月，交通运输部组织编制了《机动车驾驶员计时培训系统 平台技术规范》和《机动车驾驶员计时培训系统 计时终端技术规范》（交通运输部公告2013年第49号），对计时培训系统的推广应用工作进行规范。

2015年，国务院办公厅转发的《公安部 交通运输部关于推进机动车驾驶人培训考试制度改革意见的通知》（国办发〔2015〕88号）以及公安部联合交通运输部印发的《关于做好机动车驾驶人培训考试制度改革工作的通知》（公交管〔2016〕50号）等文件提出，推广使用全国统一标准的计算机计时培训管理系统，建立省级驾培机构监管平台，强化对培训过程动态监管，督促落实培训内容和学时，确保培训信息真实有效；推进驾培机构监管平台与公安部门考试系统联网对接，实现驾驶培训与考试信息共享，确保培训与考试有效衔接。2016 年，为贯彻落实国务院文件精神，交通运输部结合全国各地建设和运营计时培训系统的经验和存在的问题，组织修订并发布了《机动车驾驶员计时培训系统 平台技术规范》和《机动车驾驶员计时培训系统 计时终端技术规范》（交通运输部公告 2016 年第 17 号）。这次修订进一步规范了计时培训系统的行业应用：一是增加了全国驾驶培训监管服务系统架构，形成企业、地方和国家三级计时培训管理模式，完善了顶层设计；二是要求企业计时培训平台与行业监管服务平台独立建设、独立运行，明确政府和企业平台的边界，推动政府部门对企业培训过程的监管；三是细化了驾培机构和学员相关信息的管理、培训过程管理、信息公开和信息统计等要求。

2019 年，交通运输部根据行业推广应用计时培训系统情况，组织编制了交通运输行业标准《机动车驾驶员计时培训系统 技术规范》（JT/T 1302），以发挥技术标准对计时培训系统的技术引领作用以及在计时培训系统推广应用中的规范作用。

3. 计时培训系统推广应用情况

自 2013 年以来，全国各地均按照交通运输部工作部署推进计时培训系统的建设和应用。截至 2020 年年底，全国驾驶培训数据交换与服务平台和各省级驾驶培训监管服务平台均已建成，并实现联网对接，实现了省级平台与全国平台的驾驶员培训数据交换与共享。截至 2021 年 3 月底，全国驾驶培训数据交换与服务平台累计采集了 18202 户驾培机构、85.2 万名教练员和 72.81 万辆教练车的基本信息。

2021 年 5 月，共有北京、天津、河北、内蒙古、辽宁、黑龙江、上海、江苏、浙江、福建、江西、河南、海南、重庆、甘肃、宁夏 16 个省（自治区、直辖市）的驾驶培训监管服务系统与公安部门的考试系统实现数据信息对接。其中，北京、天津、河北、内蒙古、辽宁、黑龙江、上海、福建、江西、河南、海南、重庆、甘肃、宁夏 14 个省（自治区、直辖市）采用省级信息系统对接的方式，江苏、浙江两省采用地市级信息系统对接的方式。约有 67% 的驾培机构使用了计时培训企业应用平台，其中，驾培机构计时培训企业应用平台与驾驶培训监管服务平台分开独立运行的占比约为38%。40.1%的驾培机构代表表示运用计时培训系统发现了教练员违规培训的情形，30.3%的驾培机构代表表示运用计时培训系统分析出学员培训作弊（即学时不真实）的情况，55.1%的驾培机构代表认为计时培训系统的作用还没有得到充分发挥。受访的驾培机构代表对计时培训系统运用情况的评价如图2-5所示。

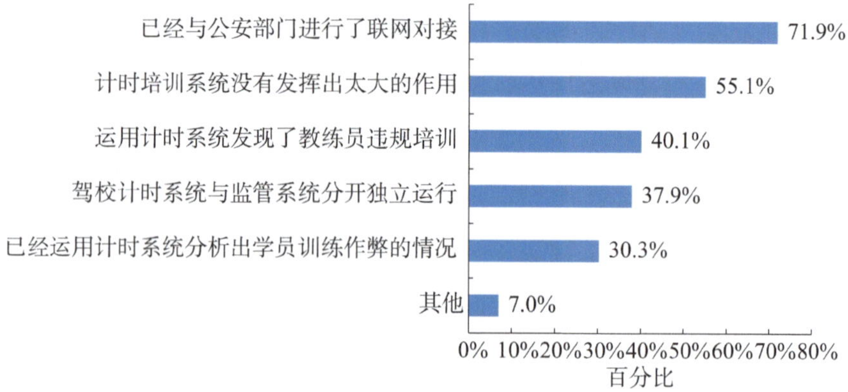

图2-5　驾培机构代表对计时培训系统运用情况的评价

专栏2-5　江苏省计时培训系统推广应用情况

为了加强机动车驾驶员培训源头管理，增强驾培市场监督能力，保护学员合法权益，提升驾培机构经营者管理和服务水平，实现驾驶员培训规范化、数字化、智能化以及操作便捷化，便利学员参加驾驶培训与考试，江苏省交通运输厅在2007年印发了《关于推进全省机动车驾驶员培训智能化管理的意见》（苏交运〔2007〕38号），并联合江苏省公安厅交巡警总队联合印发了《关于进一步加强全省机动车驾驶人培训与考试管理工作的通知》（苏运驾〔2007〕439号）和《关于进一步规范机动车驾驶人培训与考试监督管理的通知》（苏运驾〔2008〕192号）等文件，提出在全省范围内推广应用江苏省驾驶培训智能化管理与服务系统，实现学员指纹身份信息、送审学员开班信息、IC卡计时培训信息、送签《培训记录》等数据信息采集，道路运输管理机构线上审核学员开班、审签《培训记录》等，公安交通管理部门通过该系统采集学员报名信息、受理学员考试申请，查验并收存《培训记录》等。

自2008年开始，江苏省在无锡等地市试点应用江苏省驾驶培训智能化管理与服务系统，实现了学员和执教教练员的指纹和身份识别信息采集，以及记录培训过程状态，网上核准理论教学开班、审签《培训记录》、评价教学质量，与公安部门考试系统实行培训和考试数据信息交换与共享等功能。之后，在全省范围内全面推广应用。

2014年，江苏省交通运输厅针对江苏省驾驶培训智能化管理与服务系统使用中存在的问题，组织实施了江苏智慧交通“232畅通网工程”“e客通”工程项目，完善了江苏省驾驶培训智能化管理与服务系统，印发了《关于推广使用驾驶培训智能化管理与服务系统的通知》（苏交运〔2014〕65号），要求全省各级道路运输管理机构和所有驾培机构全面更新使用驾驶培训智能化管理与服务系统，全面使用学时管理、驾培机构业务管理和数据共享功能。

2015年，江苏省通过运用驾驶培训智能化管理与服务系统，实现了驾培机构和道路运输管理部门对学员培训学时数据的上报与审核，实现了驾培机构信息资源与道路运输管理部门互通共享。各地市驾驶培训智能化管理与服务系统与公安部门考试预约系统实现信息对接，道路运输管理部门对驾培机构学员培训学时数据进行审核后，通过网络直接传输给公安机关交通管理部门，实现了交通运输部门、公安部门对驾培机构信息、培训与考试信息的交换与共享。目前，在2015年系统建设和应用的基础上，江苏省驾驶培训智能化管理与服务系统应用良好，全省13个地市已全部覆盖，为每年约200万名学员的驾驶培训提供了有力的支撑。

（二）道路运政管理信息技术应用

道路运政管理信息系统是各级道路运输管理机构日常业务办理的信息系统，为道路运输经营业户和从业人员提供业务申请平台，实现对道路运输经营业户、营运车辆以及从业人员的行政许可（备案、变更）、行政执法、安全监管、质量信誉考核等业务的办理，为交通出行信息服务、信用信息服务、交通运输经济运行监测预警与决策分析等系统提供基础数据支撑，是道路运输行业信息化的核心应用系统平台，为实现道路运输行业决策科学化、管理精细化、服务精准化提供了重要的保障。

按照管理职责不同，道路运政管理信息系统分为部、省、市、县四级。部省、省际之间实现跨区域、跨部门的数据共享与业务协同，形成道路运政基础数据和数据交换的体系，从而提升道路运输行业的服务、监管和决策水平。为了提升道路运政管理信息系统建设的规范化水平，2016 年以来，交通运输部组织编制了交通运输行业标准《道路运政管理信息系统》（JT/T 1049），并不断进行更新。此系列标准由 5 个部分组成，分别是总体技术要求、数据资源采集接口、数据资源目录服务接口、跨省数据交换和省级业务系统接口。

部级道路运政管理信息系统采集省级道路运政管理信息系统、部内其他信息系统和其他部委信息系统的数据，对采集的数据资源进行整合后，以资源目录服务的形式向省级道路运政管理信息系统、部内其他信息系统和其他部委信息系统提供道路运政相关信息查询，系统总体技术架构如图 2-6 所示。部级道路运政管理信息系统支持跨省协同信息和跨部委协同信息查询、基础数据统计分析及其结果查询，数据交换的内容主要包括道路运政基础数据信息、部委协同信息、协查通报与发函信息等。

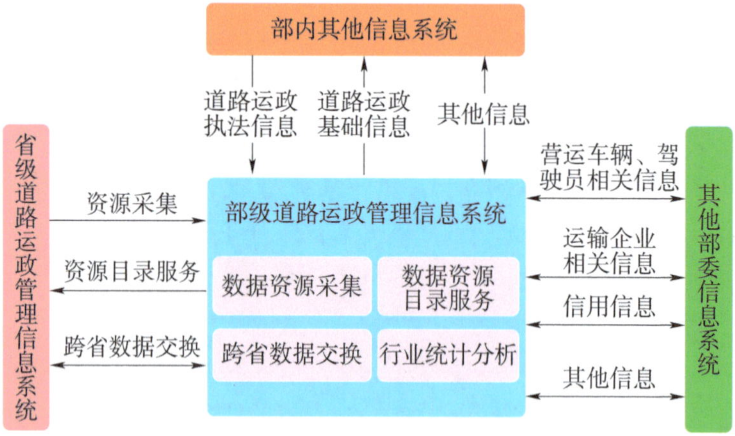

图 2-6　道路运政管理信息系统总体技术架构

省级道路运政管理信息系统包含道路运政管理基础业务功能、数据交换共享、统计分析以及扩展业务功能，实现对经营主体（经营业户）的许可申请、许可审批、许可查询、许可办结、备案申请、备案审核、备案办结、备案查询，以及基础数据（业户、车辆、人员等）管理等。省级道路运政管理信息系统提供数据交换功能，支持跨省协同业务。

（三）交通运输行政执法综合管理信息技术应用

交通运输行政执法是我国行政执法的一个重要组成部分，对规范交通运输市场秩序，营造良好的道路运输市场经营环境发挥着十分重要的作用。交通运输行政执法综合管理信息系统是各级交通运输行政执法机构开展行政执法办案和执法监督等的信息系统，实现对行政相对人（经营业户、从业人员、营运车辆等）和执法队伍（执法机构、执法人员、执法装备等）的管理，支持交通运输主管部门和交通运输行政执法机构履行对执法队伍管理、行政检查、调查取证、行政处罚、行政强制、执法监督、评议考核、执法服务、决策分析等管理职能。

按照管理职责不同，交通运输行政执法综合管理信息系统分为部级系统和省级系统，两级系统应用技术架构如图 2-7 所示。部级交通运输行政执法综合管理信息系统具有执法数据分析研判、执法监督与评议考核、执法人员综合管理等功能。部级交通运输行政执法综合管理信息系统通过部级交通运输数据资源交换共享与开发应用平台与行业内部级相关信息系统实现执法信息归集与共享，与行业外部级管理部门相关系统实现执法案件信息共享，并对接省级交通运输数据资源交换共享与开发应用平台，实现与省级的执法信息归集及数据交换。

省级交通运输行政执法综合管理信息系统包括执法协同办案、执法数据分析研判、执法信息公示和服务、移动执法综合服务、执法人员综合管理、执法监督与评议考核系统等功能。省级系统向部级系统归集执法信息，获取跨省执法信息；与行业内省级相关信息系统实现执法信息归集与共享，与行业外省级管理部门相关系统实现执法案件信息共享。

三 存在的主要问题

交通运输行业在信息化技术推广应用过程中，主要存在各地驾培监管服务平台上传数据质量不高、全国驾驶培训数据信息互认机制不健全、培训与考试系统数据互通共享机制未有效形成等问题，影响了信息化技术的应用效果。

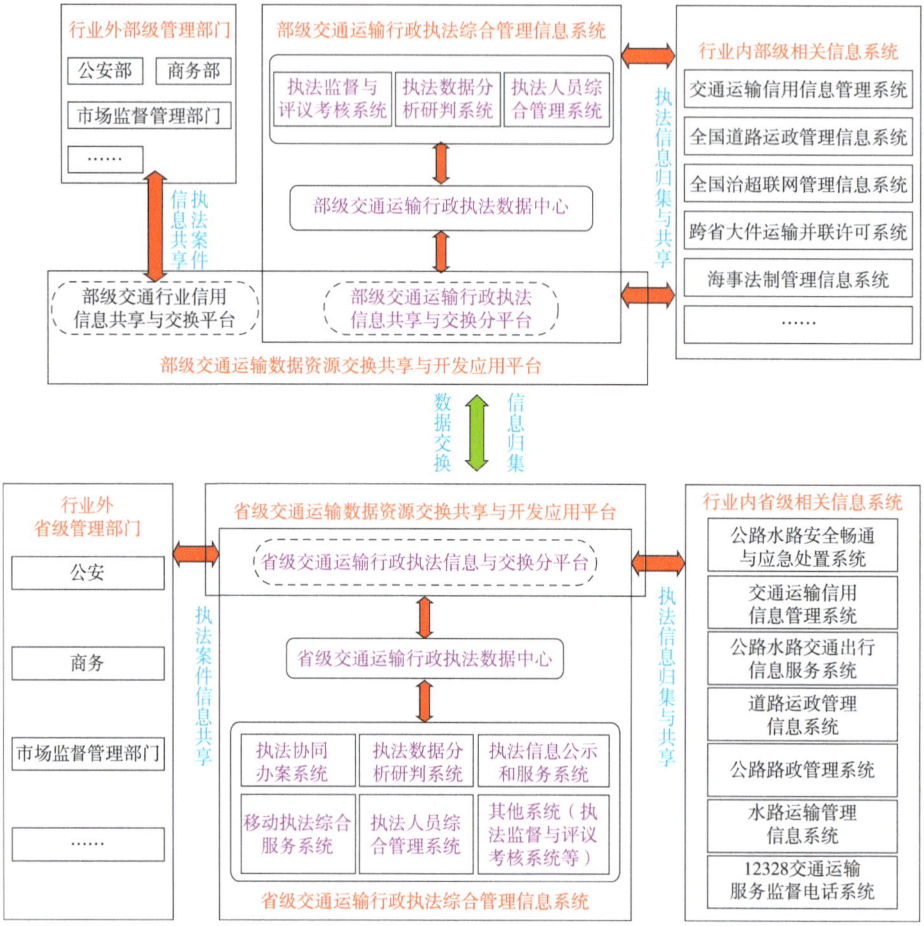

图 2-7　交通运输行政执法综合管理信息系统技术架构

（一）驾培机构经营者的管理理念传统，企业经营管理信息技术应用有待加强

当前，一些驾培机构在经营管理中的信息化技术应用较少，仍然采用传统的经营管理方式。其原因一方面是经营者的素质不高、经营理念传统，尤其是一些规模较小的驾培机构经营者认为信息化建设就是购买硬件设备，开发应用系统，联网并进行必要的维护，给企业带来了资金和人力投入，对企业经营效益没有多大的益处；另一方面是当地经济发展水平相对较低，从业人员的素质不高，信息化技术应用的条件不够成熟。

驾培机构在推进计时培训系统建设中，虽然计时终端和计时培训企业应用平台等技术产品在理论上符合标准要求，但实际上因供应商数量多、产品质量参差不齐以及存在商业竞争壁垒，各系统之间未能打通数据交互的通道。驾培机构使用的计时终端对学员培训数据的采集时间间隔较大，难以支撑对学员培训过程的分析，也就无法指导学员开展科学训练。

（二）驾驶培训与考试系统对接缺乏顶层设计，驾驶培训与考试流程衔接不畅

目前，全国范围内交通运输部门负责的驾驶培训监管服务系统与公安部门负责的驾驶证考试预约系统未实现全面有效对接，各地有关信息对接的工作方式和进度也存在差异。按照培训学时应用程度不同，各地信息对接的进程主要分为“培训学时信息对接但不应用”“有培训学时可预约考试”“完成全部培训学时后，才可预约考试”三种情形。比如，天津、甘肃、河北等地的驾驶培训监管服务平台向考试预约系统传输学员培训学时数据，但公安部门仅接收数据信息并没有启用学时认定；上海市的交通运输部门与公安部门同步共享了学员报名信息，并形成了培训与约考联动机制。分析原因，主要有以下四个方面。

（1）在计时培训系统建设和应用方面，部分地方仍然存在驾培机构计时培训企业应用平台与行业监管服务平台未独立建设、未分开独立运行，且都依托系统供应商进行系统运营维护，使得系统供应商既是“运动员”，又是“裁判员”，影响了计时培训系统作用的发挥。

（2）在不同层级计时培训系统互联共享方面，国家级、省级和市级驾驶培训监管服务平台在行业监管中的功能定位不够明确，全国驾驶培训数据交换与服务平台、地方驾驶培训监管服务平台均获取学员的培训过程全量数据，各平台之间数据需求和数据流向不够清晰；此外，省级驾驶培训监管服务平台与全国驾驶培训数据交换与服务平台未全面实现对接，部分实现平台对接的地方，平台上传培训数据的质量不高、数据传输的及时性不足。

（3）在从业者和学员认知方面，驾培行业从业者对于推动计时培训系统建设的作用认识不足，普遍认为推动计时培训系统建设的目的是推动培训系统与公安考试预约系统联网对接，把计时系统推广应用的成败寄希望

于驾驶证考试预约政策的衔接，而忽视了计时培训系统对于构建驾培行业闭环管理模式的重要性，即计时培训系统的应用是为了对行业或企业的运行质量进行客观、科学的评价提供数据信息，从而引导学员的消费决策，这样就可以为行业营造一个优胜劣汰的市场发展环境，建立起驾培行业自身的一个内循环体系。当计时培训系统与考试预约系统信息对接工作不顺畅时，这种认识上的不足使得从业者对计时培训系统建设的积极性下降。同时，学员保护自身消费权益的意识薄弱，对运用计时培训系统维护学驾权益的作用认识不足，对驾培机构不规范使用计时培训系统没有形成倒逼机制。

（4）在配套政策和顶层设计方面，目前没有相关法律法规明确要求将学员培训学时作为预约考试的条件，一些地方的公安机关交通管理部门因此拒绝进行培训学时对接或者不将传输的培训学时数据作为学员预约考试的依据。此外，虽然国务院及交通运输与公安两部门联合发布的文件均要求开展驾驶培训与考试系统信息对接，但是“两个系统按什么管理层级进行信息对接?”“两个系统对接的信息清单是什么?”“两个部门有关系统信息对接的工作要求是什么?”等基础性问题没有明确，还需要两个部门从顶层设计层面加以研究解决。

（三）行业管理系统多样且数据共享不足，服务行业和社会的作用发挥不足

交通运输主管部门及所属机构在履行行业管理职责过程中，先后建立了道路运政管理信息系统、驾驶培训监管服务系统、交通运输行政执法综合管理系统等多个信息系统，各系统之间以及交通运输部门内的信息系统与其他部委的信息系统之间未实现互联共享，系统存在数据信息孤岛，未形成有效的信息化综合监管合力，服务行业发展的作用发挥不足。分析原因，主要有以下三个方面。

（1）交通运输行业内涉企监管数据产生、上传和应用的对象多为县级基层监管单位，而涉企信息平台的建设一般由省、市级以上管理部门组织进行，实际应用和设计建设的错层造成数据收集和处理的难度大、成本高。此外，交通运输行业内多个信息系统由不同的主体运营，各系统运营

主体依托相关的信息系统依法履行管理职责，由于各信息系统之间未建立有效的系统互联和数据信息共享机制，造成各系统运行相对独立。

（2）在不同行业之间，不同涉企监管部门因事权划分不明，缺乏数据共享的主动性，同时，因缺乏基于国家层面的统一化、规范化、标准化的平台建设标准作为指导，各部门间不同的信息平台存在数据产生方式、编码标准、存储模式和交换端口等方面的差异，部门间难以建立起零障碍、无缝隙的跨部门信息共享机制。

（3）行业管理部门将信息系统的建设与运行定位为对经营业户和从业人员从事培训经营活动的监管，面向驾培机构、教练员和学员提供信息服务不足。

第六节 驾培行业文化建设

行业文化是行业内企业和从业人员共同遵守的行业道德规范，是价值观、发展观等的综合体现。建设良好的行业文化对于沉积和凝聚行业价值观，形成正确的发展观，指导和引领行业健康有序发展具有重要的意义。本节梳理分析了驾培机构经营发展理念与文化建设措施，并从驾培机构品牌发展、教练员弘扬工匠精神和学员交通安全宣传教育等方面介绍了驾培机构的文化建设实践，总结了行业文化建设方面存在的问题。

一 驾培机构经营发展理念与文化建设措施

（一）驾培机构经营发展理念

经过数十年的发展，驾培机构围绕质量和安全逐渐形成了“守法、诚信、专业、责任”等经营发展理念。

1. 守法

除了企业经营活动应当遵循的基本法律法规之外，交通运输主管部门结合驾驶培训经营的特点，对驾培机构和从业人员开展培训经营活动设定了必要的条件和行为规定。驾培机构和从业人员应当在符合经营条件的基础上，依据相关规定开展经营活动。守法经营是驾培机构保证培训服务质量、让学员满意的前提，也是驾培机构获得学员、市场和社会信任的基础，每一个市场主体守法经营，这样驾培行业才能形成良好的生存发展环境。

2. 诚信

诚信是中华民族自古以来的传统美德，是构建良性市场环境、支撑企业发展的基础。驾培机构坚持以学员为中心，与学员签订培训服务合同，认真履行合同义务，及时妥善处置学员的意见和诉求，同时，将企业培训的有关信息公开透明，解决企业与学员、社会之间的信息不对称问题，可以增强各相关方的互信，维护企业和行业良好的声誉。

3. 专业

培训质量是驾培机构安身立命之本，保证培训质量需要驾培机构不断提升培训服务的专业化水平，构建质量文化。质量文化是指企业在生产经营活动中所形成的质量意识、质量精神、质量行为、质量价值观、质量形象以及企业所提供的产品或服务质量等的总和。企业质量文化的形成和发展，反映了企业文化乃至行业和社会文化的成熟程度。当前，驾培行业的质量文化较为薄弱，使得行业发展虽然有了一定的规模，但缺少核心竞争力。

驾培市场竞争日益激烈，学员的培训需求正向多样化、个性化方向发展，驾培机构需要加强从业人员的素质培养，打造规范化的培训服务，并通过理念创新、制度创新、技术创新和模式创新等来不断提升培训服务的专业化水平，实现降本提质增效并获得市场核心竞争力，这样才有能力应付各种新的挑战。

4. 责任

企业作为社会的一份子，不仅是获得经济效益维持自身的生存和发展，而且还需要承担社会责任。驾培机构作为驾驶员培养的摇篮，肩负着为社会培养安全文明驾驶员的社会责任，既要为学员提供专业的驾驶技能培训，又要加强学员的安全宣传教育，让学员既能够通过培训获得上道路驾驶的资格，又能够掌握安全驾驶技能，获得平安一生的“护身符”。驾培机构还需要承担促进社会经济发展的责任，为社会提供就业岗位，为员工的工作生活提供必要的保障，依法纳税，回馈社会。

（二）驾培行业文化建设措施

1. 加强制度建设

驾培行业的文化不等同于管理，但需要解决如何作用于管理，否则文化就成为一种摆设。文化是制度的灵魂，制度是文化的载体。驾培机构依据行业规则，在总结经验做法和存在问题的基础上，将文化建设的基本要求制度化、规范化，融合到业务流程、内部控制等企业管理活动当中，并通过制度的执行，使文化建设与企业经营、个人从业行为相融相通，使企业的价值追求、经营理念和行为规范变成一种习惯，成为从业人员的内心觉醒和自觉行动，形成普遍的、自发的价值认同和文化沉淀。在行业层面需要建立健全管理制度，为驾培机构践行文化建设提供制度保障。

2. 发挥各相关方作用

驾培行业文化建设是各参与方的共同责任，要充分发挥企业、管理部门和协会等相关方的作用。驾培机构需要担负起建设行业文化、防范道德风险、履行社会义务的主体责任；协会组织代表行业共同利益，应充分发挥组织、协调、自律和宣传等作用；行业管理部门承担着保障和监督职责，通过组织制度的制修订和对企业执行制度的监督，奖优惩劣，持续净化行业发展环境。

企业员工如果没有良好的职业道德，对企业乃至行业的发展都具有破坏性。驾培机构需要注意打造员工共同认可的核心价值观，将企业发展与员工个人职业发展融合起来，加强员工企业文化理念的培训与引导，发挥考核机制的激励与约束作用，教育引导员工树立正确的职业观、利益观，将质量发展与安全发展的理念内化于心、外化于行，成为自身的行动自觉。

3. 选树典型与严格惩戒相结合

行业文化建设是一个沉淀、积累和缓慢发展的过程，在这个过程中，可以通过加大品牌企业的培育和行业典型的评选、宣传，发挥“头雁”的行业引领作用，发挥榜样的力量，形成人人践行文化、人人争当先进、荣誉创造价值的氛围。同时，加强行业监督，对文化建设薄弱、内部管理松散的企业加大日常监督检查，对学员投诉多发、社会影响恶劣的驾培机构和从业人员开展专项检查，对违法违规行为依法惩处，将严重影响行业声誉形象的企业和从业人员依法依规清理出行业。

二 驾培机构文化建设实践

（一）驾培机构品牌发展

1. 企业品牌的内涵

品牌是人们对一个企业及其产品、售后服务、文化价值的一种评价和认知，是一种信任。品牌的本质是品牌拥有者的产品、服务或其他优于竞争对手的优势，能为目标受众带去同等或高于竞争对手的价值。

从市场的角度来看，驾培机构品牌不仅表现在驾培机构培训质量和服务质量方面，还表现在驾培机构自身的市场定位、文化内涵等方面。从心理学的角度来看，驾培机构品牌可以被看作是一种强调培训质量、名声、美誉和给人的好感等多个方面的格调。也就是说，驾培机构品牌是学员在培训过程中和培训后的所有体验，包括驾培机构提供的各项课程和服务、学员对驾驶技能的掌握程度和对培训服务的体验感等各方面的满意程度。

2. 驾培机构品牌发展现状

随着我国驾培机构数量日益增长，供过于求带来产能过剩的现象日趋明显，驾培市场竞争越来越激烈，驾培机构普遍采用价格竞争的策略，造成驾培行业在发展中形成了行业规模在不断扩大，但行业发展水平并没有持续提升的现象。近些年，在行业管理部门的引导下，部分驾培机构经营者接受了一些先进的交通安全文化和企业治理文化的熏陶，越来越重视品牌建设，全国各地也涌现出一批不断强化优质服务、品牌享誉全国的驾培机构，比如北京东方时尚、上海荣安驾校、苏州阳光 e 驾、江西蓝天驾校等，引领了行业培训服务质量的发展和提升。

专栏2-6　北京东方时尚驾校企业文化

北京的东方时尚驾驶学校股份有限公司（简称北京东方时尚驾校）经过15年的发展，拥有全车型培训能力，已为社会培养了230余万名驾驶员，形成了一套企业健康发展的文化，主要体现在以下方面。

（1）构建三级服务链，包括：①公司领导为中层干部服务；②中层干部为全体员工服务；③全体员工共同为广大学员提供优质高效的服务。

（2）履行五项承诺，包括：①杜绝吃、拿、卡、要现象，如有发生，有一赔十；②按公司教学计划训练者保证通过各项考试，考取驾驶证；③因公司原因班车延误，报销学员乘坐出租车费用；④餐饮绝对卫生，因公司原因致病者，赔偿全部医疗费用；⑤培训费用均按价目表收取，学习过程中不以任何名义增加收费。

（3）做到九个率先，包括在全市驾培行业中做到：①率先提出五项承诺；②率先实现教练车全部配备空调；③率先统一员工着装；④率先提供免费工作餐；⑤率先让全体教练员在车前站立迎候学员；⑥率先实施学员考评教练员系统；⑦率先推出“朋友式教学”理念；⑧率先引进模拟教学设备改进教学方法；⑨率先推行电子化考试系统。

（4）形成九大亮点，包括：①按公司教学计划参加训练者，确保通过各项考试，取得驾驶证；②“智能驾驶培训示范基地”24小时开放，VR + AI智能驾驶培训模式打造沉浸式全新学车体验；③线上、线下两种理论课程培训方式，实现学员自主选择；④科目一考试合格后即可预约车辆开始训练，App、电话、智能服务大厅现场等多种渠道，全方位提供便捷的预约咨询服务；⑤配备“车载计时终端”及“人脸识别”系统，为学员学车、教练员授课、主管部门管理提供科技保障；⑥实时测评系统保障学员隐私，他教您，您评他，倡导朋友式教学，和蔼不敷衍，严格不粗暴；⑦百余辆豪华班车免费为学员服务，多条线路、多个时段接送学员，因公司原因班车延误，报销学员乘坐出租车费用；⑧花园般的环境、酒店式的服务，电子保险箱、手机充电站、擦鞋机、按摩椅、爱心伞、休闲餐饮等多项服务，让学车更加舒心和便利；⑨“24小时便民车管所”方便学员办理驾驶证期满换证、遗失补证等多项业务。

(二)教练员弘扬工匠精神

党的十九大报告提出要建设知识型、技能型、创新型劳动者大军，弘扬劳模精神和工匠精神，营造劳动光荣的社会风尚和精益求精的敬业风气。2015年4月，习近平总书记在庆祝“五一”国际劳动节暨表彰全国劳动模范和先进工作者大会上指出：“一切劳动者，只要肯学肯干肯钻研，练就一身真本领，掌握一手好技术，就能立足岗位成长成才，就都能在劳动中发现广阔的天地，在劳动中体现价值、展现风采、感受快乐。”❶

工匠精神，是一种职业精神，它是职业道德、职业能力、职业品质的体现，是从业者的一种职业价值取向和行为表现。工匠精神的基本内涵包括执着专注、精益求精、一丝不苟、追求卓越。在中国特色社会主义新时代，各行各业的劳动者都需要秉承工匠精神，立足本职岗位诚实劳动，无论从事什么劳动，都要干一行、爱一行、钻一行，推动工作标准、质量和水平不断提升。

教练员是学员安全意识和安全驾驶技能的直接传授者，对学员一生的安全行车影响深远，同时，教练员的教学服务水平对驾培机构的培训质量具有非常重要的影响，因此，教练员队伍的文明素养是驾培行业文化发展的一个重要组成部分，而弘扬工匠精神是教练员实现自我提升的一种重要途径。

驾驶技能的形成具有一定的规律性，同时学员的年龄、性别、知识背景和职业背景等不同，其技能学习能力和认知能力会存在较大的差异。因此，教练员需要以一种积极的心态、以更加精湛的技术实现对培训教学与服务更精致的追求，打造本行业优质的教学服务。积极参与教学研究工作，通过加强学习，分析教学项目的特点，将自己个性化的“教学经验”固化为可推广的“教学范式”，并不断改进，增强教学组织的科学性和实用性。在教学中，教练员要严谨细致对待教学的每一个环节和步骤，准确发现和分析学员训练存在的问题，耐心沟通和教导，根据学员的学习特点因材施教。

专栏2-7 教练员高技能人才队伍建设

为了适应交通运输现代化发展的需求，进一步完善交通运输行业高技能人才培养机制，加快促进高技能人才成长，江苏省于2013年制

❶ 引用自《人民日报》(2015年04月29日02版)。

定了《江苏省交通运输行业首席技师工作室管理办法（暂行）》（苏交政〔2013〕39号），启动首席技师工作室工作，并先后认定了2批次全省交通运输行业首席技师工作室，苏州阳光e驾创建的范丽平工作室便位列其中。

各地交通运输主管部门、行业协会均非常重视驾培行业高技能人才队伍建设，通过组织开展驾培行业从业人员技能竞赛、服务星级评定、创先争优等活动选拔优秀教练员。浙江、江苏、陕西等很多省（自治区、直辖市）的交通运输部门指导地方驾培协会每年开展教练员职业技能竞赛，综合考评教练员的理论水平、实操技能、教学能力和沟通技巧等素质。2020年，中国道路运输协会在北京举办了首届全国驾驶培训理论教学公益竞赛，在全国范围内选拔出6名“肯钻研、精业务、懂教育、有信念”的理论教练员，带动全行业在驾驶培训中重视和加强学员交通安全文明意识教育，提高学员的道路交通安全法律法规知识水平、守法意识和安全文明素养。

（三）学员交通安全宣传教育

为落实《国务院关于加强道路交通安全工作的意见》（国发〔2012〕30号）、《国务院办公厅转发公安部 交通运输部关于推进机动车驾驶人培训考试制度改革意见的通知》（国办发〔2015〕88号）以及《交通运输部 公安部 国家安全监管总局关于印发2017年“道路运输平安年”活动方案的通知》（交运发〔2017〕31号）等文件的相关要求，2017年6月，公安部办公厅、交通运输部办公厅联合印发了《关于组织开展文明交通进驾校“五个一”活动的通知》（公交管〔2017〕311号），提出进一步强化驾培机构交通安全宣传教育工作，大力增强学员的交通安全意识、法治意识和文明意识，从源头上预防和减少道路交通事故，组织开展文明交通进驾校“五个一”活动，即设立一个交通安全宣传教育阵地或基地、讲好一堂文明交通法治课、播放一部交通安全警示教育片、组织一次文明交通志愿服务、举行一场文明守法驾驶宣誓仪式。

为做好交通安全文化的普及和宣传，全国各地组织开展了由驾培行业管理人员或驾培机构资深教师为学员讲好一堂文明交通法治课的活动。部分省（自治区、直辖市）由道路运输管理人员和公安民警讲授安全法治课，通过向学员讲解开车接打电话、不系安全带、酒后驾驶、闯红灯等违法行为的危害与后果，强化学员的安全意识；组织学员观看交通安全警示教育片，结合教育片中的典型交通事故案例，通过以案说法、以情动人、以理服人，强调预防事故、文明交通、安全出行的重要性；与学员一起进行宣誓活动，通过严肃、庄重、仪式感强的集中宣誓活动警示学员，严格遵守道路交通安全法律法规，争做安全文明驾驶员。

为充分发挥驾培机构的交通安全宣传阵地作用，国家标准《机动车驾驶员培训机构资格条件》（GB/T 30340—2013）明确要求在驾培机构设置符合公安行业标准《交通安全宣传教育设施设置规范》（GA/T 963—2011）要求的交通安全宣传教育设施，根据自身条件和需求选择交通安全宣传教育工具、载体和设备，包括设置标语牌、墙（山）体标语、条幅标语、宣传品、事故残骸车展台、宣传橱窗、墙（板）报、宣传展板、宣传品架、电子显示屏、媒体播放机及显示器、多媒体触摸屏、交通安全体验设备、交通安全宣传车等。全国驾培机构均按照国家标准要求建设了交通安全宣传教育阵地，配置了相应的交通安全宣传设施设备。2021 年 11 月，交通运输部印发了《道路运输安全警示教育基地建设指南（试行）》（交办运函〔2021〕1770 号），指导全国各地结合实际，推进建设道路运输安全警示教育基地，为道路运输行业宣传安全文化、道路运输管理队伍实施安全警示、道路运输从业人员接受安全培训提供基础保障，营造道路运输安全发展环境。

专栏 2-8 全国首家西部山区道路运输安全警示教育基地

贵州省共有 22.8 万余名道路客运驾驶员、50.9 万余名道路货运驾驶员，驾驶员安全意识不强，应急处置能力差成为影响道路运输安全的第一要素。同时，贵州省的自然环境和地形地貌复杂，大多数公路位于山高坡陡、沟壑纵横地段，隧道、临水、临崖等危险路段较多。为解决长期制约贵州省道路运输行业安全发展的顽疾，结合文明交通进驾校“五个一”活动内容要求，在交通运输部的指导下，贵州省交通运输厅于 2019 年 11 月建成了全国首个西部山区道路运输安全警示教育基地。

教育基地分设惨痛事故危害感知区、特殊驾驶培训区、事故应急处置体验区、典型事故案例再现区、驾驶员综合测评区、重特大事故还原5D警示影院区、安全驾驶感悟区、外场事故警示区9大主题区展示，教育基地以事故案例警示和应急处置学习为核心，运用现代声光电、VR等高科技技术进行展示，力求将事故发生时触目惊心的场景还原，让前来参观的学员在紧张、新奇、震撼的体验中，认识道路交通事故发生的关键因素，体验安全驾驶的重要性，汲取事故带来的惨痛教训，从而提升安全生产意识和安全生产水平。基地建成后，充分整合驾培机构、客运场站、高速公路服务区等行业资源，在金阳客车站、高速公路龙洞堡服务区等地相继建成由基地模式辐射复制出的一系列道路运输安全小屋，配套设置驾驶员测评、模拟体验、应急处置和安全知识宣讲等功能，形成以基地为中心、以安全小屋为支点的"1+N"安全教育体验场景辐射圈，最大限度提高道路运输安全教育培训的吸引力和实用性。

基地建成运行以来，得到了行业的广泛认可，先后接待了交通运输部及各省相关领导及部门负责人共计约50余场次，同时接待了本省道路运输行业企业负责人、安全管理人员、驾驶员等道路运输行业从业人员共计500余家企业5000余人次的基地参观体验学习。

三 存在的主要问题

质量文化是企业文化的重要组成部分，而质量体系建设是企业质量文化的载体。当前，尽管交通运输部门、行业协会组织不断推动驾培行业文化建设，驾培机构经营者也在探索企业文化建设，取得了一些亮点和成绩，但驾培行业的质量文化建设仍然任重道远，主要存在以下两方面的问题。

（1）在质量体系建设理念方面，我国驾培机构负责人的现代企业经营管理知识和企业管理能力不足，缺乏对企业品牌发展的深入思考，对行业质量文化的内涵认识不深刻，普遍以保障学员有较高的考试通过率、能够较快地获得驾驶证以及企业获取更好的经济效益为核心打造企业文化，未形成以保护学员合法消费权益、满足学员学驾需求为自身发展基础、以关怀教练员并提高教练员素质为自身发展保障的企业文化，造成企业质量管理与文化建设脱节。

（2）在质量体系建设规范性方面，为加强驾培机构质量体系建设，国家标准《机动车驾驶员培训机构资格条件》（GB/T 30340—2013）从组织机构、管理制度等方面对驾培机构的质量管理提出了要求，但不同等级驾培机构的经营规模、管理模式等存在较大的差异，且行业未形成驾培机构质量管理体系建设的规范或指南，致使驾培机构在执行国家标准的过程中，其质量管理体系建设水平参差不齐，实用性不强。

第三章

驾培机构教学与组织管理

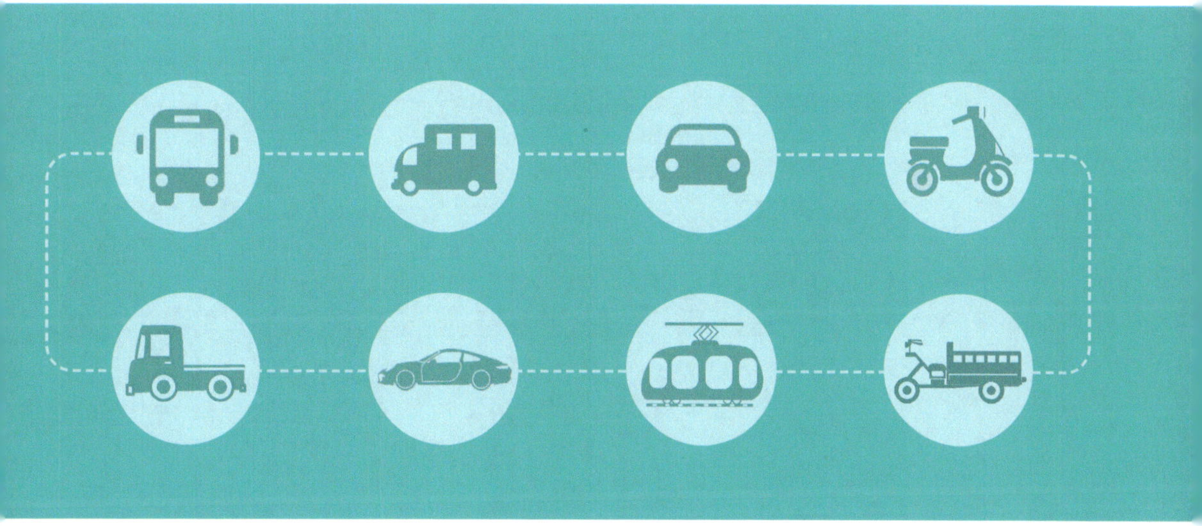

驾培行业的培训质量与培训教学要求、驾培机构的教学组织方式、教学方法及新技术应用的水平等有着直接的关系。驾驶培训教学包括理论教学、模拟驾驶训练和实际驾驶操作训练等教学方式。本章首先分析了教学大纲的制定与实施情况，然后从理论教学、新技术应用、驾培机构教学服务与管理等方面系统梳理分析了近年来行业推行的一系列教学管理举措的实施效果和存在的主要问题。

第一节 机动车驾驶培训教学大纲制定及实施情况

机动车驾驶培训教学大纲规定了各类车型驾驶培训的教学内容、教学目标、培训学时要求，是指导驾培机构制订教学计划、编制教案和组织教学的纲领性文件，对提升驾驶员安全文明素质具有基础性和引导性作用。本节梳理分析了教学大纲的发展历程、执行情况，总结了教学大纲执行中存在的问题。

一 驾驶培训教学大纲制修订情况

1996 年，交通部制定了《机动车驾驶员培训管理规定》（交通部令 1996 年第 11 号），要求学员在培训期间必须按照交通部颁发的教学计划和教学大纲完成相应的学习内容。当年，交通部组织技术人员依据驾驶技能形成规律，借鉴教育行业和驾驶证考试标准，制定了《汽车驾驶员培训教学计划和教学大纲》（交公路发〔1996〕767 号），规定了道路交通法规与职业道德、汽车构造与运行材料、汽车维护与故障诊断、汽车驾驶与安全行车等培训教学内容，首次提出了机动车驾驶培训的教学目标、教学内容和学时要求等。

2004 年，交通部组织制定了《机动车驾驶员培训教学大纲》（交公路发〔2004〕778号），文件借鉴日本有关驾驶培训教学经验，对驾驶培训教学要求做了较大的调整：①将驾驶培训教学过程分为四个阶段，每一个阶段均包括理论知识和实际操作训练两个部分，增强理论教学与实操训练的融合；②根据不同车型的特点规定了相应的教学内容和培训学时，增加了“保护行人和非机动车的安全”“优先通行权与礼让”“险情的预测和分析”“道路交通事故及事故预防”“伤员急救常识”“起步前的准备”“山区公路驾驶”“高速公路驾驶”“应急驾驶”等安全驾驶常识和素质教育内容，引导驾驶培训向“素质教育”转变；③开始推行“计时制”培训和模拟驾驶教学。同时，交通部组织编制了全国版驾驶培训系列教材《安全驾驶从这里开始》，这些工作在驾培行业发展中具有重要的里程碑意义。

2007年，交通部修订并发布了《机动车驾驶员培训教学大纲》（交公路发〔2007〕477号），完善了各类培训车型的基本培训学时要求，优化了“安全礼让、文明驾驶的驾驶道德”“典型道路、恶劣气象条件下的安全驾驶知识”“紧急情况的应急处置知识”以及“危险物品知识”等安全理论知识内容。

2012年，交通运输部联合公安部印发了《机动车驾驶培训教学与考试大纲》（交运发〔2012〕729号），大纲坚持素质教育理念，增加了“安全文明驾驶常识”教学内容，更注重学员安全文明驾驶意识和实际道路驾驶能力的培训；简化了小型汽车第二阶段（场内驾驶训练）的培训与考试项目，增加了大中型客货车驾驶学员的培训内容和培训学时要求，在培训内容上更注重实用性。此外，该文件是交通运输和公安两个部门首次联合发布有关驾驶培训与考试要求，促进了驾驶培训与考试内容的衔接。

2016年，交通运输部联合公安部修订并印发了《机动车驾驶培训教学与考试大纲》（交运发〔2016〕128号），文件做了以下重要的调整：①将培训教学内容调整为四个部分，弱化教学内容组织教学的先后顺序要求；②缩减了小型汽车等多种培训车型的培训学时要求，取消了大纲中每个教学项目的学时限制要求，而提出每部分的总学时要求，指导驾培机构根据学员特点灵活组织教学，将理论教学与实操训练交叉融合；③倡导驾培机构强化和创新理论教学组织，提出课堂理论教学与网络远程理论教学相结合；④提出对学员实行阶段性考核与结业考核，即学员完成每个部分的学习后进行阶段性考核，学员完成全部教学内容和培训学时后，接受驾培机构组织的结业考核。学员通过结业考核后，驾培机构向学员发放结业证书。

2020 年 12 月，交通运输部根据国务院改革文件精神，出台了《交通运输部办公厅关于做好道路货物运输驾驶员从业资格考试制度改革有关工作的通知》（交办运〔2020〕66 号），文件规定不再组织开展除道路危险货物运输以外的道路货物运输驾驶员从业资格考试，将相关从业资格培训内容纳入相应的机动车驾驶培训。文件中还发布了《道路货物运输驾驶员培训教学大纲》，其对牵引车、大型货车驾驶员培训的教学内容、培训学时进行了修订，将道路货物运输从业知识与驾驶培训知识进行了融合。

2022 年 3 月，交通运输部联合公安部修订形成了《机动车驾驶培训教学与考试大纲》（交运发〔2022〕36 号），文件做了以下重要的调整：①增加汽车辅助驾驶功能安全使用常识、新能源汽车技术及使用常识以及隧道事故、次生事故和自然灾害等紧急情况下应急处置知识；②针对初学和增驾学员的差异化培训需求，优化调整了部分车型培训内容和基本培训学时要求，明确了轻型牵引挂车（C6）的培训目标、培训内容和培训学时要求，适当提高了模拟驾驶训练的培训学时上限；③落实普通货物运输驾驶员从业资格考试改革部署，将普通道路货物运输驾驶员从业资格相关考试培训内容融入相应等级机动车驾驶培训；④优化结业考核流程和组织方式，明确各部分考核合格后即可准予结业。

自 1996 年以来，教学大纲先后经历了 6 次修订，其中基本培训学时是历次修订的重要内容。表 3-1 展示了 2004 年以来历次版本教学大纲关于各培训车型对应的培训学时要求。从表中可以看出，小型汽车、小型自动挡汽车、三轮汽车和摩托车类车型的培训学时减少幅度较大，城市公交车、大型货车的培训学时增加幅度较大。

我国历次驾驶培训教学大纲规定的培训学时情况　　表 3-1

版　本	车　型										
	C1	C2	C3	C4	D、E、F	C5	C6	B2	A3	A1、B1	A2
2004 年版	86	86	60	60	53	—	—	96	98	86	90
2007 年版	86	86	60	60	53	—	—	96	98	86	90
2012 年版	78▼	78▼	56▼	48▼	48▼	78	—	118▲	120▲	82▼	88▼

续上表

版本	车型										
	C1	C2	C3	C4	D、E、F	C5	C6	B2	A3	A1、B1	A2
2016 年版	62▼	60▼	50▼	38▼	38▼	62▼	—	118	120	82	88
2020 年版	62	60	50	38	38	62	—	125▲	120	82	95▲
2022 年版	62	58▼	50	38	38	60▼	30	118▼	114▼	78▼	88▼

注：▼表示学时降低；▲表示学时增加。

二 驾驶培训教学大纲实施情况

《道路交通安全法》规定，驾驶培训学校、驾驶培训班应当严格按照国家有关规定，对学员进行道路交通安全法律、法规、驾驶技能的培训，确保培训质量。《道路运输条例》规定，驾培机构应当按照国务院交通主管部门规定的教学大纲进行培训，确保培训质量。培训结业的，应当向参加培训的人员颁发培训结业证书。

全国各地驾培机构在执行教学大纲培训内容和培训学时等要求的方式上存在差异，主要有两种方式。

（1）北京、江苏、浙江等省（自治区、直辖市）规定学员完成教学大纲规定的培训内容和培训学时后，才能预约驾驶证考试。

（2）一些地方的交通运输部门与公安部门在推动驾驶培训与考试制度衔接中，约定学员完成部分培训学时即可预约驾驶证考试。比如，广东省规定学员在省内参加各科目驾驶培训时，只需完成教学大纲规定的一半及以上的培训学时即可预约驾驶证考试；江西省规定学员预约考试前必须完成教学大纲规定的教学内容，但培训学时要求上有所减少，以小型汽车培训为例，第一部分和第四部分的培训学时与教学大纲规定相同，分别为 12 学时和 10 学时，第二部分由教学大纲规定的 16 学时调减为 12 学时，第四部分由教学大纲规定的 24 学时调减为 14 学时。

专栏 3-1 国内外驾驶培训自学直考政策及实施情况

1. 国外驾驶培训自学直考相关政策及其实施情况

在德国，学员必须参加驾培机构组织的培训，完成规定的培训学时，且教练员认为学员达到培训目标并为学员出具培训证明后，学员才能凭培训证明约考。

在美国，根据学员年龄的不同，对其学驾方式有不同的要求。比如，15 周岁以上、16 周岁以下的社会人员考取驾驶证，必须先到有资质的驾培机构参加理论培训，凭驾培机构出具的培训证明预约理论考试；理论考试合格后，由符合条件（年龄、驾驶证类型、安全驾驶经历等）的人员陪同上道路训练，并经道路考试合格后获得限制性驾驶证，达到一定年龄（各州政策不同）后才能取得正式驾驶证。16 周岁以上的社会人员则可直接向交通管理部门预约理论考试和道路考试。在参加正式道路考试前，相关法规规定未满 18 周岁的学驾人员必须有 50 小时的道路训练，其中至少包括 15 小时的夜间驾驶和 10 小时的拥堵道路驾驶。对于已满 18 周岁的学驾人员，虽然无强制规定，但是鼓励所有人员参加 50 小时的道路训练。在参加道路训练时，培训车型应与其申请的驾驶证准驾车型一致。

在日本，自学直考与驾培机构培训两种模式并存，学员可自由选择。选择自学直考的人员首先通过公安委员会组织的理论考试，获得临时驾驶证；然后，自备符合相关标准的车辆，由驾龄在 3 年以上或是拥有营运客车驾驶资格的亲朋好友随车指导，或者学员选择到非指定驾培机构接受培训，培训内容和学时由学员自主决定。最后，这类学员必须通过公安委员会组织的场地驾驶考试和实际道路驾驶考试，才能获得驾驶证。据统计，自学直考人员的一次考试通过率较低，约为 15%。因此，实际选择自学的人员比例较低，约占 3%。另外一种情形是，学员参加指定驾培机构（符合驾培机构资格条件并经公安委员会认定）组织的培训，在驾培机构完成规定的培训内容和培训学时，然后通过指定驾培机构组织的中期考试和结业考试，最后通过公安委员会组织的理论考试后获得驾驶证，这类学员的一次考试通过率较高，约为 80%。

2. 我国驾驶培训自学直考相关政策及其实施情况

2015 年 11 月，国务院办公厅转发《公安部 交通运输部关于推进机动车驾驶人培训考试制度改革意见的通知》（国办发〔2015〕88 号），提出在有条件的地方试点非经营性的小型汽车驾驶人自学直考。2016年2月，公安部联合交通运输部和中国保险监督管理委员会发布了《关于机动车驾驶证自学直考试点的公告》，决定在天津、包头、长春、南京、宁波、马鞍山、福州、吉安、青岛、安阳、武汉、南宁、成都、黔东南、大理、宝鸡等16个市（州）试点小型汽车、小型自动挡汽车驾驶证自学直考。同时，对自学人员、随车指导人员和训练车辆提出了相应的条件要求，主要包括以下五个方面。

（1）自学人员应当符合公安部《机动车驾驶证申领和使用规定》规定的申请小型汽车、小型自动挡汽车驾驶证条件，按规定取得学习驾驶证明和学车专用标识后，方可学习场地驾驶和道路驾驶技能。

（2）随车指导人员应当取得相应或者更高准驾车型驾驶证五年以上，没有吸食毒品记录，未发生驾驶机动车造成人员死亡的交通责任事故或者造成人员重伤负主要以上责任的交通事故，没有记满12分或者驾驶证被吊销记录，没有违规随车指导行为记录。

（3）自学用车应为非营运小型汽车或者小型自动挡汽车，在自学直考申请地注册登记，并加装副制动装置、辅助后视镜等安全辅助装置，完成加装后经机动车安全技术检验合格。自学用车应当按规定投保机动车交通事故责任强制保险等相关保险。

（4）学车专用标识只允许签注一名自学人员、一名随车指导人员、一辆自学用车。每名随车指导人员、每辆自学用车不得同时签注于2个及2个以上学车专用标识。已经签注过的随车指导人员或者自学用车，需要培训另一名自学人员的，自上次签注之日起三个月后，方可重新领取学车专用标识。

（5）随车指导人员应当参照交通运输部、公安部发布的《机动车驾驶培训教学与考试大纲》的内容和学时要求，指导自学人员学习，真实记录学习过程，监督自学人员遵守《道路交通安全法》及其实施条例规定的通行规则，保障道路交通安全。随车指导人员不得利用自学用车从事经营性驾驶教学活动。

由于自学直考条件严苛，且自学直考人员的考试一次通过率较低，实际选择自学直考的人员比例较低。据部分地区公安部门的统计，选择自学直考的人员数量不足当地学员数量的2%。

三 存在的主要问题

教学大纲实施以来，对提升驾驶学员安全文明驾驶技能素质，以及促进道路交通安全水平提升起到了良好的作用。但各地在执行过程中仍然存在着诸多问题，包括执行层面的问题，还包括教学大纲自身设计不够合理的问题。

（一）部分驾培机构未履行向学员告知教学要求的义务

在签订培训服务合同的学员当中，有65%的学员表示在与驾培机构签订培训服务合同时，工作人员向其介绍了培训教学大纲以及所学车型的培训内容和培训学时等信息，对教学大纲有所了解；有26%的学员表示听说过教学大纲，但对具体要求不清楚；有9%的学员表示对教学大纲完全不了解。这说明部分驾培机构需要进一步规范培训服务合同的签订程序，在签订培训服务合同时工作人员应当告知学员必要的事项，包括国家对培训内容和培训学时的相关要求等。

（二）部分驾培机构对课堂理论培训落实不到位

教学大纲规定，驾培机构理论教学的课堂教学时间不少于6学时，但在实践中，一些驾培机构采用学员签到后在教室内刷题的方式，并未实质性开展理论教学，而另有一部分驾培机构采用网络远程教学替代线下6学时的课堂教学，导致6学时的课堂理论教学流于形式。

（三）部分驾培机构对培训学时落实不到位

部分驾培机构在实操训练中存在偷减培训学时、虚报培训学时的情形，同时，驾培机构常常将理论培训与实操训练完全割裂。在组织实操训练时，教练员只是教会学员如何驾驶操作，未能将相关的理论知识与实操训练融会贯通，导致学员知其然而不知其所以然，能够应对教练场地内的简单路况，而对社会道路的复杂路况不能适应。

（四）驾培行业从业者对结业考核认识不统一

教学大纲规定，学员完成每一个部分的培训任务后，驾培机构应对学员进行阶段性考核，对学员本阶段的训练效果进行评估，包括学员安全意识、安全知识和安全驾驶技能的掌握情况，填写《结业意见》表，为学员参加下一阶段的训练提供参考；各部分的阶段考核均合格后，驾培机构准予学员结业。结业考核是检验学员在驾培机构训练效果的一种有效方法，是驾培机构履行培训服务合同十分重要的环节。

在实践中，由于缺乏结业考核规范、评判标准等配套性文件，驾培机构对结业考核的认识不足，认为结业考核仅是增加了驾培机构的负担，普遍以学员通过驾驶证考试为履行合约的最后一个环节。因此，驾培机构要么按照驾驶证考试的要求对学员进行结业考核，要么根本就没有按照规定组织结业考核，致使结业考核未得到有效落实。

第二节 驾驶培训理论教学要求及实施情况

汽车安全驾驶技能是人的一种综合能力，包括安全文明驾驶知识和驾驶操作技能，安全文明驾驶知识为驾驶员遵循交通规则、安全文明驾驶提供理论指导，还可以为驾驶员充分理解和应对驾驶实践中遇到的新问题提供理论依据，对安全行车具有重要的意义。理论教学是学员获得安全文明驾驶知识的重要途径，是驾驶培训的重要组成部分，对学员完成驾驶操作训练具有重要的促进作用。本节分析了驾驶培训理论教学要求和理论教学实施情况，总结了驾培机构开展理论教学中存在的问题。

一 驾驶培训理论教学要求

2015 年，国务院办公厅转发了《公安部 交通运输部关于推进机动车驾驶人培训考试制度改革意见的通知》（国办发〔2015〕88 号），提出要改进驾驶培训理论知识培训内容，采取远程网络教学、多媒体教学、交通事故案例教学、交通安全体验等多种方式，促进理论知识培训与实际操作训练交叉融合，提高驾驶培训专业化、系统化水平。2016 年，交通运输部修订发布《机动车驾驶培训教学大纲》（交运发〔2016〕128 号），教学大纲将驾驶培训分为四个部分，其中第一部分、第四部分为理论培训，理论培训的相关要求如下。

（1）第一部分为道路交通安全法律、法规和相关知识，教学内容包括法律法规及道路交通信号、机动车基本知识。这部分的基本学时要求是：小型汽车、小型自动挡汽车、残疾人专用小型自动挡汽车、低速载货汽车、大型货车为 12 个学时，大型客车、中型客车、牵引车、三轮汽车和摩托车为 10 个学时，城市公交车为 14 个学时。

（2）第四部分为安全文明驾驶常识，教学内容包括安全文明驾驶知识、危险源辨识知识、夜间和高速公路安全驾驶知识、恶劣气象和复杂道路条件下的安全驾驶知识、紧急情况应急处置知识、危险化学品知识和典型事故案例分析等。这部分的基本学时要求是：小型汽车、小型自动挡汽车和残疾人专用小型自动挡汽车为 10 个学时，大型客车、中型客车、牵引车为 16 个学时，城市公交车、大型货车为 20 个学时，低速载货汽车、三轮汽车和摩托车为 8 个学时。

（3）每个学员课堂学习时间每天不得超过 4 学时。

（4）“道路交通安全法律、法规和相关知识”和“安全文明驾驶常识”教学可采取多媒体教学、远程网络教学、交通安全体验等多种方式，倡导课堂教学与远程网络教学相结合。课堂教学不得低于 6 学时，其中，“道路交通安全法律、法规和相关知识”不得低于 4 学时，“安全文明驾驶常识”不得低于 2 学时。

（5）“安全文明驾驶常识”教学应与“道路驾驶”教学交叉融合。

2022 年，交通运输部修订发布《机动车驾驶培训教学大纲》（交运发〔2022〕36 号），相比 2016 年发布的教学大纲，本次教学大纲对不同车型的理论培训学时进行了调整，理论教学要求的主要变化有四个方面。

（1）第一部分教学内容包括法律法规及道路交通信号、机动车基本知识、道路货物运输相关知识。这部分的基本学时要求是：小型汽车、小型自动挡汽车、残疾人专用小型自动挡汽车、低速载货汽车、重型牵引挂车为 12 个学时，大型客车、中型客车、三轮汽车和摩托车为 10 个学时，城市公交车、大型货车为 14 个学时，轻型牵引挂车为 4 个学时。

（2）第四部分教学内容包括安全文明驾驶知识、危险源辨识与防御性驾驶知识、夜间和高速公路安全驾驶知识、恶劣气象和复杂道路条件下的安全驾驶、紧急情况应急处置知识、危险化学品知识和典型事故案例分析。这部分的基本学时要求是：小型汽车、小型自动挡汽车和残疾人专用小型自动挡汽车为10个学时，大型客车、中型客车为16个学时，重型牵引挂车为18个学时，城市公交车为20个学时，大型货车为22个学时，三轮汽车和摩托车为8个学时，轻型牵引挂车为6个学时。

（3）对于已持有机动车驾驶证，增加小型汽车、小型自动挡汽车、三轮汽车、低速载货汽车、普通三轮摩托车、普通二轮摩托车、轻便摩托车准驾车型以及变更为残疾人专用小型自动挡载客汽车准驾车型的，各省（自治区、直辖市）可根据实际情况适当调整理论培训内容和学时要求，其中，“道路交通安全法律、法规和相关知识”不得低于4学时，“安全文明驾驶常识”不得低于6学时。

（4）对每个学员理论培训时间每天不得超过6学时。

2017年，为了规范机动车驾驶培训网络远程理论教学，交通运输部组织制定了《机动车驾驶培训网络远程理论教学技术规范》（交通运输部公告2017年第64号），分别对网络远程理论教学平台和教学课程提出了功能要求和技术要求。

（1）网络教学平台要能对学习者进行身份验证，能准确记录学员每次学习的过程信息，能对学员学习中出现的违规操作进行提醒，对学习效果进行分析评估等。

（2）网络课程内容要符合《机动车驾驶培训教学大纲》的要求，形成教学知识体系，涵盖教学大纲要求的全部教学要点；文本、图片、音视频、动画等教学素材的选取与教学内容紧密相关且制作规范。

二 驾驶培训理论教学实施情况

目前，驾培机构组织理论教学的形式主要有三种。

（1）集中式课堂教学。部分驾培机构采用集中式课堂教学的形式对学员开展理论知识培训，即学员根据驾培机构的理论教学课程安排，按时达到培训场所参加面授教学。集中课堂教学方式，教学过程中互动性较好，但培训时间和地点相对固定。重庆、杭州、金华等地采用以区县为单位，对学员进行集中式的课堂教学。

（2）网络远程教学。随着互联网技术的发展，以及新冠肺炎疫情的影响，网络教学成为培训教育的一种新常态。越来越多的驾培机构开始利用互联网对学员开展理论知识培训。采用网络教学方式，学员参加理论培训不受培训时间、地点的限制，无需再往返驾培机构，但是教学缺乏互动性。

（3）部分驾培机构未组织理论培训，由学员自行刷考试题学习。部分驾培机构在学员报名后，未对学员开展相应的理论知识培训，而是利用互联网或纸质题库练习册，让学员自行刷考试题学习。对于学员来说，没有进行系统的安全知识培训和文明行车理念的培养，学员虽然利用背题通过了“道路交通安全法律、法规和相关知识”以及“安全文明驾驶常识”的考试，但对相关知识一知半解，为其今后的安全行车埋下隐患。

通过对学员在驾培机构参加理论教学的情况进行调研发现，27%的学员表示以题海战术应付考试，自己在网上刷考试题进行学习；42%的学员表示通过驾培机构指定的网络远程理论教学平台进行学习；还有31%的学员表示参加驾培机构组织的现场集中课堂教学进行学习。由此可见，有27%的驾培机构仅为学员提供考试题训练，而没有为学员提供专门的理论知识培训，行业理论知识培训还需要进一步强化和规范。

专栏3-2 我国部分地区驾驶培训网络远程理论教学实施情况

1. 江苏省驾驶培训网络远程理论教学实施情况

2012年，江苏省交通运输厅运输管理局开始组织建设驾驶培训网络远程理论教学系统平台和课程。2013年，江苏省交通运输厅运输管理局发布了《关于开展网上远程培训试点的通知》（苏运传〔2013〕232号）、《“江苏省道路运输行业网上学习平台”推广应用实施方案》，指导苏州、宿迁两市开展网络远程教学试点。2014年，为便利学员学习理论知识，江苏省交通运输厅将“驾驶培训网络远程教学系统推广应用”列入厅为民服务实事之一，同时印发了《关于推广使用“江苏交通学习网”开展道路客货运输驾驶员继续教育的通知》（苏交运〔2014〕57号），文件要求在全省范围内全面开展道路客货运输驾驶员继续教育线上培训。

2015年，江苏交通学习网面向江苏省13个地市推广应用机动车驾驶理论培训和道路客货运输驾驶员继续教育网络远程培训服务，苏州、无锡、南通、连云港、盐城、徐州6个地市实现了学员通过江苏交通学习网参加理论培训。当年年底，江苏交通学习网累计完成643828人次的理论培训，网络培训服务取得了良好的应用效果。

2016年以来，江苏省交通运输厅运输管理局积极落实国务院有关驾驶培训改革政策，开放了网络远程理论教学市场，江苏交通学习网、人民交通出版社股份有限公司等多家网络课程供应商在江苏省内开展网络远程理论教学服务。目前，江苏省严格按照教学大纲的要求，采用线上（16个培训学时）+线下（6个培训学时）的理论培训模式，既落实教学大纲培训要求，又便利学员学习理论知识。

2. 重庆市驾驶培训网络远程理论教学实施情况

重庆市主城区内所有学员集中在重庆市西南机动车驾驶员培训中心接受集中理论课堂教学，并按照教学大纲规定采取“6+16”的培训方式，即学员必须参加6个学时的基础课堂学习，其他16个学时则由学员自主选择参加网络学习或课堂学习。

学员可充分利用空闲时间学习，计算机、手机App、课堂学习的学时交叉共享，学习方式灵活。西南机动车驾驶员培训中心采用了“人脸识别防他人代学、防窗口最小化、防快进播放、防离开计算机前挂机、防同一环境多学员挂机、防同一学员多环境挂机、防浏览器多标签学习”等多种防作弊手段，确保网络远程培训真实有效。

三 存在的主要问题

驾培机构利用课堂教学和网络远程理论教学等方式开展理论教学，过程中存在如下一些需要解决的问题。

（一）集中式课堂教学方面

各地驾驶培训理论教练员队伍素质发展不均衡，理论教练员的知识水平、教学能力等综合素质参差不齐、总体不高，同时，驾培机构对理论教学课程建设不够重视，缺少投入，导致理论教学内容的系统性、准确性不足，不同驾培机构或不同地区的理论教学课程质量差异较大；且部分驾培机构理论教学形式过于呆板，难以激发学员的学习兴趣。

（二）网络远程理论教学方面

针对驾培机构为学员提供的网络远程理论教学课程，39.4%的受访者反映网络课程的教学内容质量参差不齐，39.4%的受访者反映网络课程教学内容更新慢，51.5%的受访者反映网络课程教学形式单一、交互性不强。网络远程理论教学在课程建设、课程质量监管等方面的问题具体表现如下。

（1）网络课程内容制作不够规范。部分网络课程的知识体系不完整，知识点细化不足，重点和难点内容讲解不透彻，且存在内容展现不准确的问题。2019年，在32家提供驾驶培训网络理论教学课程的企业当中，有30家企业开发的网络课程存在教学知识体系不完整的现象，有26家企业开发的网络课程存在部分教学内容不准确的情形。

（2）网络课程制作不够专业。部分网络课程内容制作粗糙，一些企业为了压缩课程制作周期，节约课程制作成本，选取拍摄教学视频或者简单重复使用内容画面的方式，课程内容知识的逻辑性较差，不能根据内容的特点合理选取教学素材，展示画面对知识内容的表现力不强，语音解说与内容画面展示不协调。

（3）网络课程质量管理机制不够健全。目前，行业推广应用网络远程教学技术的方式有两种，一种是由驾培机构自主选用网络远程理论教学平台和课程；另一种是行业管理部门依据相关标准对拟进入本行政区域驾培市场的网络远程理论教学平台和课程进行质量管理，按照相关程序公开符合标准要求的网络教学平台和课程供应商名单，由驾培机构在名单范围内自主选用。相对而言，第二种方式有利于网络课程质量的保障，但是由于网络远程教学平台和课程进入市场后，行业管理部门缺少对教学平台和课程应用效果的持续跟踪和监管机制，网络课程未能及时更新，企业的客户服务能力不足，影响了网络课程的使用效果。

分析产生上述问题的原因，主要有以下四个方面。

（1）学员和驾培机构对理论教学重要性的认识不足，对网络课程质量要求不高。

（2）全国有数十家网络远程理论教学课程制作单位，这些企业大部分是由网络系统开发商进入驾培领域，缺少专业的课程制作团队和制作技术基础，对驾培行业需求和理论教学规律缺乏理解。

(3) 网络远程教学平台和教学课程供应商通常采用互联网商业模式，关注入口和流量，通常采取以网络教学平台作为工具抢占市场和低价竞争等市场竞争策略，导致企业趋向于网络远程教学平台建设的竞争以及打价格战，较少关注网络课程质量品牌建设，对网络课程制作投入不足。

(4) 行业管理人员对网络远程理论教学规律和技术发展的认识不足，未建立有效的网络课程质量监管机制，引导网络课程开发企业强化网络课程质量建设的竞争。

第三节 新技术在汽车驾驶训练中的应用

随着虚拟现实、人工智能、大数据分析以及新能源汽车等新技术、新装备在驾培行业的融合应用，驾培机构为学员提供了新的驾驶技能训练方式，提高了教学效率，降低了驾培行业能源消耗与污染物排放。本节分析了模拟驾驶训练、教练车智能辅助教学以及新能源与清洁能源汽车等新技术、新装备在驾培行业的应用情况以及存在的问题。

一 汽车模拟驾驶训练技术应用及存在的问题

实车驾驶训练是教练员向学员传授驾驶技能的重要方法，但是这种训练方式也存在着不足：一是学员未掌握车辆操作动作要领，对交通规则知识的运用能力不足，如果直接开展实车训练，往往需要较长时间的适应，训练成本较高；二是危险情景下的实车训练存在教学安全风险，同时，侧滑、爆胎等危险情景较难在实车训练中开展。模拟训练可以有效地解决上述问题，因此，它在飞行员、地铁驾驶员和船员等人员技能培训中得到了广泛应用。

汽车驾驶培训模拟器作为驾驶训练的辅助教学工具，为学员培训提供了一种科学、先进的训练方法和训练手段。汽车驾驶培训模拟器是利用仿真技术营造虚拟的驾驶训练环境，产生汽车行驶过程中的虚拟视景、音响效果和运动仿真，并通过模拟操作部件与虚拟的训练环境进行交互，使学员沉浸到虚拟驾驶环境中，产生实车驾驶的效果和感觉。通过汽车驾驶培训模拟器的辅助训练，可以使学员在短时间内熟练掌握“五大件”的正确操作动作，建立起各种交通环境下的条件反射式的操作技能，尽快地从以操作训练为主的静态练习过渡并适应实车的动态训练；可以随时、任意、反复地进行某项操作技能的训练；可以开展实车难以或无法进行的驾驶技能训练，加强对学员观察能力、反应能力和应变能力的训练，提高驾驶训练的安全性，减少实车训练带来的能源消耗和污染物排放，节约训练成本。

（一）汽车驾驶培训模拟训练要求

2007 年，交通部发布的《机动车驾驶培训教学大纲》（交公路发〔2007〕477 号）提出，第一阶段、第四阶段实际操作可采用汽车驾驶培训模拟器进行教学。2012 年，交通运输部修订发布的《机动车驾驶培训教学大纲》（交运发〔2012〕729 号）提出第二阶段的基础驾驶应当采用汽车驾驶培训模拟器教学，小型汽车本部分的培训学时为 3 个学时；第三阶段的模拟驾驶部分教学内容可采用汽车驾驶培训模拟器教学，小型汽车本部分的培训学时为 4 个学时。

2016 年，交通运输部修订发布的《机动车驾驶培训教学大纲》（交运发〔2016〕128 号）要求“基础和场地驾驶”中的“操纵装置的规范操作”和“起步前车辆检查与调整”两项教学内容，应采用汽车驾驶培训模拟设备教学；“道路驾驶”中的“恶劣条件下的驾驶”“山区道路驾驶”“高速公路驾驶”等教学内容，可采用汽车驾驶培训模拟设备教学。模拟教学学时总共为 4 个学时。

2022 年，交通运输部修订发布的《机动车驾驶培训教学大纲》（交运发〔2022〕36 号）要求“基础和场地驾驶”项目中的“操纵装置的规范操作”和“起步前车辆检查与调整”两项教学内容，“道路驾驶”项目中的“夜间驾驶”“恶劣条件下的驾驶”“山区道路驾驶”“高速公路驾驶”等教学内容，可采用汽车驾驶培训模拟设备教学，模拟教学学时不得超过 6 个学时。

综上所述，汽车驾驶培训模拟训练一直以来是驾驶培训的重要组成部分，主要应用在学员参加实车训练前和模拟一些危险情境的训练。

（二）汽车驾驶培训模拟器类型与组成

1998 年，为了规范和促进汽车驾驶培训模拟器在驾培行业的应用，交通部组织制定了行业标准《汽车驾驶训练模拟器通用技术条件》（JT/T 378），标准规定了汽车驾驶培训模拟器的通用技术要求、试验方法、检验规则等要求。2005年，交通部对该项标准组织第一次修订，形成了《汽车驾驶培训模拟器》（JT/T 378—2005），主要是增加了汽车驾驶培训模拟器分类，将汽车驾驶培训模拟器分为主动式和被动式两类，并对各类型汽车驾驶培训模拟器的基本结构组成、功能和技术性能进行了具体规定。2014年，交通运输部对该项标准组织第二次修订，主要是增加了动感模拟器的类型，以及动感模拟装置、计时器接口和模拟训练功能等要求。2022年，交通运输部对该项标准组织第三次修订，主要修订内容包括四个方面：一是调整驾驶模拟器分类方法，按照所模拟车辆的车型类别将驾驶模拟器分为客车（A类）、货车（B类）和小型汽车（C类），按照所模拟车辆变速器类型将驾驶模拟器分为手动挡（M型）、自动挡（A型）和手动自动互换（M/A型），实现与学员学驾车型的衔接；二是优化驾驶模拟器结构组成，完善了视景系统参数要求，新增了虚拟现实头戴式显示设备、辅助训练智能组件等结构组成，增强模拟驾驶体验真实感；三是细化模拟教学场景要点，强化学员观察习惯、交通规则运用能力、风险辨识与防范能力以及紧急情况应急处置能力的训练，增强模拟训练的规范化水平；四是结合非互动型、互动型和动感型驾驶模拟器平台的特性，实现差异化的训练功能定位。

汽车驾驶模拟器按照视景呈现方式及动感模拟功能的不同，分为三种类型：

（1）非互动型，视景显示不随模拟驾驶操作而变动的汽车驾驶模拟器；

（2）互动型，视景显示跟随模拟驾驶操作而变动的汽车驾驶模拟器；

（3）动感型，驾驶视景和动感模拟相匹配且均跟随模拟驾驶操作而变化的汽车驾驶模拟器。

汽车驾驶模拟器主要由驾驶座舱系统、驾驶视景系统、动感模拟装置和辅助训练智能组件以及培训过程信息记录系统等组成。

（1）驾驶座舱系统是与所模拟的汽车驾驶室驾驶操作工位相似的空间，由汽车驾驶操纵机件、座椅及头枕、安全带等实车件或仿真件组成，包括车门、座椅及头枕、安全带、后（前）视镜、离合器踏板、制动踏板、加速踏板、转向盘、变速器操纵装置、驻车制动操纵装置、仪表盘、喇叭按钮、点火开关、刮水器开关、空调开关、照明灯开关、信号灯开关、扬声器等。

（2）驾驶视景系统是显示虚拟仿真场景的关键部件，包括单视景显示屏（幕）、多视景显示屏（幕）、虚拟现实头戴式显示设备（选配件）。

（3）动感模拟装置是实现汽车驾驶操作时的振动和感觉的系统，包括动感模拟装置、辅助训练智能组件（选配件）。

（4）辅助训练智能组件主要是采集驾驶学员注视特征、生理数据信息的装置。

（5）培训过程信息记录系统是记录模拟驾驶过程中的数据信息的系统，包括视景与驾驶操作信息采集传输、培训学时记录与传输，支持培训过程回放和训练特征分析。

随着虚拟现实技术与汽车驾驶培训模拟器的融合发展，市场上逐渐出现了基于虚拟现实技术（VR）的沉浸式动感型（互动型）汽车驾驶培训模拟器，它是采用虚拟现实、人机交互、智能传感等技术，并采集真实场景数据建立的三维教练场地、训练道路和交通状况、特殊气象以及紧急情况下的虚拟环境，学员通过操纵各机件，配合虚拟头显设备进行训练，如图 3-1 所示。沉浸式汽车驾驶培训模拟器具有很强的沉浸感和互动性，能给学员带来强烈、逼真的感官冲击，获得身临其境的体验，目前正逐步在汽车驾驶培训中推广应用。

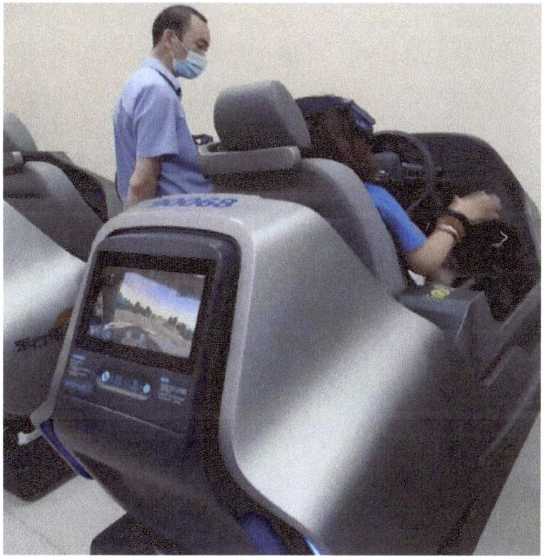

图 3-1　VR 汽车驾驶培训模拟器

（三）汽车驾驶培训模拟器推广应用情况

2010—2020 年，我国驾培行业汽车驾驶培训模拟器的配置数量逐年增长，汽车驾驶培训模拟器配置数量变化情况如图 3-2 所示。由图可知，截至 2020 年底，全国驾培机构共配备了 125509 台汽车驾驶培训模拟器，相较于2010 年增长了9.7 万台（约3.41 倍），增长速度较快。其中，被动式模拟器为 33713 台，占比为 26.86%。被动式模拟器的配置数量虽然逐年增加，但其数量占比在 2012 年达到最高值（占比为 34.29%）后，开始出现逐年下降。由此可见，主动式汽车驾驶模拟器成为全国驾培机构的主要选择。

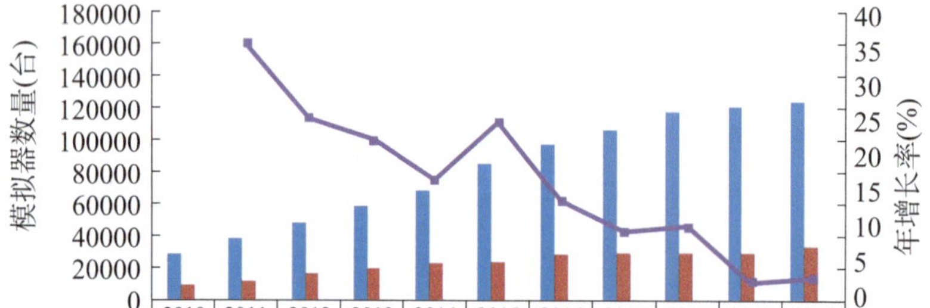

	2010年	2011年	2012年	2013年	2014年	2015年	2016年	2017年	2018年	2019年	2020年
模拟器数量(台)	28479	38687	48498	59206	68996	86036	97995	107420	118476	121669	125509
被动式模拟器数量(台)	8704	11764	16632	20098	22668	23826	28409	29219	29380	29130	33713
模拟器数量年增长率(%)		35.84	25.36	22.08	16.54	24.70	13.90	9.62	10.29	2.70	3.16

图 3-2　2010—2020 年驾培行业汽车驾驶培训模拟器配置数量变化情况

国家标准《机动车驾驶员培训机构资格条件》（GB/T 30340—2013）要求各级驾培机构必须配备汽车驾驶培训模拟器，一级驾培机构应不少于 20 台，二级驾培机构应不少于 10 台，三级驾培机构应不少于 5 台。根据国家标准对汽车驾驶培训模拟器的数量配置要求进行估算，发现全国驾培机构实际配置的汽车驾驶培训模拟器数量少于国家标准要求配置的汽车驾驶培训模拟器数量，如图 3-3 所示。例如，2020 年全行业实际配置了 125509 台模拟器，而按照国家标准要求全行业理论上应当配置 152540 台模拟器，行业实际配置的驾驶模拟器数量比标准要求配置的数量少了 27031 台。说明部分驾培机构没有严格按照标准要求配置模拟器（部分地区采用集中模拟训练的方式，当地驾培机构配置模拟器的数量会减少，因此上述分析结果有待进一步考证）。同时，还发现2010—2020 年这 11 年来模拟器理论配置数量与实际配置数量的差值在逐年缩小，说明驾培机构经营者越来越认识到模拟器在驾驶训练中的作用。

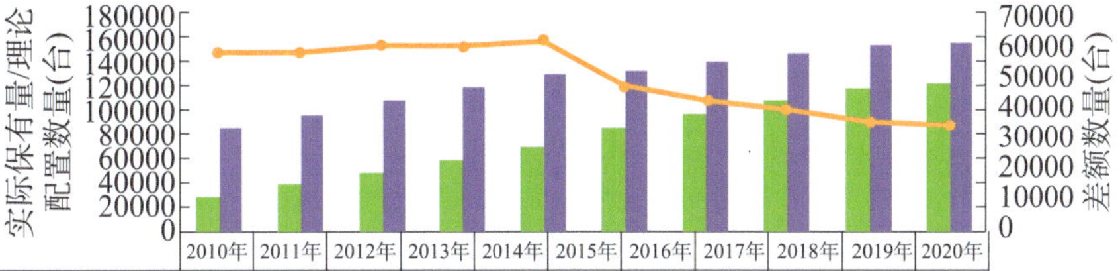

	2010年	2011年	2012年	2013年	2014年	2015年	2016年	2017年	2018年	2019年	2020年
模拟器实际保有量(台)	28479	38687	48498	59206	68996	86036	97995	107420	118476	121669	125509
模拟器理论配置数量(台)	85720	95900	108190	118545	130060	132390	139985	146835	153510	155505	152540
差额数量(台)	57241	57213	59692	59339	61064	46354	41990	39415	35034	33836	27031

图 3-3　2010—2020 年驾培行业汽车驾驶培训模拟器配置数量标准符合情况

各地推广应用汽车驾驶模拟器为学员开展模拟训练的形式主要有两种。

(1) 驾培机构按照国家标准要求自行配置必要数量的模拟器，供学员培训使用。当前，大部分地区的驾培机构采用这种方式。

(2) 组织学员集中开展模拟器训练。杭州市行业管理部门给予政策支持，相关驾培机构出资购买汽车驾驶培训模拟器，并分区域建立模拟驾驶训练中心，本行政区域内所有学员均就近到模拟驾驶训练中心接受模拟训练。这种组织方式实现了模拟设备资源在区域内的共享，有利于提高教学资源的利用效率，同时也增加了模拟训练预约、训练管理的要求。

(四) 存在的主要问题

尽管汽车驾驶培训模拟器有交通运输行业标准《汽车驾驶培训模拟器》(JT/T 378) 作为指导，但模拟器生产企业众多，产品质量参差不齐，实际使用中存在诸多的问题。

1. 模拟器操作体验的真实感有待提高

目前，社会上有数十家企业研制模拟器，不同企业所生产的模拟器在配件选择、配件可靠性、模拟器场景设计等技术性能方面存在较大的差异，模拟体验真实感均不足。比如，在硬件带来的体验方面，部分模拟器的转向盘、加速踏板、制动踏板和挡位等虽然使用实车件，但是其操纵力度和操作幅度与实车操纵感觉有较大的差别；在软件设计带来的体验方面，模拟器的加速、减速等动力学特性以及视景显示的速度感、距离感和驾驶视野等均与实车驾驶存在较大的差别，用户体验不佳，甚至在使用中容易出现眩晕感。

2. 模拟器训练场景设计理念有待革新

目前，模拟器场景设计的目的通常为学员进行规范化操作能力训练以及进行驾驶证考试模拟训练，模拟器训练场景通常以规范化操作能力训练为中心，以驾驶证考试评判标准为依据。这些设计理念是不全面的，因为现阶段驾培机构使用的模拟器技术缺少基础性研究作为支撑，其操作体验的真实感不强，学员模拟训练后容易形成不规范的操作动作。从训练实际来看，模拟训练应定位为学员意识（包括守法意识、安全意识、观察习惯）和安全风险辨识与防范能力的训练，以增强学员安全驾驶经验为核心，而不仅是学员规范化操作能力和应试能力训练。

3. 模拟器训练效果评估及评估结果应用有待加强

目前，缺少不同类型模拟器训练效果的比较研究，比如不同类型、质量水平的模拟器平台训练与实车训练效果的等效性评价分析。此外，主动式模拟器均具有学员训练过程操作信息的记录和存储功能，但模拟器自身还缺乏学员训练特征分析功能，教练员在组织学员模拟训练时，也未开展学员训练特征分析，因此，缺乏对学员有针对性地进行模拟训练。

二 教练车智能辅助教学技术应用及存在的问题

（一）教练车智能辅助教学系统组成

教练车智能辅助教学系统通过在教练车上安装传感、显示、语音等装置，利用虚拟仿真、三维地图和高精度差分定位等技术，按照教练车与驾培机构训练场地的原始尺寸进行等比例仿真再现，通过模型计算教练车的行驶方向、位置，识别车辆运行状态，然后对学员训练进行指导，并对学员出现加速踏板误踩、车辆后溜、超速行驶、遇障碍物等危险情形进行预警和干预，其工作过程如图 3-4 所示。教练车智能辅助教学系统是一款集智能传感、虚拟现实、人工智能、互联网等于一体的高科技产品，通过在教练车上集成部署智能教学系统与主动安全防控系统，将教练车打造成具备智能辅助教学功能的教练车。

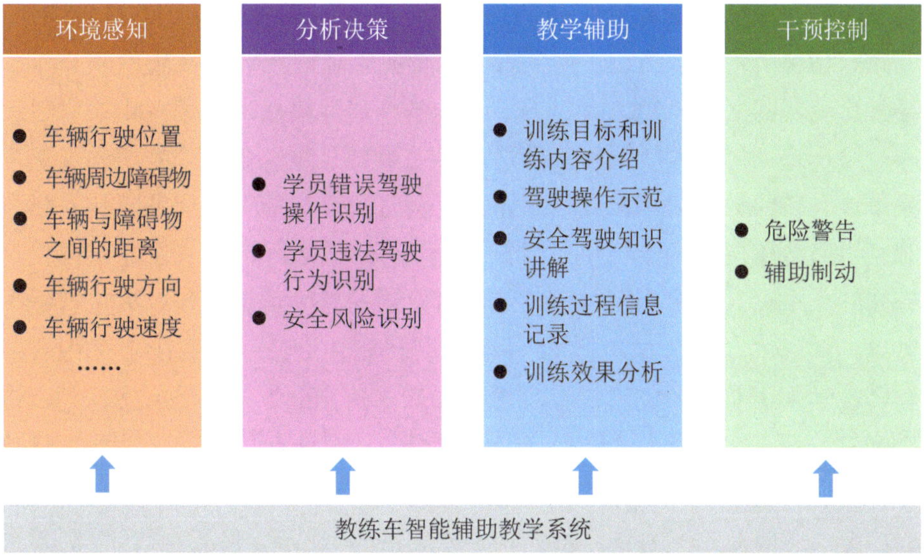

图 3-4　教练车智能辅助教学系统工作过程

目前，教练车智能辅助教学系统生产企业众多，不同企业研制的教练车智能辅助教学系统的功能和技术性能差异较大，但大部分都具备以下三方面的功能。

（1）智能辅助教学。智能辅助教学系统能实现学员和教练员、远程监控人员的双向沟通，比如，学员能与远程监控人员进行语音和/或视频交互，实现与教练员的沟通；智能辅助教学系统能实时感知车辆、学员和场地的状态信息，对学员驾驶行为进行实时智能化分析、评价、诊断与反馈，并实现基于三维智能化场景匹配与视觉引导、智能语音交互技术的驾驶技能传递。

（2）教学安全保障。在教学过程中，智能辅助教学系统具备对危险情况的识别、预警与防控能力，能自动识别并预判车辆周围障碍物、车辆在坡道上发生溜车、车辆异常加速、车辆行进中学员安全带解开、超过训练场地限定车速等，并能针对这些危险情况采取自动安全保障措施。

（3）教学过程记录与存储。智能辅助教学系统能准确地记录和存储教学、训练过程信息以及培训学时信息，能够支持学员教学日志和培训记录的查询与统计。

（二）教练车智能辅助教学系统应用情况

目前，除天津、西藏等地外，其他省（自治区、直辖市）均在其行政区域内的部分地市推动智能辅助教学系统在场地驾驶训练中的试点应用，北京、新疆、山东、河北、内蒙古等地行业管理部门或协会组织发布了指导推广应用的文件。2020 年 7 月，山东省交通运输厅发布了《山东省机动车驾驶员培训机器人教练服务导则（第一版）》，文件明确了智能辅助教学系统应具备的教学内容、风险预警、安全防护等功能，从驾培机构、学员和技术服务单位等维度提出了系统使用要求。2020 年 10 月，北京市机动车驾驶人培训行业协会发布了《北京市机动车驾驶员培训行业人工智能驾驶培训教学试点工作方案》，文件明确了智能辅助教学系统的教学内容应符合教学大纲要求，应具备“环境感知和车速判断”“安全风险预判、识别和安全保障”“训练过程和培训学时记录、存储和传输”等功能，从驾培机构、学员和技术服务单位等维度提出了系统使用要求。东方时尚驾驶学校股份有限公司、石家庄百纳利安驾驶员培训有限公司、广州市粤安汽车驾驶员培训有限公司等多所驾培机构率先参与了推广应用工作。比如，石家庄百纳利安驾驶员培训有限公司自 2015 年以来，就在其所属的 40 辆教练车上安装使用汽车驾驶培训智能辅助教学系统，开展场地驾驶训练。

2020 年 10 月至 2022 年 4 月，北京市推广应用智能辅助教学系统的过程中，学员对使用智能辅助教学系统进行训练的满意度情况如下：93.6% 的学员对使用智能辅助教学系统进行训练表示满意，其中 71.2% 的学员表示非常满意；另外有 4.7% 的学员表示一般；1.2% 的学员表示不太满意；0.5% 的学员表示很不满意。期间，行业管理部门共接到 94 起学员投诉，其中，使用智能辅助教学系统开展训练的学员投诉 4 起，占投诉总起数的比例为 4.2%；而采用传统训练方式的学员投诉起数为 90 起，占投诉总起数的比例为 95.8%。学员对使用智能辅助教学系统进行训练表示满意的原因主要包括“不用排队等练车，节约时间”“没有教练员在副驾驶位置指导，训练时比较放松”和“不会发生安全事故”。

（三）存在的主要问题

目前来看，教练车智能辅助教学系统在应用过程中受到了驾培机构经营者和学员的欢迎，但也存在以下三个方面的问题。

1. 智能辅助教学系统设计应用需与实际驾驶进一步匹配

一些教练车智能辅助教学系统主要是针对教学大纲中第二部分场地驾

驶训练的教学，大部分在教练车上安装使用的智能辅助教学系统仅是将驾驶证考试评判标准以及训练场地的地图内置，以指导学员通过科目二考试为核心目标，对于学员在训练过程中是否及时观察后视镜和后方交通情况等安全意识以及是否具有良好的驾驶习惯难以判断。在训练过程中，智能辅助教学系统会指导学员怎么做，对于为什么这么做，则缺乏教学讲解和教学互动。此外，学员在初期训练中根据实时语音提示和指令进行操作和训练，不利于学员建立驾驶感觉和经验，今后在实际驾车中容易形成对相关技术的依赖。

2. 行业需要制定智能辅助教学系统技术标准规范

目前，由于行业缺乏统一的技术标准要求，不同企业研制的教练车智能辅助教学系统的功能和技术性能差异较大，比如，不同系统支持的训练内容及其场景设计不同，此外，在遇前方障碍物、坡道后溜、学员误踩加速踏板等情况下，教练车智能辅助教学系统对学员的预警方式、预警功能启动条件以及相应的干预措施等均有所不同，安全保护效果也存在差异。学员对使用智能辅助教学系统进行训练时存在不好的体验，并提出了改进意见，比如“网络通信不佳，中途出现卡顿”“训练中，教学系统出现故障”“教练车的行车制动过于灵敏和频繁，紧急制动较多”和“远程监控人员教学反馈不及时”等。

3. 行业需要创建智能辅助教学系统应用政策基础

一些教练车智能辅助教学系统采用替代教练员组织教学的应用模式，即按平均每 3 辆教练车配置一名教练员在现场指导学员使用智能辅助教学系统进行训练。这种应用模式降低了驾培机构的培训成本，但存在以下法理问题：一方面相关法规规章规定学员训练时，教练员应随车指导，这种应用模式与前述规定存在冲突；另一方面在这种应用模式下发生训练安全事故时，事故原因分析和安全责任认定将变得复杂。

三 新能源与清洁能源教练车应用及存在的问题

（一）教练车电动化和清洁化发展现状

教练车作为驾培机构最主要的生产工具，其运行产生的燃油消耗是驾培机构运营的主要成本之一。近些年，在燃气价格相对较低的条件下，“油改气”的教练车运行消耗的燃气费用比燃油费用低，驾培机构为了降低车辆燃油消耗，节约车辆运行成本，在尝试教练车向电动化和清洁化方向发展，主要有以下三种方式。

（1）教练车“油改气”。“油改气”是通过改变教练车的燃料供给系统，将教练车由原来的燃油系统改装成压缩天然气燃料系统。虽然国家针对压缩天然气汽车和液化石油气汽车制定了国家标准《燃气汽车改装技术要求》（GB/T 18437），但由于部分企业对汽车实施油改气不够规范，存在安全隐患，同时，城市燃气供应能力对其使用具有较大的影响，因此，这种方式在主产气区或燃气使用便利的城市应用较多。

（2）教练车电动化改装。近年来，教练车的电动化改装主要有两种形式，一种是将车辆原有的发动机拆卸下来，然后安装使用蓄电池及电驱动系统，这种车辆可以在教练场内道路运行；另一种是安装使用交流电机替代车辆原有的发动机，并通过可伸缩电缆将教练车与高压电连接，通过高压电来驱动车辆运行，这种车辆受电缆连接的影响，运行区域受限，常用来进行场地内特定区域的专项训练。这类车常常是由老旧车辆改装而来，存在安全隐患。

（3）使用纯电动汽车。纯电动汽车是指以车载电源为动力，用电机驱动车轮行驶，符合机动车运行安全技术条件要求的汽车，主要搭载磷酸铁锂或三元锂电池。纯电动汽车目前具有较高的续驶里程，对环境友好、无污染物排放，近年来，逐渐被驾培机构所接受，具有较好的应用前景。

（二）存在的主要问题

驾培机构经营者对于选用电动汽车作为教练车均表示欢迎，但同时也提出电动汽车在行业推广应用存在以下三个方面的问题。

（1）教练车配置受考试车型配置影响。因当前驾驶证考试评判标准中涉及意外熄火、中途停车等车辆操控不当的扣分，且培训时教练员往往是教学员“看点”操作，因此，为了提高学员驾驶证考试通过率，驾培机构主要是根据当地考试场配置的考试车辆车型来配置教练车，即当地考试车辆用什么品牌、车型的车辆，驾培机构就配置什么品牌、车型的教练车。

（2）虽然电动汽车耗电成本低，但纯电动汽车的购置费用比燃油汽车高，且受充电设施安装使用、充电时间较长以及高温、低温条件下不利于电动汽车使用等的影响，电动汽车的工作效率相对要低。

(3) 教练车在场地驾驶训练和道路驾驶训练时经常处于低速运行状态，起步、制动停车等操作动作较多，而电动汽车在低速状态和车辆行驶速度不平稳状态下的耗电量较高，对其续驶里程有较大的影响。

基于上述原因，燃油汽车仍然是教练车的主要车型，燃气汽车在部分地区得到了应用，电动汽车在驾培行业的应用还处于探索阶段，有待相关鼓励性政策和技术支持给予保障。

第四节 驾培机构教学服务与管理

长期以来，驾培机构普遍采用的教学服务方式是建立在“一次性预付培训费”基础上的，2015 年以来，交通运输主管部门在驾培行业推广应用“先培训后付费”教学服务（以下简称先培后付教学服务）方式，得到了广大驾培机构的积极响应。本节分析了驾培机构的教学服务方式及流程、先培后付教学服务对驾培机构经营管理的影响，以及驾培行业推广先培后付教学服务的相关政策、推广应用效果和存在的问题。

一 驾培机构教学服务方式及流程

（一）“一次性预付培训费”教学服务流程

驾培机构采用“一次性预付培训费”的教学服务主要包括招生、培训组织和预约考试等环节，服务流程如图 3-5 所示。

(1) 驾培机构通过宣传招生，学员在报名时与驾培机构签订培训服务合同并一次性全额缴纳培训费用。

(2) 驾培机构为学员安排第一部分的理论培训，学员完成理论培训内容和学时后，预约科目一考试。

(3) 学员通过科目一考试后，驾培机构为学员指定教练员组织模拟驾驶训练和实车驾驶训练，学员先后完成教学大纲中第二部分至第四部分培训内容的学习，并通过科目二至科目三的考试，获得机动车驾驶证。

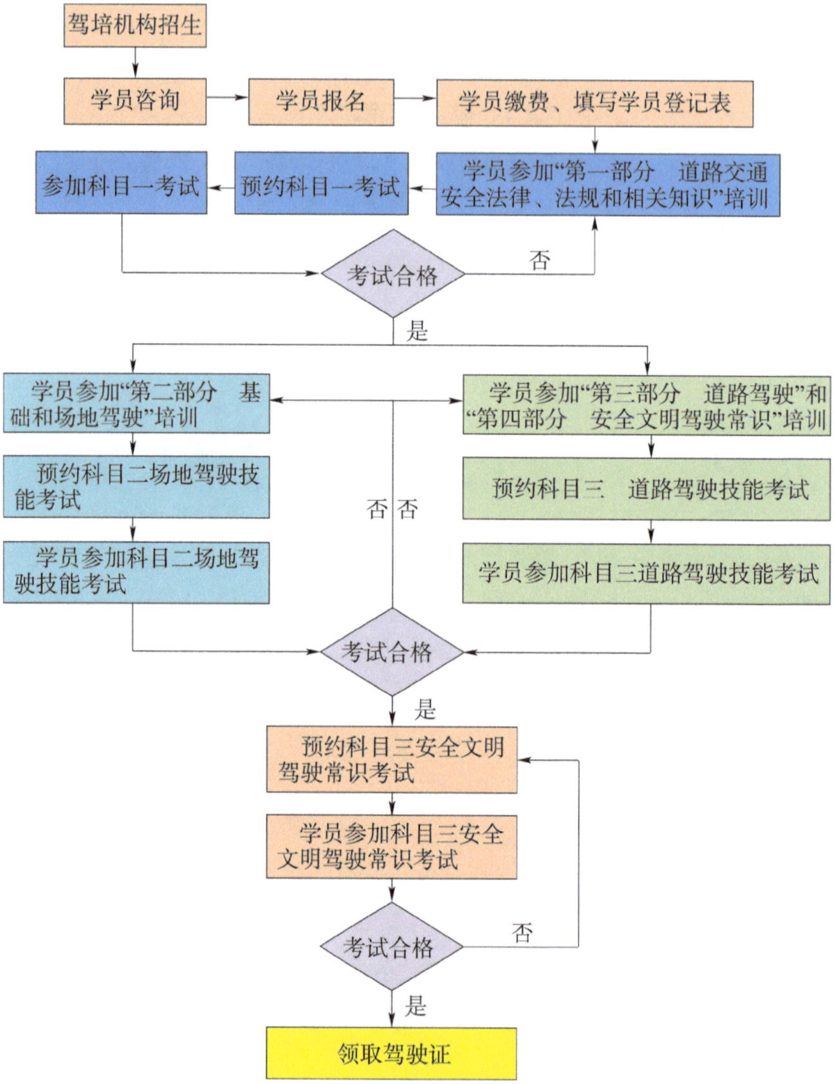

图 3-5　“一次性预付培训费”教学服务流程

图 3-5 展示了学员按照参加科目二考试和科目三考试的先后顺序完成培训的过程，在实践中，学员也可以集中完成第二至第四部分的培训内容后，再同时预约科目二和科目三的考试。

（二）先培后付教学服务流程

先培后付教学服务是驾培机构按照合同约定为学员提供计时培训服务

时，学员在每次完成实际训练内容后，对教练员的教学服务进行评价，对评价满意的培训学时按照合同约定的付费方式支付相应的培训费用的一种教学服务方式。驾培机构提供先培后付教学服务的特点是先培训后付费、分段计时收费、服务满意付费，其教学服务流程如图 3-6 所示。先培后付教学服务包括以下步骤。

（1）学员在报名时与驾培机构签订培训服务合同，向驾培机构或第三方缴纳基础培训费用（用于参加理论培训）。

（2）驾培机构为学员安排第一部分的理论培训，学员完成理论培训内容和学时后，预约科目一考试。

（3）学员通过科目一考试后，根据自身情况提前预约训练时间和教练员，驾培机构按照学员的预约情况安排教练员、教练车和训练区域，采用“一人一车一教练”的方式组织计时培训服务。学员在完成训练后，对教练员教学效果、服务水平等进行评价，评价满意才按照合同约定向驾培机构支付相应的培训费用。

（4）学员完成每个部分或全部培训内容和学时后，相应地预约考试。

二 先培后付教学服务对驾培机构经营管理的影响

（一）对驾培机构教学组织的影响

驾培机构提供“一次性预付培训费”教学服务，在实操训练组织方面普遍采用“一车多人”教学模式，部分驾培机构也会采用“一车一人”教学模式。驾培机构提供先培后付教学服务，在实操训练组织方面则完全采用“一车一人”教学模式。

两种教学服务都会采用“一车一人”教学模式，但在教学实践中会存在差异性。先培后付教学服务采取“训练后评价”，学员在每次训练结束后，学员对教练员的教学情况进行评价，如果对教练员的教学水平、服务态度等不满意，可以及时更换教练员，甚至拒绝支付相应的培训费用。而“一次性预付培训费”教学服务中，“训练后评价”往往被省略。因此，先培后付教学服务对教练员的教学服务要求更高，更有利于保障学员的自主选择权和监督权。

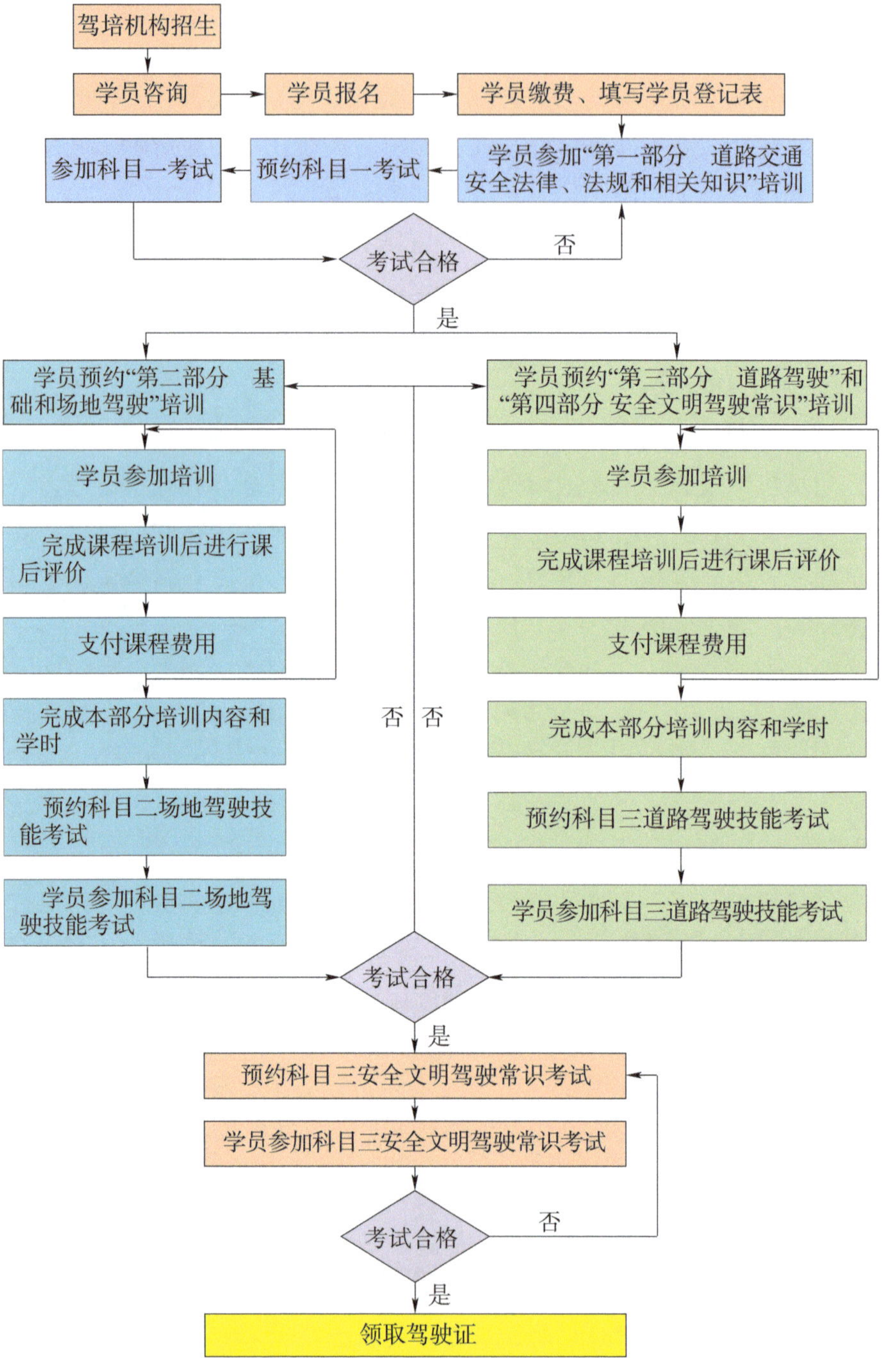

图 3-6　先培后付教学服务流程

（二）对驾培机构经营效益的影响

驾培机构经营效益主要从其经营收入和支出的平衡性来进行分析。公司化经营驾培机构的经营收入主要包括学员培训费、辅助性经营服务收入，比如餐饮、商店、娱乐、广告、投资等方面获得的辅助性经营收益，如图3-7所示。承包经营驾培机构的经营收入主要包括教练员缴纳的学员管理费（场地租用费）、辅助性经营服务收入。

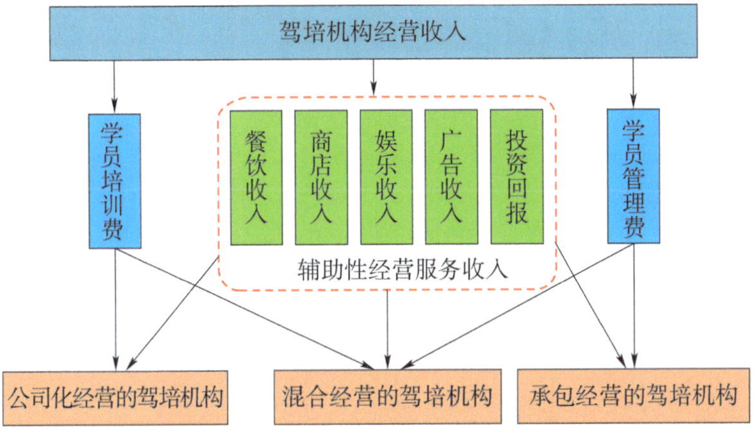

图3-7　驾培机构经营收入结构

公司化经营和混合经营的驾培机构的经营成本主要包括日常办公经费、教练车购置和使用费（含购置、保险、维护、检测、折旧等）、教学服务设施设备购置和使用费（含购置、维护、折旧等）、教练场地建设和使用费（含土地租赁、建设、维护等）等固定成本，还包括人力资源费（含雇员工资、福利等）、教学服务设施设备使用费（含车辆燃料消耗、教学服务设施设备耗电等）、市场营销费和税费、其他费用等可变成本，如图3-8所示。在承包经营的驾培机构中，人力资源费、教练车购置和使用费等均由教练员个人负担，因此，培训经营成本相比公司化经营驾培机构的成本要低。

公司化经营的驾培机构的培训经营成本中，人力资源费约占经营成本的35%，教练车购置与使用费约占经营成本的30%，场地建设和使用费约占经营成本的15%。需要说明的是，驾培机构的经营规模和管理水平以及其所在行政区域的经济发展水平不同，其各项成本的占比会存在差异。

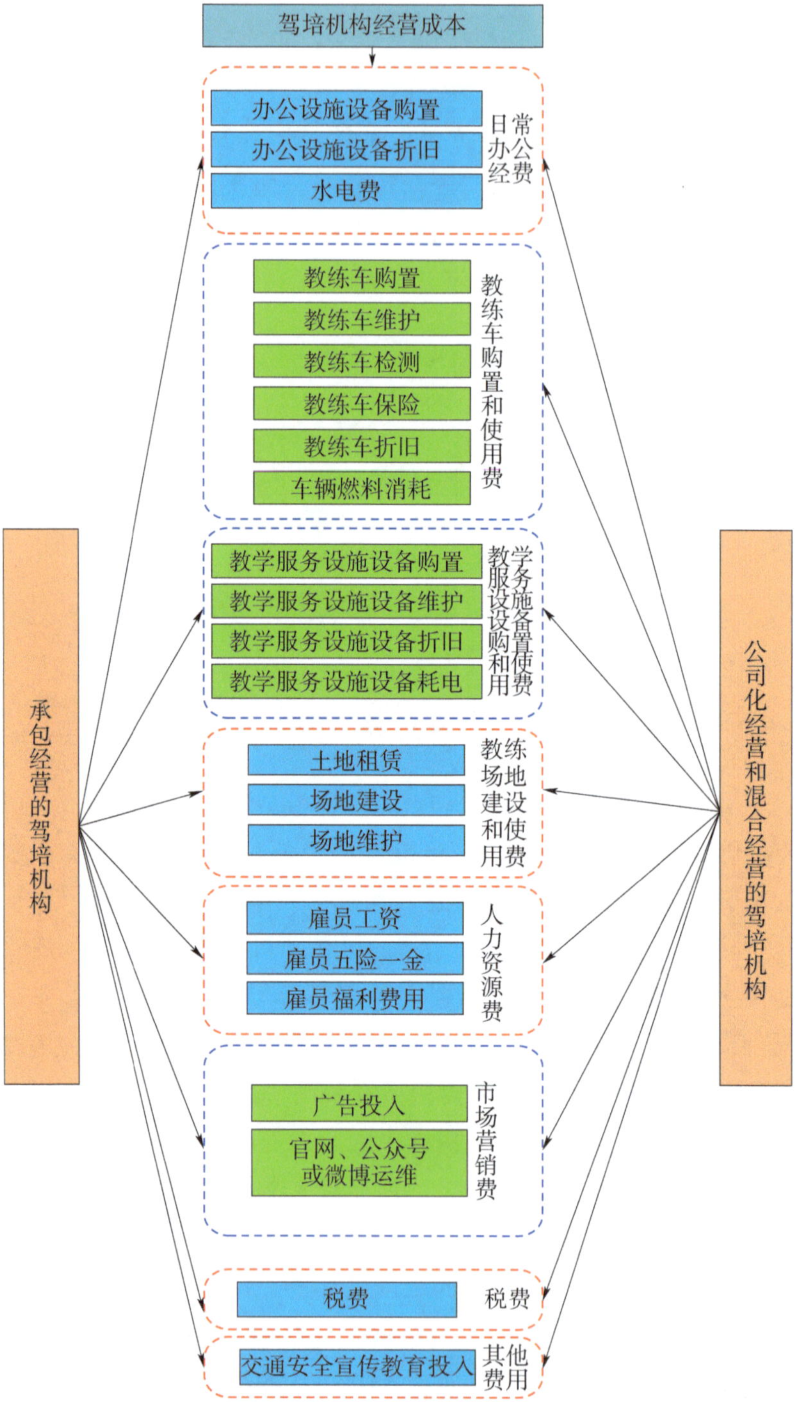

图 3-8　驾培机构经营成本结构

1. 对驾培机构经营收入的影响

驾培机构提供“一次性预付培训费”教学服务或者先培后付教学服务，其经营收入的结构基本相同，但经营收入额度存在不同。

（1）学员培训费收入。驾培机构提供“一次性预付培训费”教学服务，每位学员的培训费用固定，因此，驾培机构以“学员数量”作为效益产出的计算单位，关注报名和缴费学员人数。而驾培机构提供先培后付教学服务，是按照学员实际预约完成的培训学时计费，因此，驾培机构以“学时数量”为效益产出的计算单位，关注报名学员实际完成的培训学时数量。相比提供“一次性预付培训费”教学服务，驾培机构提供先培后付教学服务，如果对学员的培训收费保持相同，因“销售学时”面临着更大的挑战和困难，学员培训费收入可能会降低；但如果驾培机构因采用教学服务创新招徕更多的学员，且根据学员学习能力的不同实行因人而异的培训收费价格，其学员培训费收入可能会增长。因此，教学服务方式不同对学员培训费收入的影响存在着不确定性。

（2）驾培机构辅助性经营收入。驾培机构辅助性经营收入的影响主要体现在投资收益方面。提供“一次性预付培训费”教学服务，在学员源源不断的情况下，驾培机构能够获得较为充足的现金流，可以将其中的部分资金用于投资获得收益。提供先培后付教学服务，驾培机构按次或按学员完成的培训科目与学员结算培训费用，如果驾培机构在经营淡季期间培训学员人数较少或者教练车工作率较低时，容易出现收支失衡，现金流和投资收益会受到影响。

2. 对驾培机构经营支出的影响

驾培机构提供“一次性预付培训费”或者先培后付教学服务，其经营支出的结构基本相同，但经营支出额度存在以下四个方面的不同。

（1）日常办公经费。驾培机构提供先培后付教学服务，对学员的管理变得更加复杂，需要管理人员投入更多的精力，甚至配备更多的管理和服务人员来保障，因此，办公经费会适当增加。

（2）人力资源费。驾培机构提供先培后付教学服务，需要配备综合素质更高的教练员和管理人员，而且通常采用“一车一人”的教学组织模式（“一次性预付培训费”教学服务通常采用“一车多人”教学组织模式），教练员单个学时的劳动产出减少，劳动成本增加，在培训相同学员数量的条件下，驾培机构在人力资源费支出上会明显增加。

(3) 教练车购置和使用费。驾培机构提供先培后付教学服务，通常采用“一车一人”的教学组织模式，每一位学员接受实车训练的时间增加，在培训相同学员数量的条件下，车辆训练产生的燃料消耗费和车辆维护费等费用会明显增加。

(4) 教学服务设施设备购置和使用费。驾培机构提供先培后付教学服务，需要建设预约培训系统和计时培训系统，并进行系统的运行维护和管理，在信息化建设和运营等方面会加大投入。因此，驾培机构在教学服务设施设备购置和使用费上会适当增加。

综上所述，相比提供“一次性预付培训费”教学服务，驾培机构提供先培后付教学服务，其培训经营收入是否增加或下降存在不确定性，而在培训经营成本方面会有增加，在经营收入和支出方面的主要变化见表3-2。虽然驾培机构提供先培后付教学服务，在经营成本上存在劣势，但是教学服务创新会带来品牌效益，使得驾培机构的市场竞争力明显增强，更具可持续发展的前景。

驾培机构应用先培后付教学服务方式的经营收益变化情况　表3-2

收支项目类型		与“一次性预付培训费”教学服务方式比较
收入项		
学员培训费		增加或下降存在不确定性
辅助性经营服务收入		适当下降▼
支出项		
固定成本	日常办公经费	适当增加▲
	教练车购置和使用费	变化不明显
	教学服务设施设备购置和使用费	适当增加▲
	教练场地建设和使用费	变化不明显
可变成本	人力资源费	明显增加▲
	教练车燃料消耗费	明显增加▲
	市场营销费	变化不明显
	税费和其他费用	变化不明显

注：▼表示下降；▲表示增加。

（三）对驾培机构管理效能的影响

提供先培后付教学服务，学员从培训预约、签到签退、参加训练，到评价、缴费等一系列活动均需要驾培机构进行组织和管理，这破除了原来由教练员对学员进行直接管理的模式，教练员参与经营的程度被削弱，驾培机构的经营权得到进一步集中。驾培机构合理配置教学资源，对教练员、教练车和学员实行更加精细化的管理，可以促进驾培机构公司化、集约化经营管理水平的提升，有利于驾培机构经营管理主体责任的落实。

在公司化经营的驾培机构，教练员按规定完成好教学任务获得收入，其完成的教学任务数量或者培训的学员人数与收入成正比关系。先培后付教学服务会为教练员和驾培机构带来以下三个方面的影响。

（1）教练员的教学责任增加，而单个学时的劳动产出会减少，在培训收费不变的条件下，收入可能会降低。

（2）先培后付教学服务赋予了学员学驾过程中的自主选择权，对于在教学过程中教学和服务差、出现违规违纪的教练员，学员在下次预约时可以不选择该教练员，且学员对教练员的差评为其他学员的选择提供了借鉴，这样就慢慢形成了“差评教练员没人选，好评教练员很紧俏”的优选机制，给教学质量和服务质量不好的教练员带来压力。

（3）学员对教练员的评价结果会进一步向社会传导，使得准备学驾的社会群众提前了解服务或教学较差的驾培机构信息，造成质量差的驾培机构的生源变得越来越少，而培训服务质量好的驾培机构将会变得更有市场竞争力。

在采用承包经营的驾培机构中，教练员负责安排学员全过程的培训，其经营收入与培训学员的人数成正比关系。同时，培训成本直接与教练员的收益挂钩，培训成本越高，教练员的利润越低。驾培机构提供先培后付教学服务，学员完成一个学时或一部分的培训，向教练员支付相应的培训费用，使学员的学驾以“结果”为导向转变为以“过程”为导向。学员开始更多地关注学驾过程，关注在此次训练中学到什么知识和技能，以及教练员教授的内容和教学服务质量等情况。教练员通过低价招收学员，再通过压缩培训成本或者编造理由向学员额外收取费用或索要财物的局面将被打破。

综上所述，先培后付教学服务会对驾培机构经营管理产生以下影响。

（1）在教学组织上，驾培机构由实行“一车多人”调整为“一车一人”的个性化教学，学员可以自主选择教练员、培训学时和时段，享受个性化培训服务，体会到了热情、耐心和平等，有利于增强学员消费权益自我保护意识，保障学员合理消费权益，学员学驾舒心快乐。

（2）在经营管理上，学员对教练员教学情况进行评价，教练员的薪酬与学员的学时预约数量、满意度评价、考试通过率等因素挂钩，有利于强化学员的监督权，引导教练员自觉提升教学能力和服务水平，杜绝教练员向学员“吃、拿、卡、要”等不良现象。教练员与学员之间形成和谐的师生关系，相互尊重，也改善了教练员的职业心态，增强了职业荣誉感。

（3）在经营效益上，驾培机构效益产出的计算单位由“学员数量”调整为“学时数量”，经营者不仅要关注招收学员人数，而且还要关注教练车和教练员的实际工作率，有利于引导驾培机构经营者转变经营管理思路，更注重培训服务质量、诚信经营和人性化服务，打破驾培机构通过压缩学员培训时间提高经济效益的局面，增强驾培机构教学与管理的规范化水平。

三 先培后付教学服务推广应用政策及实施情况

（一）推广应用政策

2015 年 12 月，国务院办公厅转发了《公安部 交通运输部关于推进机动车驾驶人培训考试制度改革意见的通知》（国办发〔2015〕88 号），文件提出要改变驾培机构一次性预收全部培训费用的模式，推行计时培训计时收费、先培训后付费的服务措施；实行学员自主预约培训时段、自主选择教练员、自主选择缴费方式。这标志着首次从国家层面倡导在驾培行业推广应用先培后付教学服务。

2016 年 1 月，交通运输部联合公安部印发了《关于做好机动车驾驶人培训考试制度改革工作的通知》（公交管〔2016〕50 号），文件要求驾培机构要改变一次性预收全部培训费用的模式，实行先培训后付费的培训服务方式，并提供现金、银行卡和网上支付等多种支付方式，供学员自主选择。2016 年 9 月，交通运输部、国家工商行政管理总局联合制定了《机动车驾驶培训先培后付、计时收费模式服务合同（示范文本）》（交运发

〔2016〕164 号)，为驾培机构提供了规范的培训服务合同样本。

（二）推广应用总体情况

2012 年，上海市、江苏省等地率先在行业推广应用先培后付教学服务。2016 年以来，交通运输部连续三年将驾驶培训先培后付教学服务的推广应用列入年度更贴近民生实事任务，要求驾培机构改革传统单一的驾驶培训服务。据统计，2016 年年底，全国推行先培后付教学服务的驾培机构覆盖率达到 50% 以上；2017 年年底，全国推行先培后付教学服务的驾培机构覆盖率达 80% 以上；2018 年年底，全国推行先培后付教学服务的驾培机构达到 100%。

专栏 3-3 江苏省先培后付教学服务推广应用情况

自 2012 年以来，江苏省交通运输厅运输管理局在苏州、无锡、南京、昆山等地的驾培机构开始试点应用先培后付教学服务，推广学员自主预约、自主选择教练员和培训时段的服务方式，让学员主动参与监督培训过程，并逐渐形成了苏州“智慧驾培”、张家港“阳光 e 驾”、无锡“诚信乐驾”等系列服务品牌，学员满意度明显提高，普遍在 90% 以上，获得了良好的社会反响。截至 2018 年年底，江苏省 100% 的驾培机构能提供先培后付教学服务，选择先培后付教学服务的学员比例达到 20% 左右，无锡、徐州两地选择先培后付教学服务的学员比例分别为 42.79% 和 33.74%。

为了促进先培后付教学服务在江苏省驾培行业的推广应用，江苏省各级交通运输管理部门、行业协会主要采取了以下五个方面的做法。

（1）加强政策支持，强化部门协同。省交通运输厅运输管理局与省公安厅交警总队共同开展调研，联合发布《全省机动车驾驶人培训考试制度改革工作意见》（苏公通〔2016〕236 号）、《关于对全省推广预约培训、先培训后付费新服务模式工作进展情况的通报》（苏运人〔2016〕169 号）等相关文件，支持先培后付教学服务实施，对推广应用不到位的地市予以通报。无锡、徐州、苏州等地交通运输管理部门分别出台了《关于积极推进“预约培训、先培后付”经营模式和培育“诚信乐驾”服务品牌的通知》（锡交运管发〔2014〕98 号）、

《关于全面推进徐州驾培行业先培后付培训管理工作的实施意见》（徐运驾〔2015〕147号）、《苏州市“智慧驾培”模式基本规范（试行）》等文件，细化落实先培后付教学服务的推广应用。

（2）强化标准引领，规范先培后付教学服务发展。2017年5月，省交通运输厅运输管理局组织制定了地方标准《机动车驾驶培训先培后付服务规范》（DB32/T 3215—2017），对驾培机构提供先培后付教学服务的条件、服务环节、服务流程和服务内容、岗位服务规范等提出了要求，引领了江苏省先培后付教学服务的规范化发展。同年5月，省交通运输厅运输管理局还发布了地方标准《机动车驾驶员培训机构服务规范》（DB32/T 3216—2017），对驾驶培训报名咨询、缴费、教学、预约等岗位工作人员的服务行为和服务礼仪进行了规范。

（3）加强顶层设计，推进培训学时信息对接工作，做好保障。省交通运输厅运输管理局组织制定了地方标准《机动车驾驶培训智能化管理与服务系统　计时终端技术规范》（DB32/T 2721—2014）和《机动车驾驶培训智能化管理与服务系统　平台技术规范》（DB32/T 3386—2018），组织开发了“江苏省机动车驾驶培训智能化管理与服务系统”，要求驾培机构安装和使用智能化管理与服务系统以及车载计时终端设备，规范了驾培机构培训学时记录，实现了交通与公安两个部门间培训学时信息与考试预约的对接，为各地驾培机构推广应用先培后付教学服务奠定了很好的基础。

（4）加强监督检查，鼓励驾培机构品牌化发展。省交通运输厅运输管理局将驾培机构是否提供先培后付教学服务以及学员选择先培后付教学服务的情况作为驾培机构质量信誉考核的重要指标。驾培行业协会对驾培机构组织先培后付教学服务相关培训，让驾培机构从业者了解先培后付教学服务的内涵和要求，引导驾培机构加强培训服务品质竞争，走品牌发展道路。

（5）强化舆论引导，做好培训服务新模式的宣传。为了使学员充分了解先培后付教学服务的内涵和优势，省内各级交通运输行业管理部门利用互联网、手机App、期刊、报纸等多元化、立体化新闻媒体加强宣传，让学员充分理解先培后付教学服务对学员自主选择权、监督权等自身合法权益的保护作用。

截至2020年年底，全国81%的地区的驾培机构仍然为学员提供先培后付教学服务，其中，当地全部驾培机构均为学员提供先培后付教学服务的地区占36%，当地部分驾培机构为学员提供先培后付教学服务的地区占45%；另外有19%的地区的驾培机构未继续为学员提供先培后付教学服务。由此可见，全国驾培行业先培后付教学服务的推广应用相比2018年出现一定程度的倒退。

（三）不同地区推广应用先培后付教学服务的特征

各地行业管理部门和驾培机构对先培后付教学服务的理解和认识存在一定程度上的差异，且各地驾培行业存在不同的地域特点，因此各地驾培机构推行先培后付教学服务的形式存在相同点，也存在不同点。

1. 存在的相同点

在推行先培后付教学服务的过程中，各地驾培机构有着相同的特点：

（1）驾培机构采取逐步扩大范围的推广策略，首先选择少数教练车、教练员试点先培后付服务模式，待取得效果后，再逐步扩大范围；

（2）安装使用培训预约系统，支持学员自主选择教练员、自主预约学车时间和时段；

（3）安排经验丰富、学员评价高的教练员参与先培后付教学服务；

（4）对选择先培后付教学服务的学员采用“一人一车”培训服务模式；

（5）驾培机构与学员签订培训服务合同，在合同中约定学时单价以及各方的权利和义务等内容。

2. 存在的不同点

各地驾培机构推行先培后付教学服务的不同点主要体现在培训教学组织和学员付费等方面。

（1）培训教学组织方面。在应用先培后付教学服务时，一些驾培机构仍然沿用原有的培训教学组织方式，而另外一些驾培机构则在人员、教学设施设备和教学规范方面做出专门的调整，针对先培后付教学服务安排专门的教练车和教练员，开辟专门的训练场地，制定先培后付培训合同、教学计划和教案、培训服务规范等。

（2）学员付费方式方面。驾培机构为学员提供的付费方式主要有三种。

①“预缴全额费用”方式。报名时，学员一次性预存全部培训费用至

驾培机构的银行账户，驾培机构根据培训合同约定，依据学员每次完成的培训学时进行计费，并按次或者按学员通过一个考试科目向学员扣费。

②“预缴基础费用”方式。报名时，学员预先向驾培机构支付理论培训和模拟培训等费用；在实车训练时，由学员在每次训练结束后，根据完成的培训学时向驾培机构支付相应的费用。

③“预缴全额费用＋第三方托管”方式。报名时，学员一次性预存全部培训费用至第三方机构的银行账户，驾培机构依据学员每次完成的培训学时进行计费，第三方机构根据合同约定按次或者按学员通过一个考试科目向驾培机构付费。

在上述三种付费方式中，第二种付费方式给驾培机构带来的经营压力相对会更大，因此，选择第一种和第三种付费方式的驾培机构相对更多。

专栏 3-4 驾培机构应用先培后付教学服务的几个转变

现代管理学认为，科学化管理分为三个层次：第一个层次是规范化，第二个层次是精细化，第三个层次是个性化。先培后付教学服务充分体现了上述三个层次，即在教学中注重规范化，确保不同教练员掌握规范、统一的教学标准；在管理中要求精细化，确保信息透明、共享，每个环节紧密衔接；在服务中做到个性化，因人施教满足学员多元化、个性化学驾需求。

提供先培后付教学服务，驾培机构经营者需要在以下四个方面进行转变。

（1）树立“以学员为本”的经营理念。调整和转变自己的经营理念和经营思路，以适应社会发展的需求。树立学员是“消费者”、驾培机构是“驾培服务供应者”的正确观念，充分认识到驾培行业的本质是服务，服务的本质是质量，质量是品牌建设的基础。要充分重视学员的主体地位，打造支撑“人性化”服务的管理与服务体系。同时，调整教练员薪酬体系，改变传统模式下单纯以教练员招生数量、考试通过率为考核指标，采用“基本工资＋绩效工资”的激励机制，绩效工资以完成培训学时数量、培训质量和学员满意度等为测算指标，按照相应比例综合构成。

（2）建立包括教学计划和教案在内的科学规范的教学体系以及模块化的课程设计，提升教练员的规范化教学能力，使教学更规范、服务更精细、学员更满意。

（3）建设优质教练员队伍。教练员是教学者，也是驾培机构各项服务产品导入学员群体最直接的渠道。要让教练员充分认知自己不仅是一名老师，也是一名服务提供者，还是驾培机构品牌的宣传员。某地区80多家驾培机构招收学员的途径如下：由朋友介绍的学员占该驾培机构招生量的比例，规模较大的驾培机构为80%，中等规模的驾培机构为85%，规模较小的驾培机构为90%以上。可见，建设优质的教练员队伍，服务好每一位学员，能够让驾培机构在社会上树立良好的口碑和形象，能够提升驾培机构的市场竞争力。

（4）改善教学设施设备和教学环境。比如，更新教学设施设备，尤其是更新老旧的教练车，同时改善学员就餐、卫生设施等生活条件，设立学员休息室和训练场地遮雨棚，给学员提供一个快乐舒心的学驾体验。

四 存在的主要问题

近年来，各地驾培行业管理部门、驾培机构都在致力于推广先培后付教学服务新方式，取得了一定的效果，但在推广应用过程中仍然存在一些需要解决的问题，使得先培后付教学服务推广应用工作目前出现“叫好不叫座”的局面。

（一）驾培行业从业者对先培后付教学服务的认识不统一

一些经营理念先进的驾培机构经营者认为先培后付教学服务有利于强化企业对教练员的管理、塑造驾培机构良好的口碑，而一些经营理念传统的驾培机构经营者持观望态度。分析其原因，主要包括以下四个方面。

（1）先培后付教学服务对驾培行业既有的利益模式形成了挑战。一方面，先培后付教学服务增加了培训经营成本，同时对驾培机构获得持续、稳定的现金流带来影响；另一方面，该服务模式打破了教练员靠违规手段获取经济效益的局面。

(2) 驾培机构经营者普遍短视，仅仅看到了先培后付教学服务带来了企业培训经营成本的增加、教练员抵触情绪大等表象，而没有看到这种教学服务方式在促进企业转型升级、提升品牌溢出效应方面所发挥的作用。

(3) 部分行业管理人员对推行先培后付教学服务引导驾培行业健康发展的作用认识不足，片面地认为缺乏上位法依据，缺少配套政策，推行先培后付教学服务是驾培机构自己的事情，政府不适合干预，且在部分驾培机构从业者有抵触情绪时，工作上有畏难情绪。

(4) 缺乏配套政策保障。部分地市交通运输部门与公安部门之间对于培训学时信息与考试预约对接工作不顺畅，公安部门在约考环节不需要学员的培训学时信息，使得驾培机构培训组织越规范、经营成本越高，其市场竞争的劣势越明显，导致很多驾培机构经营者注重眼前利益。

(二) 规模小和收费低的驾培机构推广应用的积极性不足

2018 年，江苏省驾培机构在推广应用先培后付教学服务中，规模小和收费低的驾培机构推广应用的积极性不足，具体表现及原因如下。

(1) 在实施先培后付教学服务的各级驾培机构中，一级和二级驾培机构实施先培后付教学服务的覆盖率比较高，三级驾培机构实施先培后付教学服务的覆盖率较低，造成这种现象的原因主要是：①相对传统的培训服务，先培后付教学服务的培训经营成本更高；②经营规模较大的驾培机构的经营者的经营理念和管理思路相对开放，能用长远的目光看待驾培经营，而经营规模较小的驾培机构多为家族式企业或是采用承包经营，在先培后付教学服务的实施中，受到的阻力较多。

(2) 培训收费价格较高（如苏州市驾培机构收费在 5000 元左右）的驾培机构比培训收费低（如苏北地区驾培机构收费在 2500 元左右）的驾培机构，推行先培后付教学服务的积极性和效果更好。其原因是先培后付教学服务的培训经营成本高，培训收费低的地区，先培后付教学服务影响驾培机构的经济效益。如果学员培训费用增加，驾培机构和学员均不愿意接受。

(三) 学员对先培后付教学服务的选用率低于预期

目前，从全国先培后付教学服务的推广应用来看，学员在参加驾驶训练中实际选用先培后付教学服务的比率很低，全国的平均水平不足 5%，江苏和浙江等地区的平均水平也仅在20%左右。先培后付教学服务可以赋予学员更多的学驾主导权，扭转学员在学驾过程中的弱势地位，但并没有得到学员的青睐。其原因主要有以下三个方面。

（1）驾培机构培训品质没有明显改善。推广应用先培后付教学服务，不仅需要驾培机构转变收费方式，而且更为重要的是要调整教学组织方式和采用规范化教学，然而目前缺乏相应的指导性政策，尤其是没有统一的先培后付服务认定标准，致使采取先培后付教学服务的驾培机构在教学要求、训练方式方面仍然延续应试教学，没有质的提升。

（2）相对于一次性付费而言，选择先培后付教学服务会延长学员的培训周期，增加学员的培训费用且采用计时收费较为繁琐，在培训效果没有质的提升的前提下，学员降低了选择先培后付教学服务的意愿。

（3）社会宣传不足，一些学员对先培后付教学服务的优势认识不足，仍然片面地认为一次性付费、由教练员直接安排训练更为方便。

2018年，江苏省驾培机构普遍为学员提供了先培后付教学服务，在选择先培后付教学服务的学员中，20～40岁的学员尤其是20～25岁的学员占比最高，超过30%；女性学员占比超过50%，略高于男性学员。其原因为女性学员期望在学驾过程中受到尊重，接受更好的服务，选择先培后付教学服务正好响应了女性学员的这种学驾需求。

为持续推进先培后付教学服务在行业的应用，行业内受访者认为应当采取以下措施（如图3-9所示）：

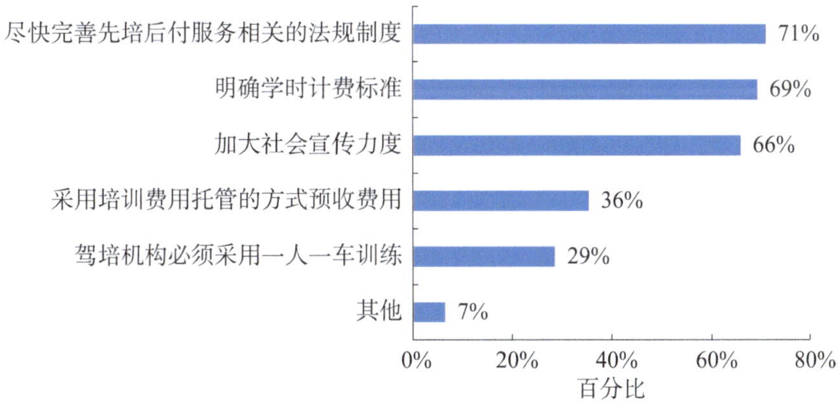

图3-9 受访者对推广应用先培后付教学服务的措施建议

（1）71% 的受访者表示应尽快完善先培后付服务相关的法规制度；

（2）69% 的受访者表示驾培机构培训收费应进一步市场化，采用按学时计费的方式，并明确学时计费标准；

（3）66% 的受访者表示应加大先培后付培训服务方式的社会宣传力度，让更多人了解；

（4）36% 的受访者表示应采用培训费用托管的方式预收费用，防范企业经营风险，为学员和驾培机构双方提供有效保障；

（5）29% 的受访者表示驾培机构必须采用一人一车进行训练。

第四章

国外驾培行业教学与管理现状及经验

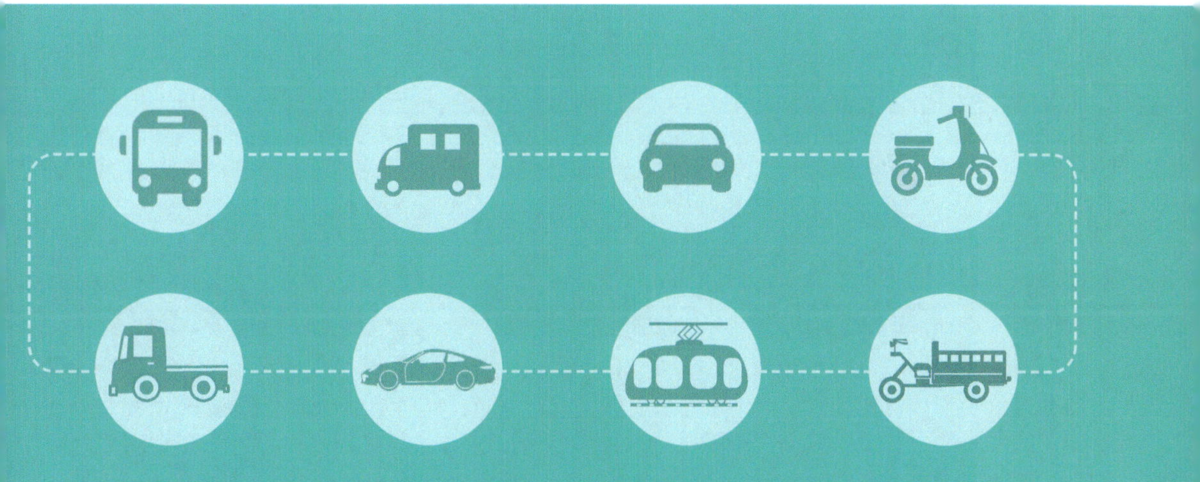

德国、美国、日本、英国等发达国家的道路交通事故发生率和事故死亡率较低，道路交通安全水平较高，其中完善的驾培行业管理法律法规体系起到了重要的支撑作用。本章梳理分析了典型发达国家的驾培行业管理体系、驾驶培训教学与考试标准及其实施情况、从业人员素质培训与管理、教学新技术应用等行业发展现状，总结了这些典型发达国家驾培行业的管理经验，为我国驾培行业发展战略选择提供借鉴。

第一节 国外驾培行业管理体系

德国、美国、日本等发达国家普遍对驾培行业管理建立了较为完善的法律法规，政府部门依据法规对驾培机构的培训经营情况实施监督和检查，形成了市场准入、过程监督和市场退出的闭环管理体系。本节阐述了典型发达国家的驾培行业管理法规和管理机制。

一 国外驾培行业管理体制

（一）德国

德国对机动车驾驶员实行分类管理，分为普通机动车驾驶员和商用车驾驶员两类，普通机动车驾驶员培训分为初学和增驾两个递进的阶段。德国将机动车准驾车型分为摩托车类（A级、A1级、M级、S级）、小型汽车类（B级、B+E级）、货车类（C级、C+E级、C1级、C1+E级）、客车类（D级、D+E级、D1级、D1+E级）、农用拖拉机类（L级、T级）等5大类16种车型。其中，初学驾驶学员只允许申请摩托车类、小型汽车类和农用拖拉机类准驾车型驾驶证，货车和客车类准驾车型驾驶证则需要学员参加增驾培训并通过考试才能取得。

德国针对商用车驾驶员建立了从业资格管理制度，申请从事道路客货运输职业的驾驶员，获得相应的驾驶证后，还需要到专业机构和运输企业接受职业培训，通过从业资格考试，获得从业资格证，并定期接受继续教育。

德国的机动车驾驶员培训管理涉及驾培机构、第三方机构、道路运输企业和交通管理部门，培训管理体制如图 4-1 所示，各单位的职责如下。

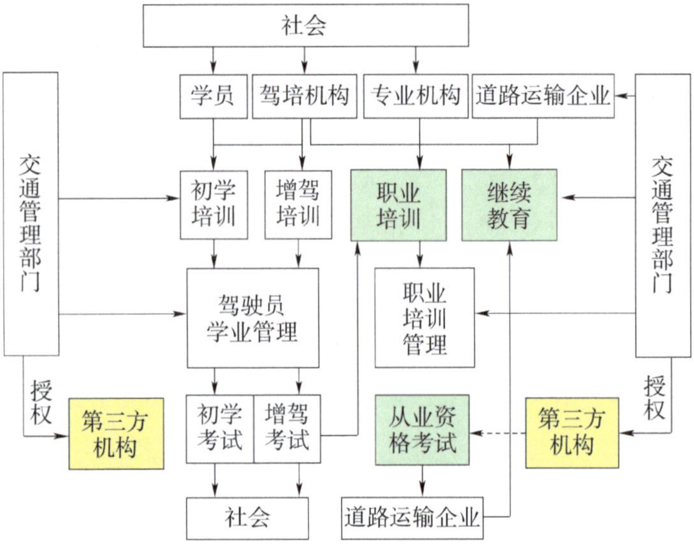

图 4-1　德国机动车驾驶员培训管理体制

（1）交通管理部门的权责。在德国，驾驶培训、考试与管理统一由交通管理部门负责。联邦交通、建设和住房部是最高的驾驶培训、考试管理政府部门，各州政府分别设有相应的驾驶培训管理机构。交通管理部门对驾培机构的培训过程、培训质量实施监督，对通过考试的学员核发机动车驾驶证或从业资格证。

（2）驾培机构的权责。经交通管理部门许可，驾培机构作为培训主体，以各自独立的经济实体形式参与驾驶培训经营活动，组织开展初学驾驶培训、增加准驾车型驾驶培训。此外，具有 C + E 级、D + E 级准驾车型驾驶员培训资格的驾培机构，还可以组织道路客货运输驾驶员从业资格培训和继续教育。

（3）第三方机构的权责。经交通管理部门许可，第三方专业机构可以组织道路客货运输驾驶员从业资格培训和继续教育。并经交通管理部门授权，第三方专业机构（如德国工商联合会）依法组织机动车驾驶员考试。

（4）道路运输企业的权责。道路运输企业常常会联合驾培机构、第三方专业机构为其聘用的驾驶员组织从业资格培训和继续教育。

（二）美国

在美国，机动车驾驶证分为非商用车驾驶证和商用车驾驶证两大类。政府部门根据车辆额定总质量和载质量的不同，将非商用车驾驶证分为汽车列车（D级，总重不超过4600kg的挂车）、客车（C级）、校车（E级，载客数不超过24人）、摩托车（M级）等4种类型，将商用车驾驶证分为汽车列车（A级）、校车（B级）、客车（C级）等3种类型。对于拖挂两节或三节挂车的汽车列车（T类）、客车（P类）、罐式车（N类）、危险品运输车（H类）、校车（S类）等特殊用途的商用车，驾驶员除参加基本的商用车驾驶证考试外，还需要参加特别的驾驶许可考试。

美国的机动车驾驶员培训管理主要涉及驾培机构、第三方机构、道路运输企业、交通管理部门，培训管理体制如图4-2所示，各个单位的职责如下。

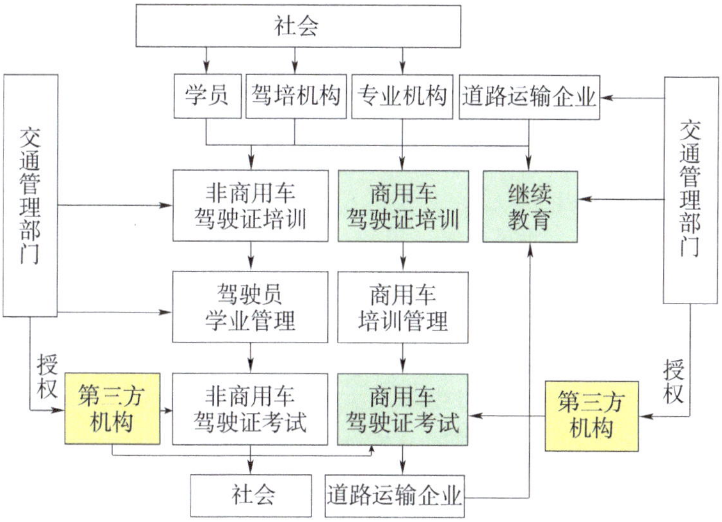

图4-2　美国机动车驾驶员培训管理体制

（1）交通管理部门的权责。在美国，驾驶培训、考试与管理统一由一个部门负责，美国联邦公路局是最高的管理机构，各州政府机动车管理局是各地方政府具体的管理机构。交通管理部门对驾培机构的培训过程、培训质量进行监督，对通过驾驶证考试的学员核发相应的社会车辆或商用车驾驶证。美国联邦政府及州政府共同对道路客货运输驾驶员实施管理，其中，美国联邦公路局负责建立驾驶员职业资格考试与许可的最低标准，各州政府管理机构——机动车管理局在联邦政府法规要求的基础上，拟定本区域的驾驶员职业资格管理规定，并具体负责驾驶员职业资格管理工作。

(2) 驾培机构的权责。经交通管理部门许可，驾培机构作为培训主体，以独立的经济实体形式开展培训经营活动，组织开展非商用车驾驶学员培训和商用车驾驶学员培训。

(3) 第三方机构的权责。符合相关驾驶员考试资格条件后，经交通管理部门授权，第三方机构可以开展非商用车驾驶学员和商用车驾驶学员的考试组织工作。

(4) 道路运输企业的权责。道路运输企业对聘用的驾驶员进行继续教育，受交通管理部门委托，还可以组织商用车驾驶证考试。

(三) 日本

根据日本《道路交通法》的规定，机动车驾驶证按照所驾车辆的类型及驾驶目的等，分为第一种驾驶证和第二种驾驶证。

(1) 第一种驾驶证适用于驾驶私家车、载货汽车，或者从事道路货物运输活动，第二种驾驶证适用于驾驶公共汽车、营运客车、出租汽车等以旅客运输为目的的车辆，或者从事代驾业务。

(2) 根据机动车的车型分类，机动车驾驶证可进一步分类。第一种驾驶证分为大型机动车、中型机动车、普通机动车、大型特殊用途车辆、大型自动二轮车辆、普通自动二轮车辆、小型特殊用途车辆、带动力装置的自行车、牵引车；第二种驾驶证分为大型机动车、中型机动车、普通机动车、大型特殊用途车辆、牵引车。对于大型特殊用途车辆第二种驾驶证以及牵引车第二种驾驶证，在《道路交通法施行规则》中没有相关培训的规定，因此，指定驾培机构没有相关的驾驶培训和技能考试业务，这两种驾驶证的申领人员必须参加政府部门举行的技能考试。上述其他类型的驾驶证均可通过在指定驾培机构接受培训并通过技能考试获得。

日本机动车驾驶培训与考试有关的管理业务均由国家公安委员会一个部门来负责。国家公安委员会是主管全国警察业务的最高机构，下设警察厅，其内设的交管局专门设置驾驶证科，负责指导全国的机动车驾驶培训与考试业务，包括驾培机构的许可和管理、对教练员和技能考试员（结业考核员）的资格管理、考试场管理、驾驶证考试与发放的管理等。都道府县（日本47个省级地方政府的统称）设置公安委员会，下设交通管理部门负责辖区内的机动车驾驶培训与考试业务。

二 国外驾驶培训管理法规政策

（一）德国

在道路交通安全管理方面，德国针对道路交通安全、机动车驾驶员培训管理、道路运输驾驶员职业培训、教练员管理等建立了较为完善的法律法规体系，主要包括：

（1）针对道路交通安全管理，颁布实施了《道路交通通行规则》；

（2）针对驾驶许可和机动车登记管理，颁布实施了《道路交通法》《机动车驾驶员许可条例》《机动车上道路行驶许可条例》；

（3）针对驾培机构资格条件与培训管理，颁布实施了《机动车驾驶员培训规定》；

（4）针对教练员的资格条件管理，颁布实施了《驾驶教练员法》；

（5）针对道路客货运输驾驶员管理，颁布实施了《道路客货运输驾驶员职业培训管理条例》《道路客货运输驾驶员从业资格管理规定》等法规。

在德国申请开展机动车驾驶员培训经营业务，应当具备以下四个方面的条件：

（1）驾培机构或其分培训点中，只允许在固定的建筑物中授课；

（2）教学场地的最小面积为25m^2，且必须保证学员的学习工位面积、房屋高度、照明、通风和保暖等条件；

（3）经营场所必须具备教学教具和可视化教具，保障理论课程教学；

（4）应具备教练车，部分车型的教练车还应配备无线电通信系统和安全保护装置。

（二）美国

在道路交通安全管理方面，美国具有较为完善的法律法规体系，主要有：

（1）针对道路交通安全管理，颁布实施了《道路交通安全法令》，此外，针对道路运输车辆还制定了《商用机动车安全法令》《商用机动车驾驶规则》等；

（2）针对驾驶许可和机动车登记管理，颁布实施了《机动车驾驶员技能要求》《商用车驾驶证资格要求和处罚规则》《特殊驾驶训练要求》等；

（3）针对驾培机构和教练员的资格条件管理，颁布实施了《驾培机构资格标准》《商用车驾培机构资格标准》等。

美国不同州政府对在本区域内申请从事机动车驾驶员培训业务设立不同的条件要求，具体见表4-1。

美国不同州政府有关驾驶员培训业务条件的要求　　表4-1

州名称	序号	驾驶员培训业务条件要求
纽约州	1	必须有一个批准的营业地点，这个营业地点要满足以下要求： ①是一个向公众开放的办公室； ②办公场所的面积至少有50平方英尺（约4.65m^2）；如果办公场所与教室合用的，以最大空间容量10名学生，即场所面积相应为200平方英尺（约18.58m^2）为基础计算，每增加一名学生相应增加20平方英尺（约1.86m^2），同时，每个班不超过36名学生； ③有培训收费信息公示牌； ④距离机动车管理局办公室或考试道路至少1500英尺（约457m）
	2	至少有一名经过认证的教练员，且教练员至少有1000h的实车驾驶教学经验
	3	驾培机构提供5h的驾驶证预许可课程，学校必须有相应的教室和教练员
	4	有用于培训或考试的车辆，且必须将培训或考试车辆信息向机动车管理局进行备案；每辆车必须配备“学习驾驶员”标志，以及具备教练员使用的副制动踏板和副后视镜
	5	必须将所有非教学工作人员的个人履历表向机动车管理局进行备案
加利福尼亚州	1	按规定填写驾驶培训业务申请表格
	2	有符合法规要求、面向公众开放的驾驶员培训业务办公室
	3	具备“驾培机构运营者”资格条件或有一个具有相应资格的雇员
	4	每名教练员都要有符合加州劳工法典CVC § 3700的合规证书
	5	提交每辆教练车的安全检查报告

续上表

州名称	序号	驾驶员培训业务条件要求
加利福尼亚州	6	提交满足 CVC § 11103 法规要求的人身伤害、车险等的保险证书
	7	向政府部门支付许可费用，按照 CVC § 11102 要求提交 10000 美元的担保金

（三）日本

机动车驾驶培训与考试相关的法律法规主要包括：《道路交通法》《道路交通法施行令》《道路交通法施行规则》《与驾培机构教学标准相关的规则》《关于技能考试员审查等的规则》等。

日本的驾培机构分为指定驾培机构（经公安委员会认定的驾培机构）与非指定驾培机构（未经公安委员会认定的驾培机构）两大类。非指定驾培机构又分为在公安委员会登记备案的驾培机构和没有在公安委员会登记备案的驾培机构。指定驾培机构应当具备以下条件：

（1）驾培机构负责人必须有 3 年以上道路交通相关业务法人管理经验，且具有管理驾培机构所需的知识和能力；

（2）有具体的名称、地址；

（3）根据学员数量配备教练员、技能考试员以及其他管理与服务人员，教练员和技能考试员须相应地持有公安委员会颁发的教练员证或技能考试员证；

（4）具有理论教学所需要的教室、教学设备、驾驶模拟器、适宜性检测设备、应急救护设备及其他设施设备等；

（5）根据培训业务配备相应的教练车；

（6）具有面积在 $8000m^2$ 以上的训练场地，明确训练路线、场内鉴定路线、道路鉴定路线；

（7）具有培训教材，包括理论知识教材、技能训练教材和紧急救护处置知识培训教材；

（8）每种车型必须连续培养出 10 名一次性考试合格的学员。

三 国外驾培市场退出管理制度

驾培机构通过培训业务经营许可后，各国政府部门会对驾培机构开展定期检查，根据其经营条件或培训质量等情况实施市场退出管理。

（一）美国纽约州

在美国纽约州，机动车管理局的工作人员会定期对驾培机构进行检查和审核，以确保驾培机构满足经营条件，并遵守法律法规规定。机动车管理局的工作人员发现以下任何情形时，可以依法做出暂停、撤销许可证或拒绝续签等处罚决定：

（1）被许可人或该持证人的任何合伙人、高级人员、代理人或雇员有犯罪记录的或任何涉及暴力、不诚信、欺骗、猥亵、堕落或道德败坏的罪行记录的；

（2）持证人作出重大虚假陈述或隐瞒与其申请证照或续期有关的重大事实的；

（3）持证人没有遵循驾培机构许可的任何法规条文规定，或没有遵循管理机构根据该条文制定的任何规则及规例的；

（4）持证人及其合伙人、高级人员、代理人或雇员开展驾驶培训业务时，犯欺诈行为，或诱使他人采用欺诈行为的罪行为自己或他人获取驾驶证的。

（二）日本

在日本，指定驾培机构出现以下情形时，公安委员会根据《道路交通法》相应作出在一定期间内停业整改、在一定期间内暂停使用教练车和接送车辆或取消指定驾培机构资格等处罚：

（1）教练车或通勤车等公车私用（训练目的以外）的；

（2）不按规定的培训内容和学时组织培训的；

（3）聘用的教练员或职员存在酒后驾驶、违反交通法规、造成人员伤亡的责任事故的；

（4）技能考试时存在作弊、泄露考题等不正当或虚假行为的。

日本都道府县官网每年会公开辖区内指定驾培机构的毕业学员事故率、违法率等信息，毕业学员事故率、违法率高的驾培机构，将被取消指定驾培机构资格。

四 国外驾培行业管理经验

综上所述，德国、美国和日本在驾培行业管理方面有以下经验值得借鉴。

（1）机动车驾驶员培训管理法规政策体系健全。在德国、美国和日本，机动车驾驶员和道路运输驾驶员的培训、考试及管理均由一个政府部门来负责实施，且都针对道路交通安全、驾驶培训管理、教练员管理等方面建立了较为完善的法律法规体系，形成了驾培业务许可、过程监督和市场退出的闭环管理体系。

（2）实行分类培训、分类管理。德国、美国和日本对普通机动车和商用车实行分类培训管理，对道路运输驾驶员建立了从业资格管理制度。在培训管理中，能够充分发挥政府、驾培机构、专业机构和道路运输企业各相关方的作用。在道路运输驾驶员从业资格培训和继续教育中，让道路运输企业参与，充分发挥道路运输企业的作用。

（3）围绕质量目标设定合理的驾驶培训业务条件。在驾驶培训业务条件方面，这些国家的政策注重驾培机构的综合能力及培训质量的保障能力。德国和美国的驾驶操作训练均在实际道路上完成，因此，驾驶培训业务条件主要包括驾培机构负责人、教练员、经营场所、教室及教学设备、教练车等方面的条件要求。日本的驾驶操作训练包括场内驾驶训练和实际道路驾驶训练，且政府部门认可指定驾培机构组织的驾驶技能考试结果，因此，驾驶培训业务条件除上述条件外，还包括技能考试员、教练场地等条件要求。

第二节　国外驾驶培训教学与考试标准及实施情况

德国、日本等国家根据不同准驾车型的驾驶技能需求，制定了培训教学与考试标准，明确了学员的培训内容和培训学时，可以为我国驾驶培训教学大纲与考试标准的编制提供参考。本节系统地介绍了典型发达国家政府制定的培训教学大纲和驾驶证考试标准。

一　国外驾驶培训教学大纲与实施情况

（一）德国

德国政府发布实施了《机动车驾驶员培训规定》，文件规定了不同车型的驾驶培训内容与培训学时要求，驾驶培训教学包括理论教学和驾驶操作训练。

1. 理论教学

在德国，各种准驾车型理论教学的通用培训内容包括驾驶常识、道路交通法规、交通安全知识、车辆性能与操作、车辆安全装置等；在学习通用知识的基础上，C级车型（货车）、C+E级车型（汽车列车）学员还需要学习货物装载有关规定、货物装载与固定、货物装载检查、运输路线规划等专业知识，D级车型（客车）、D+E级车型（客车带拖车）学员还需要学习道路旅客运输法规、紧急情况与交通事故中保护乘客安全的应急处置方法、运输路线规划等专业知识。初次申请B级车型（小型汽车）驾驶证的，理论培训学时为14个双学时（每个双学时的时间为90min，下同）；由B级车型（小型汽车）申请增加C级车型（货车）时，理论培训学时为10个双学时；由B级车型（小型汽车）申请增加D级车型（客车）时，理论培训学时为18个双学时。具体教学内容见表4-2。

德国驾驶培训理论教学内容　　表4-2

序号	教学项目	教学内容	
1	安全节能驾驶常识	人因风险	疾病和身体缺陷、不集中注意力、酒精、毒品和药品、疲劳等不良生理心理状态对安全驾驶的危害、影响及预防知识；汽车、行人、骑自行车人等不同交通参与者的交通行为特征
		交通安全心理	对机动车、驾驶和道路交通的认知和态度；驾驶员的情绪对安全行车的影响；典型交通冲突及交通冲突中的情绪控制；驾驶员驾驶风格与安全风险的自我认知
		速度、距离和节能环保驾驶	限速规定；不同道路条件、交通状况和天气条件下的速度控制；安全距离；节能驾驶方法；避免制造环境噪声
		车辆灯光使用	近光灯、远光灯、雾灯等的使用方法
		安全驾驶	起步、汇入车流、转弯、变更车道、超车、会车、倒车、掉头等情形下的典型危险与安全驾驶方法

续上表

序号	教学项目	教学内容	
1	安全节能驾驶常识	停车与牵引故障车	禁止停车的规定；安全停车；夜间停车时的灯光使用；牵引故障车安全行驶
		交通事故处理	交通事故中的乘员保护与伤员救助
		通过学习保障交通安全	新手、年轻驾驶员和老龄驾驶员的危险因素；安全培训；终身学习
2	道路交通法律法规	机动车管理与驾驶证管理	机动车注册、登记；机动车安全技术检验；机动车保险；机动车驾驶证管理
		道路通行规则	一般道路、高速公路、铁路道口等条件下的通行规则
		道路交通标志标线	道路交通标志标线的含义
		优先通行权	交通信号灯、交通警察指挥条件下的通行规则；优先通行权的规定
		交通违法行为处罚	违法驾驶行为的处罚类型及处罚规定；记分制
3	机动车基本知识	车辆安全装置	车辆主动安全和被动安全装置
		车辆检查与维护	车辆安全检查；车辆制动装置与制动效能测试；轮胎花纹、气压检查与轮胎更换；车辆发动机、转向盘、灯光装置及其维护
		汽车运动力学常识	汽车行驶中车轮的受力、车辆重心
		载客和载货安全	儿童安全座椅的正确使用；车辆载货质量、尺寸及货物固定
		牵引车驾驶	车辆制动装置；牵引车与挂车的连接与分离；速度控制，灯光使用
4	道路运输知识*	旅客运输知识	运输路线规划；驾驶员工作时间与休息时间规定；旅客运输法律法规
		货物运输知识	货物装载的有关规定；货物装卸工具；货物装载与固定，货物装载检查

* 道路运输知识只针对申领客车类或货车类准驾车型的学员补充学习。

2. 驾驶操作训练

初次申请B级车型（小型汽车）驾驶培训的，驾驶操作训练共16个双学时，全部安排在实际道路上训练，其中包括10个双学时的城市内道路驾驶训练以及6个双学时的高速公路驾驶训练、州际公路长途驾驶训练和夜间驾驶训练（州际道路、高速公路训练各占一半的时间）。由B级车型（小型汽车）申请增加C级车型（货车）时，驾驶操作训练学时为10个双学时，其中，长途驾驶训练5个双学时、高速公路训练2个双学时、夜间驾驶训练3个双学时；持有B级车型（小型汽车）驾驶证超过2年后申请增加D级车型（客车）时，驾驶操作训练学时为58个双学时，其中，基础培训33个双学时、长途驾驶训练12个双学时、高速公路训练8个双学时、夜间驾驶训练5个双学时。具体教学内容见表4-3。

德国实操驾驶训练内容　　表4-3

序号	教学项目	教学内容
1	行车前准备	车辆外观、轮胎、发动机舱、驾驶室操纵装置、仪表、灯光等的安全检查；调整座椅、头枕、后视镜；佩戴和解开安全带；正确的坐姿
2	速度和距离控制	根据道路条件、交通状况、能见度和天气条件等合理控制车速，保持跟车距离；正确使用行车制动、发动机制动和缓速器制动减速
3	换挡	从降低车辆燃料消耗的角度，根据道路条件、交通状况等合理使用挡位，在上坡路段和下坡路段换挡操作
4	转弯和变更车道	在十字交叉路口处转弯，在T形路口处转弯；变更车道
5	超车	观察前方交通情况，选择超车时机；超车中保持安全间距
6	倒车和掉头	倒车时正确的姿势；直线倒车，L形倒车；公路掉头，交叉路口掉头
7	停车	定点停车，靠边停车；在上坡路段和下坡路段安全停车
8	交通状况判断	驾驶盲区；交通标志标线、交通信号灯的观察和判断；交通情况的观察和判断

续上表

序号	教学项目	教学内容
9	行车道的选择	在双向两车道或多车道的道路上驾驶；在有公交专用道的道路上驾驶
10	安全驾驶行为	平直道路、上坡路段和下坡路段的安全驾驶；观察交叉路口交通状况，在交通信号灯控制的路口通行，在没有交通信号灯控制的路口通行；通过交通环岛，通过铁路道口；针对行人和骑自行车人的交通行为特点，通过人行横道、施工路段、公交车站、学校等路段
11	高速公路驾驶	高速公路汇入车流，驶出匝道；在高速公路上行驶，行车道选择、变更车道、跟车行驶、速度控制、通过隧道；进出高速公路服务区
12	预见性驾驶	观察和判断其他交通参与者的交通动态，观察和判断前方安全空间，预测交通安全风险，预见性驾驶
13	复杂交通情况下的安全驾驶	在城市道路、山区道路等复杂交通情况下的安全驾驶

3. 驾驶培训教学组织

在德国，理论教学和驾驶操作训练交叉进行，便于学员通过理论与实践相结合，更好地掌握安全驾驶知识和技能。

德国对理论教学的管理十分严格，学员每天参加理论培训不超过 2 个双学时，每个双学时为 90min。驾培机构通常会提前公布下一周的理论课程安排，一般一周开设 1 ~ 2 次理论课，采用小班制的互动教学组织形式，不同主题的课程由不同的教练员负责。学员可以根据驾培机构的课程表以及自己的时间选择上课时间，每次上课前签到打卡且在培训记录卡（图 4-3）上记录培训信息。驾培机构会向学员发放理论课相应的学习书籍，学员也会购买考试题库进行模拟测试，理论知识考试题式样如图 4-4 所示。

驾驶操作训练时，学员每次都要使用一张新的记录页，记录培训内容、学时且有教练员和学员的签名。如果学员完成了法规规定的培训内容和培训学时，且经教练员确认达到培训目标，驾培机构向学员发放参加理论培训和驾驶操作训练的证明，学员可以凭证明材料预约考试。

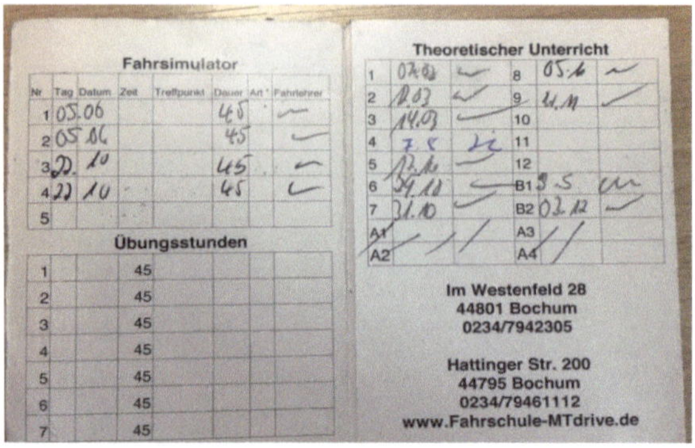

图 4-3　德国理论培训记录卡

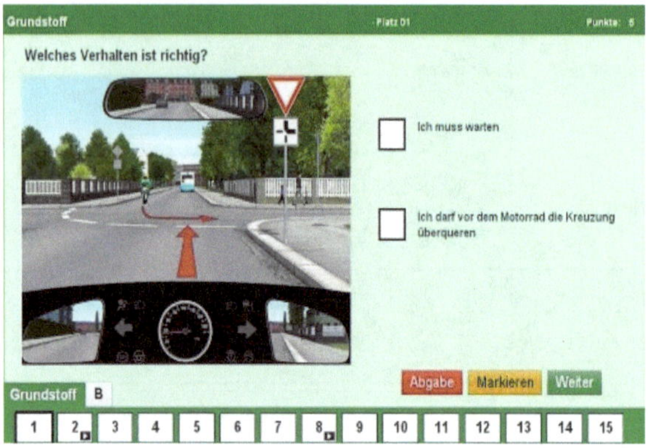

图 4-4　德国理论知识考试题式样

（二）日本

根据《道路交通法》规定，指定驾培机构应按照规定的培训内容和学时要求组织培训，规范使用教学日志。日本政府部门出台了《与驾培机构教学标准相关的规则》，明确不同车型的培训内容和学时要求。以小型汽车和小型自动挡汽车为例，总培训学时分别为 60 个学时和 57 个学时，每个学时为 50min。驾驶培训被分为两个阶段，每一个阶段都包括理论培训和实际操作训练两个部分，图 4-5 展示了日本机动车驾驶员培训与考试流程。

1. 第一阶段

第一阶段学习包括理论培训和驾驶操作训练，理论培训包括 14 项内容，驾驶操作训练在驾培机构教练场内进行，包括 23 项内容，见表 4-4。第一阶段培训的目的是让学员掌握基本的车辆操控技能，具备上道路安全训练的能力。

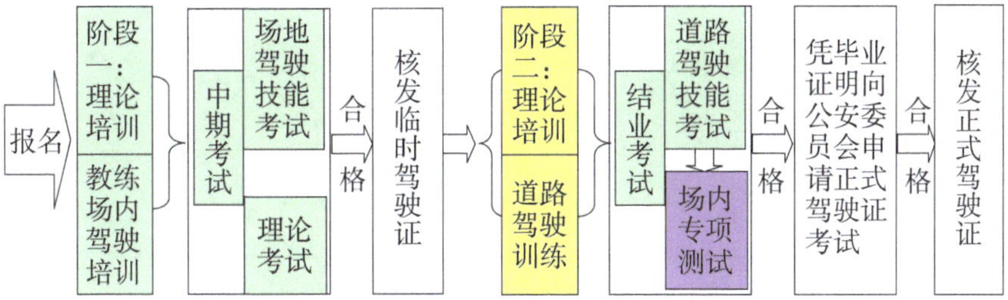

图 4-5　日本机动车驾驶员培训与考试流程

日本第一阶段驾驶培训内容　　表 4-4

序号	理论培训内容	驾驶操作训练内容
1	驾驶员生理和心理状态，驾驶态度	上、下车及驾驶姿势
2	道路交通信号灯	机动车构造和操作装置的操作方法
3	道路交通标志和标线	起步和停车
4	道路通行规则（车辆行驶位置和路线）	变速
5	公交车、特种车辆优先通行	行驶位置和路线、会车、变更车道
6	通过交叉路口、铁路道口	适时起步和加速
7	安全行驶速度与行车距离	定点停车
8	行人保护	直角转弯和曲线行驶
9	确认安全的方法，车辆灯光信号、喇叭的使用	坡路行驶
10	变更车道	倒车
11	超车、被超车	窄路行驶（S 形路段）
12	会车	选择行驶位置和改变行驶路线（学习使用外后视镜）
13	机动车驾驶证制度、交通违法行为的处罚规定	通过有障碍物路段
14	自动挡汽车驾驶常识	按交通标志和标线的要求行驶
15	—	通过交通信号灯控制的路口
16	—	通过十字交叉路口（直行）
17	—	通过十字交叉路口（左转）
18	—	通过十字交叉路口（右转）
19	—	通过驾驶视线差的十字交叉路口

续上表

序号	理论培训内容	驾驶操作训练内容
20	—	通过铁路道口
21	—	自动挡汽车驾驶
22	—	自动挡汽车急加速和急减速
23	—	综合驾驶及考核

以小型汽车、小型自动挡汽车为例，第一阶段总培训学时分别为25个学时和22个学时，其中，理论培训学时均为10个学时，驾驶操作训练学时分别为15个学时和12个学时。其中，驾驶操作训练允许采用汽车驾驶模拟器训练1个学时，允许教练员利用对讲机等无线装置指导学员在场内进行最多3个学时的独立驾驶训练。法律规定，本阶段学员每天参加驾驶操作训练的时间不得超过2个学时。

2. 第二阶段

第二阶段学习包括理论培训和驾驶操作训练，理论培训包括16项内容，驾驶操作训练在实际道路上进行，包括16项内容，详见表4-5。第二阶段培训的目的是让学员掌握安全驾驶技能，具备独立上道路驾驶的能力。

日本第二阶段驾驶培训内容　　表4-5

序号	理论培训内容	驾驶操作训练内容
1	危险预测与安全驾驶	上车准备
2	伤员急救（伤者的观察与移动；止血；心肺复苏法；AED使用方法）	起步
3	盲区与安全驾驶	直线行驶
4	基于适宜性检测结果的行为分析	变更车道
5	人的能力与驾驶（认知、判断、操作）	遵守交通信号灯、交通标志和标线
6	作用于汽车上的自然力与安全驾驶	通过交叉路口
7	恶劣条件下的驾驶	保护行人
8	道路交通安全事故分析	根据交通情况合理控制车速和间距
9	机动车检查与维护	停车
10	停车	掉头
11	乘车和载货的规定	紧急制动

续上表

序号	理论培训内容	驾驶操作训练内容
12	汽车牵引挂车	自行设定路线行驶
13	交通事故处置	预见性驾驶
14	车辆保险、登记、性能检查	高速公路驾驶
15	行车路线设计	特别项目（根据考试项目确定）
16	高速路驾驶	综合驾驶及考核

以小型汽车、小型自动挡汽车为例，第二阶段总培训学时均为35个学时，其中，理论培训学时均为16个学时，驾驶操作训练学时均为19个学时。其中，理论教学包括3个学时的伤员急救培训。理论培训和道路驾驶操作训练的组织方式与第一阶段相同，区别在于本阶段学员每天参加实际道路驾驶操作训练时间不得超过3个学时且不允许连续驾驶3个学时，必须中途有1个小时以上的休息。

3. 驾驶培训教学组织

（1）理论培训。

为指导驾培机构组织好理论培训，公安委员会组织专业技术人员分别编制了理论培训教材和驾驶操作训练培训教材，教材式样如图4-6所示，对教学大纲中规定的教学内容进行细化，帮助学员理解和掌握相关的安全驾驶知识。

对于理论培训，驾培机构通常会提前一个月制定理论课程计划，并在经营场所公开当日开设的理论课程安排，如图4-7所示。学员参加理论培训无需提前预约，学员到驾培机构参加驾驶操作训练时，可以根据自己的情况选择相应的理论课程进行学习，达到理论学习和驾驶操作训练交叉融合的效果。学员每天参加理论学习的时间没有限制。

（2）驾驶操作训练。

对于驾驶操作训练，驾培机构通常采用预约培训的方式，学员可以在驾培机构现场预约或通过电话、网络预约。法律规定，驾驶操作训练必须实行“一人一车”的培训组织方式。每次训练结束后，教练员对学员进行评价，如果教练员评价学员本次课未达到训练目标，可以建议学员额外增加学时，费用由学员负担。

a)理论培训教材

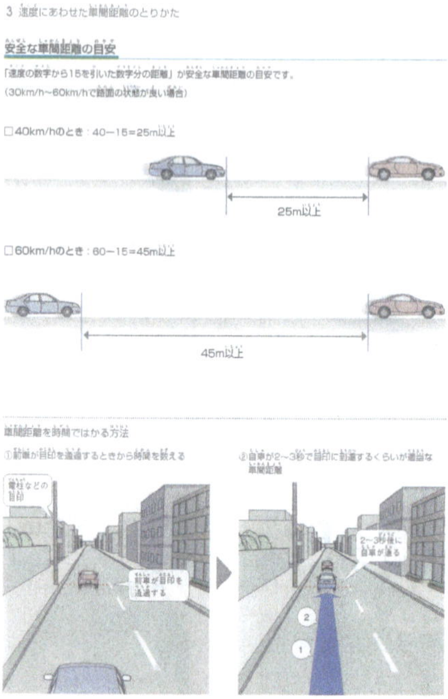

b)驾驶操作训练培训教材

图 4-6　日本驾驶培训教材

图 4-7　日本驾培机构理论课程安排

（3）培训学时记录。

在日本，指定驾培机构通过使用学员卡和教学日志对学员实施计时培训管理。学员在驾培机构报名后，驾培机构向学员发放学员 IC 卡（用于记录培训学时、付费等信息）、教学日志和培训教材等，教学日志样页如图 4-8 所示。

技能教習　第1段階 (最短) 12 時限	目標	① 安全に対する気配りができ、運転装置を正しい手順で操作できる。 ② 自車の走行位置を把握し、道路形態に合わせた速度と進路が選べる。 ③ 場内の道路及び交通の状況について正しい認知、判断ができ、それに基づく運転操作を円滑に行うことができる。 ④ 他の交通への気配りをしながら、法規に従った基本的な走行ができる。

項目名	項目名ごとの目標
1 車の乗り降りと運転姿勢	1 安全を意識した乗り降りや正しい運転姿勢がとれる。
2 自動車の機構と運転装置の取扱い	2 運転装置の機能や自動車の走行の原理を理解するとともに、各装置の正しい取扱いができる。
3 発進と停止	3 正しい操作手順で発進と停止ができる。
4 速度の調節	4 速度の上げ下げや速度を保つことができる。
5 走行位置と進路	5 直進路やゆるいカーブに合わせた走行位置や進路がとれる。
6 時機をとらえた発進と加速	6 タイミングのよい発進と力強い加速ができる。
7 目標に合わせた停止	7 予定した位置に車を停止させることができる。
8 カーブや曲がり角の通行	8 曲がり具合に応じて走行位置を決め、速度を選ぶことができる。
9 坂道の通行	9 勾配に応じて速度とレンジを選ぶことができ、坂の途中で停止し、後退することなく発進することができる。
10 後退	10 適切な進路と速度を選んで後退ができる。
11 狭路の通行	11 狭い道路において車両感覚をつかみ、適切な進路と速度を選んで通行できる。
12 通行位置の選択と進路変更	12 道路及び交通の状況に合った通行位置を選ぶことができ、タイミングよく進路を変えることができる。
13 障害物への対応	13 障害物の状況を早期に読み取り、安全な進路と速度が選べる。
14 標識·標示に従った走行	14 必要な標識、標示を素早く読み取り、それに従った走行ができる。
15 信号に従った走行	15 信号を素早く読み取り、適切な判断により信号に従った走行ができる。
16 交差点の通行(直進)	16~18 交差点とその付近の交通に対する気配りができ、安全な速度と方法で通行できる。
17 交差点の通行(左折)	
18 交差点の通行(右折)	
19 見通しの悪い交差点の通行	19 見通しの悪い交差点の危険性を読み取り、安全な速度と方法で通行できる。
20 踏切の通過	20 一時停止と安全確認を確実に行い、速やかに通過することができる。
21 急加速と急発進時の措置	21 急加速ができ、急発進したとき直ちに停止できる。
22 教習効果の確認(みきわめ)	

技能教習計画表	1·2模	3~5	6·7	21·8	8	9·10	11	11	12~15	16~18	19·20	22

月　日 指導員印	／　1	／　2	／　3	／　4	／　5	／　6	／　7	／　8
実施項目名								
復習項目名								
月　日 指導員印	／　9	／　10	／　11	／　12	／　13	／　14	／　15	／　16
実施項目名								
復習項目名								
月　日 指導員印	／　17	／　18	／　19	／　20	／　21	／　22	／　23	／　24
実施項目名								
復習項目名								

申し送り事項等		みきわめ実施者印			
		月　日	月　日	月　日	月　日
		良好　不良	良好　不良	良好　不良	良好　不良

图 4-8　日本驾驶培训教学日志样页

在指定驾培机构参加培训的学员按照预约的时间参加培训，在上车前和培训结束后均刷学员卡，记录学员学习开始时间和学习结束时间；教练员则在教学日志上签注培训日期、培训学时数、培训项目及签名。通过教学日志可以方便地识别出学员已经完成了哪些内容的培训，还未完成哪些内容的培训。因此，驾培机构凭教学日志判定学员是否完成规定的基本培训学时和培训内容，是否允许其参加驾驶证考试。

二 驾驶证考试标准与考试组织

（一）德国

德国驾驶证考试分为理论考试和实际驾驶考试，学员通过上述两种考试后，才能取得相应的驾驶证。

1. 理论考试

学员完成规定的理论培训内容和学时后，凭身份证明、理论培训证明、急救培训证明等前往当地政府的驾驶证事务所报名参加理论考试。

理论考试采用计算机答题的方式，考试系统自动从题库中选择一定数量的考试题，比如，B 级车型考试题数量为 30 题，C 级车型考试题数量为 37 题，D 级车型考试题数量为 40 题，学员答错的分值不允许超过 10 分。以 B 级车型为例，学员必须在 45min 内完成 30 道试题，试题由单选题、多选题及数字填空题组成，多选题为不定项选择，具有一定的难度，学员必须将交通法规理解透彻才能答对。依照难度及重要程度，每道试题被赋予 2 ~ 5 分的不同分值，若总扣分超过 10 分，则考试判为不合格，学员在两周后才能进行补考。如果连续三次未通过理论考试，则被要求在三个月后才有重新报名参加理论考试的资格。

2. 实际驾驶考试

实际驾驶考试包括车辆安全检视、牵引车与挂车的连接与分离、场地基本驾驶（如倒车、停车入位、停靠货台或站台等）、实际道路驾驶四个考试项目。B 级车型的考试时间为 45min；C 级、C + E 级、D 级车型总的考试时间要求为 75min，其中实际道路驾驶考试时间为 45min；D + E 级车型总的考试时间要求为 70min，其中实际道路驾驶考试时间为 45min。

以B级车型（小型汽车）考试为例，道路驾驶考试全程足足有45min。考试时，教练员坐在副驾驶位置，考官坐在学员右后方进行监考，考试路线完全由考官随机挑选。考试时，考官的关注点并不在于考生对操纵装置操作的熟练程度，而是考生对交通法规的掌握程度以及作为一名道路交通参与者的责任意识，考生做出任何危及他人人身安全的举动都会被判定为考试不合格。如果考试通过了，考官会当场向考生签发驾驶证。德国道路驾驶考试通过率大约在60%，每名学员考2~3次才通过考试的情况并不少见。

（二）日本

在日本，学员参加指定驾培机构的培训，需要接受中期考试、结业考试和正式驾驶证考试，具体考试流程如图4-5所示。

1. 中期考试

在日本，学员驾驶培训分为两个学习阶段。学员完成第一阶段规定的培训内容和学时后，驾培机构对学员进行中期考试，包括理论考试和场内驾驶技能考试。中期考试的目的是判断学员是否已经具备车辆操控能力，驾驶时是否能够遵守交通法规。场内驾驶技能考试在训练场内设定的一条考试线路上进行，包括起步、变速、变更车道、会车、倒车、直角转弯、曲线行驶、坡路行驶、通过交叉路口转弯、通过交叉路口直行、通过有障碍物路段等项目，重点考察学员的观察能力、遵守交通规则驾驶的能力等。

公安委员会认可指定驾培机构组织的中期考试结果，向通过中期考试的学员发放临时驾驶证。学员获得临时驾驶证后，可以在教练员的指导下上道路训练。

2. 结业考试

学员在完成第二阶段规定的培训内容和学时后，驾培机构对学员进行结业考试，包括道路驾驶技能考试和场内专项测试。道路驾驶技能考试重点考察学员的观察能力、遵守交通规则驾驶能力、危险预测能力、突发情况处置能力等。道路驾驶考试结束后，再回到教练场内进行侧方停车、转向等项目的测试，公安委员会认可指定驾培机构组织的结业考试结果。结业考试合格后，驾培机构向学员发放毕业证明。

3. 正式驾驶证考试

在获得毕业证明 1 年内，学员凭毕业证明向居住地的公安委员会申请正式驾驶证考试。公安委员会认可指定驾培机构组织的结业考试结果，因此，学员被免除驾驶技能考试，只需要参加公安委员会组织的理论知识考试。学员理论考试合格后，公安委员会即向学员发放正式驾驶证。

选择自学直考的学员与参加指定驾培机构培训的学员的要求不同，需要参加公安委员会组织的临时驾驶证和正式驾驶证考试。

三 国外驾驶培训教学与考试经验

综上所述，德国、日本在驾驶培训教学与考试组织方面有以下经验值得借鉴。

（1）对各种车型的培训内容和培训学时有明确的规定。日本和德国政府均制定了机动车驾驶培训教学大纲，对不同培训车型规定了相应的培训内容和基本学时要求，以小型汽车为例，德国规定基本培训学时为 30 个双学时（一个双学时为 90min），日本则规定基本培训学时为 60 个学时（每个学时为 50min）。学员参加规定的培训内容和学时并通过考核后，驾培机构向学员发放培训证明。

（2）重视理论教学。在日本和德国，驾驶培训教学包括理论教学和驾驶操作训练，理论教学与驾驶操作训练交叉进行。理论教学内容丰富、全面，包括道路交通安全法规、车辆性能和使用、安全文明驾驶知识等通用知识，还针对不同车型驾驶需求专门设置相应的理论知识内容，比如，货车学员需要学习货物装载与固定、运输线路规划等内容，客车学员需要学习道路客运法规、紧急情况下保护乘客安全的应急处置方法、运输线路规划等内容。政府部门或专业机构编制了统一的培训教材供教练员和学员使用。

（3）注重在实际道路条件下的驾驶操作训练。德国相关法规规定学员在实际道路上进行训练，包括高速公路驾驶训练、州际公路长途驾驶训练和夜间驾驶训练。日本相关法规将驾驶培训分为两个阶段，每个阶段均包括理论教学和驾驶操作训练。与德国不同的是，日本第一阶段的驾驶操作训练在教练场内进行，而第二阶段的驾驶操作训练在实际道路上进行。

(4) 实行计时培训，使用教学日志进行培训记录。日本和德国对学员均实行计时培训，驾培机构向学员发放教学日志，由教练员在教学日志上签注培训日期、培训项目、培训学时数并由教练员和学员签名。

(5) 学员每天参加的培训学时有严格的规定。德国规定学员每天参加理论培训不超过 2 个双学时，日本则规定学员在第一阶段每天参加场内驾驶操作训练的时间不超过 2 个学时，在第二阶段每天参加实际道路驾驶操作训练的时间不超过 3 个学时。

(6) 驾驶证考试注重对学员安全意识和实际道路驾驶技能的考核。日本和德国政府均制定了驾驶证考试标准，包括理论知识考试标准和实际驾驶考试标准。在德国，实际驾驶考试主要在实际道路上进行，注重对学员交通规则的掌握程度以及安全意识的考核，考试时间为 45min，考试通过率较低。日本政府根据驾驶技能形成规律设定了场内驾驶技能考试和道路驾驶技能考试，政府部门认可指定驾培机构组织的考试结果。

第三节 国外驾培行业从业人员素质培训与管理

驾培行业从业人员按照职责分工包括管理人员、教学人员和服务保障人员，其中，驾培机构负责人、教练员和结业考核员是驾培机构经营和管理的关键岗位人员。这些人员是确保培训质量的关键，发达国家均非常重视这些人员综合素质的提升。本节对比分析了典型发达国家驾培行业关键岗位人员的管理规定。

一 驾培机构负责人

驾培机构负责人是驾培机构质量管理和企业规范经营的直接责任人，驾培机构的培训质量与驾培机构负责人的经营理念息息相关。德国、美国、日本、加拿大等国家和地区从法规层面对驾培机构负责人提出了条件要求，具体见表 4-6。

部分国家和地区对驾培机构负责人的条件要求　　表 4-6

国　家	年龄要求	驾驶经历和教学经历	其他要求
德国	≥25 周岁	（1）持有申请的驾培机构许可证类别对应的驾驶教练教学许可证，且在驾培机构参加了不少于 70h 的课程学习； （2）具备 2 年及以上的驾驶教练员经历	—
美国（以加利福尼亚州为例）	≥21 周岁	（1）在州内驾培机构中担任过驾驶教练员，实车教学时长不少于 2000h； （2）有用于驾驶员培训的完整课程，且课程已经在驾培机构进行了不少于 1000h 的教学	通过笔试考试，考试内容包括交通法规、安全教学实践、车辆运营管理、教学方法和教学技巧、商业理论、驾培机构管理规定等
日本	—	具有 3 年以上道路交通相关业务法人管理经验	具有管理驾培机构所需的其他知识和能力
加拿大	≥21 周岁	（1）过去 5 年内持有有效的加拿大驾驶证； （2）持有爱德华岛省驾驶证； （3）无不良驾驶记录	—

二　教练员

教练员是学员安全驾驶技能的传授者，是教学质量的关键因素。国外基本上都对教练员实施资格管理，并形成了较为健全的资格管理体系。

（一）德国

德国政府对教练员实行严格的准入管理制度，申请从事教练员职业需要具备以下基本条件：

（1）年龄在 23 周岁以上；

（2）心智、身体和专业上是合适的，没有对从事教练员职业不合适的情形；

（3）接受过完整的职业教育且至少完成一项教学专业的职业教育；

（4）具有小型汽车、货车、公交车或摩托车驾驶证；

（5）在最近5年内具有3年小型汽车驾驶经历或者2年的货车、公交车、摩托车驾驶经历；

（6）在最近3年内已经通过教练员培训，并且通过教练员资格考试。

德国政府对教练员采用“驾驶教练员培训中心＋驾培机构”联合培养的职业培训模式，使教练员系统掌握从事教练员职业具备的专业知识、教学能力和技能素质，成为综合素质高的教练员。申请人在符合上述条件的基础上，方可报名参加连续的、为期9个月共计770个学时的教练员职业培训，培训内容包括交通行为、法律法规常识、车辆技术基本知识、环境保护知识、驾驶技术、交通教育学六个方面。申请人先在教练员培训中心接受5个半月的培训，通过驾驶操作和专业知识考试（包括口试和笔试）后，然后到驾培机构接受4个半月的实习培训，并再次经过理论和实操训练试教考试。申请人凭身份证明、履历说明、培训证明等材料向批准机关申请教练员证。

教练员进入驾培行业后，需按照法规要求定期参加继续教育，及时更新法律法规、车辆新技术等知识。当教练员出现因违法被禁止驾驶、教练员证被没收或吊销时，教练员资格即被停止。

（二）日本

在日本，教练员可以从事理论教学和驾驶操作训练教学，技能考试员对学员组织中期考试和结业考试。教练员和技能考试员被驾培机构认为是非常重要的岗位，政府部门对于教练员和技能考试员的管理也非常严格。民众要想从事教练员或技能考试员职业，需要接受并通过由都道府县公安委员会举办的资格考试。

1. 教练员

（1）条件要求。

年龄不低于21周岁，拥有与教学车型相应的驾驶证3年以上，1年内无交通责任事故以及违反交通法规的驾驶行为。

（2）培训要求。

申请教练员资格的人员首先需要在某个指定驾培机构接受3个月的培训；然后，参加各地机动车驾驶协会为新入行教练员举办的专业培训；最后，通过公安委员会举办的教练员资格考试。

（3）教练员资格考试。

教练员资格考试包括三个方面：①理论考试，包括道路交通法规、教育学知识、安全驾驶知识、车辆构造等知识；②驾驶操作技能考试；③面试，考查驾驶技能培训知识掌握情况，考查教学能力。教练员资格考试内容包括：①驾驶培训与考试相关的法律法规知识；②必要的机动车驾驶技能；③教学指导人员应具备的教育学、教育心理学知识；④理论教学的教学方法和教学技术；⑤驾驶技能教学的教学方法和教学能力。

（4）退出政策。

从业过程中存在下列四种情形之一的，将被取消教练员资格：①近3年有未按规定向学员发放结业证明或课程学完证明的；②有缩短基本培训学时、每次培训课时不足等违反培训学时规定的；③因违法驾驶机动车或电动自行车受到拘留以上处罚，未满3年的；④被要求吊销教练员资格证未满3年的。

2. 技能考试员

公安委员会对指定驾培机构的技能考试员实行资格管理。民众要想成为技能考试员，需要通过由居住地都道府县公安委员会举办的国家资格考试。技能考试员具有教练员从业资格，因此，可以兼任教练员的工作。

（1）条件要求。

年龄不低于25周岁，拥有与技能考试车型相应的驾驶证7年以上，在所属指定驾培机构具有4年以上教练员从业经历。

（2）培训要求。

申请技能考试员资格的人员首先需要在其任职的指定驾培机构接受培训；然后，参加各地机动车驾驶协会为新入行技能考试员举办的行业培训；最后，通过公安委员会举办的技能考试员资格考试。

（3）资格考试。

资格考试包括三个项目：①驾驶操作技能测试；②考试评判能力测

试，包括考查驾驶操作技能考试知识的论文写作能力，考查技能考试相关的观察能力及评分标准掌握情况；③面试，考查驾驶操作技能考试知识掌握情况。资格考试内容包括：①与技能考试相关的知识、与驾驶培训与考试相关的法律知识、与驾驶技能评价方法相关的知识、与机动车旅客运送及机动车代驾业务相关的知识；②机动车驾驶技能；③必要的开展机动车驾驶技能测试所需的观察能力及评分能力。

（4）退出政策。

从业过程中存在下列情形之一的，将被取消技能考试员资格：①近 3 年有未按规定向学员发放结业证明或课程学完证明的；②在考试组织中存在弄虚作假、受贿等违法行为的。

（三）英国

在英国，教练员实行资格管理，具体由运输部下属的驾驶员和车辆标准局实施，包括教练员基本条件审核、资格考试、实习教练员资格证发放、教练员徽章发放和技能素质保持、ADI 标准检查与注册更新等，形成了较为完善的教练员资格管理体系。

1. 教练员基本条件审核

申请人具备以下条件，可以向驾驶员和车辆标准局申请成为授权教练员（ADI）：

（1）年龄达到 21 周岁以上；

（2）至少具有 3 年以上相应车型的驾驶证；

（3）在欧盟其他国家无驾驶教练员证。

驾驶员和车辆标准局会对申请人的条件进行严格审核，审核依据包括申请人提交的材料以及驾驶员和车辆标准局向有关部门获取的信息。如果申请人有驾驶证被注销、5 次以上交通处罚、经济活动存在欺诈且经证实、违法犯罪等违法违规记录的，申请人的申请将会被拒绝，裁量权由驾驶员和车辆标准局的 ADI 登记员确定。

2. 教练员资格考试

通过条件审核后，申请人可以参加驾驶员和车辆标准局组织的教练员资格考试。教练员资格考试包括理论知识、驾驶能力和教学指导能力考试三个部分。申请人参加考试之前，可以先参加有关培训机构组织的培训。

考试科目及考试次数要求见表4-7。

英国教练员资格考试科目及考试次数要求　表4-7

序号	考试部分	考试科目	次数限制
1	ADI 第一部分	理论考试	无次数限制
2	ADI 第二部分	驾驶能力考试	3 次
3	ADI 第三部分	教学指导能力考试	3 次

申请人在通过理论考试后，如果2年内未通过第二部分或第三部分的考试，则所有科目的考试成绩作废，申请人必须重新开始申请。如果申请人在考试周期内用完了所有的考试次数且未通过相关考试，申请人必须等到通过ADI第一部分考试2年后才能重新申请参加考试。驾驶员和车辆标准局组织的教练员资格考试非常严格。据统计，ADI第一部分考试的通过率约为50%，ADI第二部分考试的通过率约为45%，ADI第三部分考试的通过率仅为28%。

3. 实习教练员资格证

申请人通过ADI第二部分考试后，可以向驾驶员和车辆标准局申请为期6个月的实习教练员资格证。申请实习教练员资格证时，驾驶员和车辆标准局会严格审查申请人的背景材料，若有交通处罚记录、违法犯罪记录、经济活动存在欺诈且经证实等记录的，驾驶员和车辆标准局会拒绝发放相应的实习教练员资格证。

取得实习教练员资格证后，申请人就有资格指导学员进行实际道路驾驶训练，从而获得相应的教学经验，以帮助其通过ADI第三部分的考试。同时，在获得实习教练员资格证期间，申请人必须参加ADI第三部分考试。实习教练员资格证到期后，申请人在实习期间参加过ADI第三部分的考试且有充足的理由，可以再申请另外一个为期6个月的实习教练员资格证。

4. 教练员ADI徽章

申请人通过ADI全部科目考试后，必须在通过考试后的一年内，在驾驶员和车辆标准局进行注册登记。申请人通过注册登记后，将获得驾驶员和车辆标准局颁发的ADI徽章，ADI徽章的有效期为4年。此外，注册登记教练员的相关信息可以在运输部驾驶员和车辆标准局官网上进行查询。

获得 ADI 徽章后，教练员可以按照教学大纲指导学员进行驾驶技能和理论知识的教学，且收取相应的教学报酬。驾驶员和车辆标准局鼓励取得 ADI 徽章的人员加入教练员相关的协会和组织。教练员相关信息发生变更后，必须在 7 日内向驾驶员和车辆标准局的 ADI 登记员进行备案。

5. 教练员技能素质保持

驾驶员和车辆标准局鼓励教练员参加持续专业发展计划（CPD），提升专业技能。CPD 包括参加驾驶培训教学研讨会、开展车辆和教学技术相关的研究等。教练员可以按照驾驶员和车辆标准局公布的记录模板记录每年参加的 CPD 活动内容。如果教练员每年至少参加了 7h 的 CPD 活动且有相应的记录，并对 CPD 记录进行承诺后，驾驶员和车辆标准局予以公布。

此外，驾驶员和车辆标准局鼓励教练员参加其组织的特殊测试，类似于我国教练员职业水平评价，测试内容包括视力检查、通用驾驶和操作示范，测试持续 1.5h。测试结束后，驾驶员和车辆标准局根据测试情况授予教练员 A ~ D 级的技能等级证明。

6. 教练员 ADI 标准检查与注册更新

法规规定，教练员进行注册登记后，每 4 年必须接受 1 次 ADI 标准检查。驾驶员和车辆标准局进行 ADI 标准检查时，教练员需要带上 ADI 徽章、教练车以及 1 名学员。教练员给学员上一堂驾驶培训课，检查官全过程观察教练员的教学情况，从课程规划、风险管理、教学技能等方面（细分为 17 项评价指标）评估教练员是否具备相应的教学能力。标准检查总体得分高于 30 分且风险管理单项得分不低于 7 分的，教练员通过相应的 ADI 标准检查。在接受 ADI 标准检查时，如第一次未通过，教练员可以重新申请，一共有 3 次申请机会。如果教练员 ADI 标准检查不通过，或未准时参加或拒绝参加 ADI 标准检查，驾驶员和车辆标准局将收回教练员的 ADI 徽章，取消教练员的教学资格，并从注册登记系统中将教练员的相关信息删除。

教练员通过 ADI 标准检查后，驾驶员和车辆标准局对教练员进行重新注册登记。在注册登记之前，驾驶员和车辆标准局还会对教练员的违法犯罪记录等情况进行核查，如果存在交通处罚记录、犯罪记录等情形时，驾驶员和车辆标准局仍然会拒绝对教练员进行重新注册。如果教练员不认同驾驶员和车辆标准局所做出的决定，可以向总监管委员会提出申诉。

三 国外驾培行业从业人员培训与管理经验

综上所述，德国、美国、日本和英国等国家在驾培行业从业人员素质培训与管理方面有以下经验值得借鉴。

（1）均对驾培机构负责人提出了条件要求。德国要求驾培机构负责人要持有教练员证，有2年及以上的驾驶教学经历。美国加利福尼亚州要求驾培机构负责人担任过教练员，有不少于2000h的教学经历，并通过相关考试。日本要求驾培机构负责人要有3年以上的道路交通相关业务法人管理经验，且具备管理驾培机构的知识和能力。

（2）均对教练员实行资格管理，建立了退出机制。德国、日本和英国均从驾驶证、年龄、身心健康、安全驾驶经历等方面提出了教练员的条件要求，且要求申请从事教练员职业的人员必须接受专业培训和教学实习，并通过政府部门组织的教练员资格考试。日本政府还对驾培机构的技能考试员进行资格管理，规定了技能考试员的条件要求。这些国家在相关法规中，围绕违规培训教学、道路交通安全违法处罚或者不良信用记录等方面规定了取消教练员资格的具体情形。

（3）实行教练员继续教育制度。德国、日本和英国均要求教练员进入驾培行业后，必须按要求参加继续教育，及时更新知识和技能。

第四节 国外驾驶培训教学新技术与新装备应用

随着互联网技术、虚拟仿真技术和信息技术发展，为了改进驾驶培训教学组织方式，提升培训效率和效果，国外驾培机构也在尝试教学新技术的应用。本节分析了典型发达国家有关驾驶培训网络远程教学、模拟驾驶教学、教练车智能辅助教学等新技术的应用情况。

一 驾驶培训网络远程教学

英国驾驶员和车辆标准局为学员提供了网络远程教学，学员只需要确认学习期限，注册个人账户并购买网络课程后就可以进行学习。学员可以通过智能手机、平板电脑和电脑等互联网连接设备随时访问官方网站学习和试题练习，并对理论考试复习题进行个性化设置。

英国驾驶员和车辆标准局提供的网络远程教学适用于私家车驾驶员和职业驾驶员，私家车驾驶员可以购买的网络课程有3种，职业驾驶员可以购买的网络课程有4种，课程内容和费用信息见表4-8。

英国驾驶员和车辆标准局提供的网络远程教学课程和费用信息　表4-8

适用人群	课程名称	具体内容	费用
私家车驾驶员	在线理论测试工具包	包括所有最新的复习题和超过100个交互式危险感知情境题	12英镑
	针对汽车驾驶员的官方在线理论测试	包括所有最新的官方理论测试试题	7英镑
	在线危险感知能力训练官方指南	包括针对所有驾驶员和乘客的、超过100个交互式危险感知能力训练情境	7英镑
职业驾驶员	针对大型货车驾驶员的官方在线测试工具包	包括所有最新修订的问题和超过100个交互式危险感知能力训练情境	25英镑
	针对客车驾驶员的官方在线测试工具包	包括所有最新修订的问题和超过100个交互式危险感知能力训练情境	25英镑
	在线危险感知能力训练官方指南	包括针对所有驾驶员和乘客的、超过100个交互式危险感知能力训练情境	7英镑
	针对大型货车驾驶员的官方在线理论测试	包括所有最新的官方理论测试试题	15英镑

澳大利亚北领地（NT）的达尔文市、帕马斯顿、凯瑟琳和艾利斯斯普林斯实施“DriveSafe NT”项目，学员通过注册缴费后，可以在“Drive-

Safe NT”网站进行网络远程理论知识学习。学员自注册后有2年的时间来完成课程。“DriveSafe NT”项目涵盖驾驶法规知识、救护知识、险情处理、道路安全问题等所有驾驶员理论培训内容。此外，“DriveSafe NT”项目包括的内容有：6h的理论课程、驾驶培训网络在线管理工具、免费学习和临时驾驶证、“DriveSafe NT”参与者文件、2次免费的驾驶测试等。

二 模拟驾驶教学

机动车驾驶培训模拟教学中最常用的是汽车驾驶培训模拟器。在国外，汽车驾驶培训模拟器作为驾驶培训工具也较为普遍。美国在20世纪70年代中期就有500多所驾培机构配备汽车驾驶培训模拟器。大多数欧洲国家也相继制定了使用汽车驾驶培训模拟器的法规。日本在1970年就以法律规定驾培机构必须配备汽车驾驶培训模拟器。驾培机构广泛使用主动式模拟器，主要用于操纵装置的规范操作训练、复杂道路条件下的驾驶训练和危险预测训练等。

加拿大安大略省DriveWise提供汽车驾驶模拟体验，汽车驾驶培训模拟器可以模拟危险天气、紧急情况、交通拥堵和其他常见情况，让学员有机会在安全、模拟的环境中练习驾驶，教练员同时会指导学员道路安全驾驶方面的知识。学员可以进行不同天气、地形和交通环境的模拟驾驶练习，获得比在课堂中更多的驾驶体验。此外，汽车驾驶培训模拟器还能够用于安全意识的培养，通过再现分心驾驶和生理机能受损的驾驶场景，让学员更好地了解驾车中收发短信或酒后驾车的危险。

三 教练车智能辅助教学

当前，越来越多人工智能技术开始赋能现实应用场景，这不仅加速了现实场景的发展，也证明了人工智能并不是“脱实向虚”的技术。印度驾培机构正在使用一种人工智能教练智能辅助教学HAMS系统（Harnessing Auto Mobiles for Safety），如图4-9所示。使用HAMS系统只需要简单的三步：找一部手机，然后把微软的人工智能系统安装到手机上，最后把手机放置在汽车前风窗玻璃附近的卡座上即可使用。在使用HAMS系统时，手机的前置摄像头对准驾驶座椅上的学员，后置摄像头对准前方道路。HAMS 系统通过相机、加速度等传感器，配合计算机视觉技术，达到监控学员驾驶状况和驾驶环境以及对学员的驾驶操作进行干预和纠正的目的。HAMS 系统一经面世就受到了印度政府的支持。目前这款教学装置正在印度北阿坎德邦德拉敦市的驾驶培训研究所（IDTR）使用。

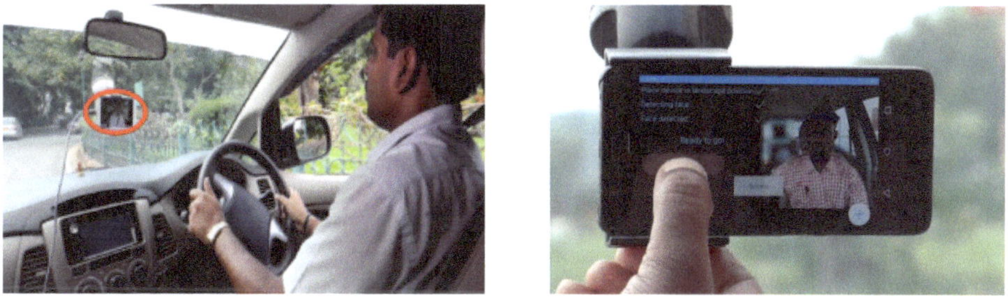

图 4-9　印度驾培机构使用的 HAMS 系统

专栏 4-1　韩国驾培机构学事管理系统的应用

20 世纪 90 年代中期，韩国为了规范驾培机构的培训管理，在驾培机构推行学事管理系统。学事管理系统实现了从学员报名登记、培训、评价到技能考试的全过程的计算机管理。政府部门负责提出学事管理系统的功能和技术性能要求，组织编制和发布相关行业标准。技术企业根据政府部门颁布的标准要求，自行研发系统并进行市场推广，与驾培机构协商解决系统应用和维护等问题。

通过使用学事管理系统，驾培机构为学员提供预约学车，有效地减少学员学车等待时间，提高教练车的使用效率；采用身份识别系统实现学员签到、签退的培训计时，减少了教练员与学员之间因培训时间而引起的纠纷。政府部门则可以实时监管全部学员的培训和技能考试过程，及时掌握驾培行业各种统计数据信息，增强了事中事后监管能力。

推广应用学事管理系统，增加了驾培机构在系统建设和维护方面的投资，同时触及原有不规范运营驾培机构的利益，因此，在推广过程中遇到了很多困难和挑战。政府部门通过对开展试点应用的驾培机构给予税收优惠、立法强制使用等举措逐步引导驾培机构由自愿进行试点应用到强制性推广，使得该系统在行业得到广泛应用。

四 国外驾驶培训新技术应用经验

综上所述，英国、澳大利亚、美国、日本、加拿大、印度、韩国等国家在驾驶培训教学新技术应用方面有以下经验值得借鉴：

（1）为了方便学员学习驾驶，英国和澳大利亚等国家推行了驾驶培训网络远程教学。

（2）国外驾培行业普遍将汽车模拟驾驶训练作为驾驶培训的组成部分，汽车驾驶模拟器作为一种驾驶培训教学工具被广泛应用，且主要用于操纵装置的规范操作训练、复杂道路条件下的驾驶训练、应急驾驶训练以及危险预测训练。

（3）通过信息技术、教练车智能辅助教学技术的应用，使机动车驾驶培训与管理变得更加智能化，学员学车效率和效果不断提高，企业经营效率逐步提升，同时也为事中事后监管提供了手段。

第五章

驾培行业高质量发展需求与发展目标及路径

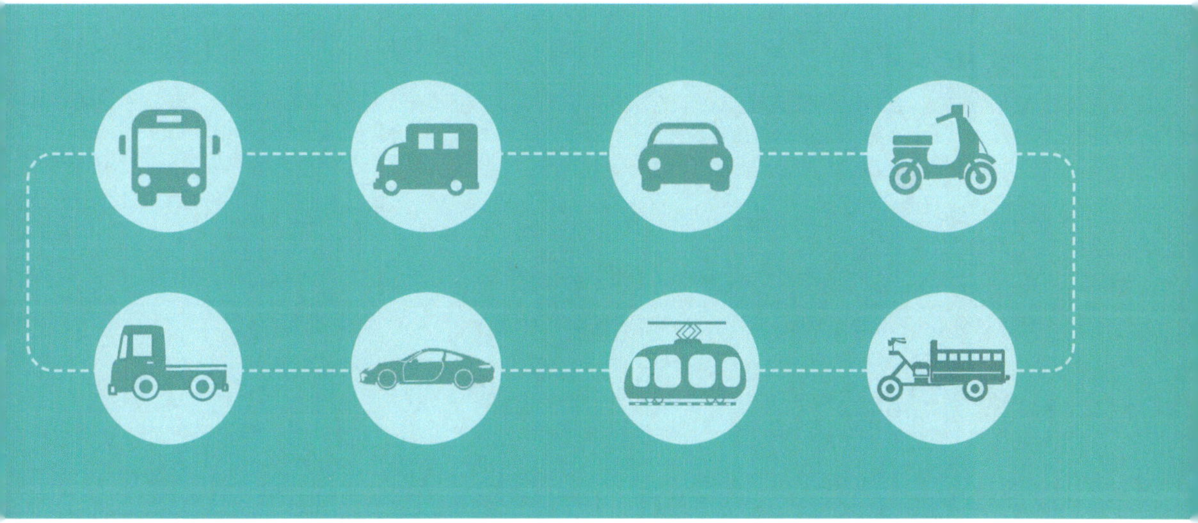

深刻分析驾培行业发展的影响因素，以及行业发展面临的新形势和新需求，才能谋划好驾培行业高质量发展的目标和路径。本章分析了高质量发展的内涵与基础、驾培行业发展面临的新形势与新需求，提出驾培行业高质量发展的目标、路径和框架。

第一节 高质量发展的内涵与基础

正确把握高质量发展的内涵，是指导和推动驾培行业向高质量发展的前提和基础。本节从“社会—企业—政府”三个维度分析了高质量发展的要素以及所需要的基础。

一 高质量发展的内涵

在《资本论》等马克思主义经典著作中，马克思、恩格斯论述了经济增长的源泉、经济发展的内生动力、经济发展水平的评价和经济持续发展的实现条件，涵盖以提高生产要素质量为核心的生产力理论、社会再生产理论、科技创新理论、集约增长方式理论等，为经济高质量发展的提出，提供了重要的思想来源和理论依据。

党的十八大以来，以习近平同志为核心的党中央在深刻总结国内外发展经验教训的基础上，根据社会经济发展规律和我国社会经济发展的阶段性特征，科学研判出当前我国社会的主要矛盾已经转化为人民日益增长的美好生活需要和不平衡不充分的发展之间的矛盾，对当前的经济形势做出了“中国经济发展已经进入新常态”的重大判断，并从经济发展阶段、发展理念、发展战略、制度创新等方面系统地提出了中国特色社会主义经济建设新的思路和方法，为我国经济高质量发展的提出奠定基础。2016 年 1 月，习近平总书记在省部级主要领导干部学习贯彻党的十八届五中全会精神专题研讨班上指出："新常态下，我国经济发展的主要特点是：增长速度要从高速转向中高速，发展方式要从规模速度型转向质量效率型，经济结构调整要从增量扩能为主转向调整存量、做优增量并举，发展动力要从主要依靠资源和低成本劳动力等要素投入转向创新驱动。"❶ 推动高质量发展，既是保持经济持续健康发展的必然要求，也是适应我国社会主要矛盾变化和全面建成小康社会、全面建设社会主义现代化国家的必然要求，更是遵循经济规律发展的必然要求。党的十九届五中全会将"高质量发展"作为"十四五"时期经济社会发展的重要指导思想之一。

高质量发展，是能够很好地满足人民日益增长的美好生活需要的发展，是以质量和效益为价值取向的发展，是体现新发展理念的发展，是创新成为第一动力、协同成为内生特点、绿色成为普遍形态、开放成为必由之路、共享成为根本目的的发展。赵剑波、史丹等学者从系统平衡观、经济发展观和民生指向观三个视角阐述了高质量发展的内涵，并提出了高质量发展的概念框架，认为高质量发展体现在宏观经济质量、产业发展质量和企业经营质量三个层面，三者之间是从属和包容关系，企业是最基本的质量单位，企业经营质量提升可以促进产业体系完善和结构优化，又进一步推动社会经济发展及经济总量的变化。驾培行业的高质量发展一方面反映在驾培机构的可持续发展水平和政府部门的监管能力及水平上，另一方面反映在行业发展对社会经济发展的贡献程度，并最终体现在满足人民群众学驾需求的能力和水平上。

（一）社会层面

从社会层面看，高质量发展是指以人民为中心，通过稳定的经济增长、均衡的区域和城乡发展，并以创新为动力实现绿色发展、生态发展，让社会经济发展成果更多、更公平惠及全体人民。社会层面的高质量发展包括增长的稳定性、发展的均衡性、环境的协调性、社会的公平性等维度，高质量发展意味着社会经济的全面发展，人民美好生活需求的充分满足。

驾培行业作为社会服务业的一份子，行业的健康发展既要着眼于人民

---

❶ 引用自《人民日报》（2016 年 05 月 10 日 02 版）。

群众学驾需求的满足，又要探索对社会经济发展、安全发展和绿色生态发展的贡献。驾培行业需要通过不断的发展和进步，持续满足以多样化、个性化、品质化为特征的学员消费升级需求。驾培行业与社会经济发展具有互动性，社会经济发展与驾培行业发展两者之间相互影响、相互促进。社会经济稳步增长、城乡和区域一体化发展等，为驾培行业创造更多的市场需求，为驾培行业发展提供新的发展动力。同时，驾培行业持续优化产业结构和提升发展效益，将为社会创造更多的税收和工作岗位，促进社会经济发展和社会就业；还可以为社会培养安全文明的驾驶员，夯实社会道路交通安全发展基础，为人民群众出行安全提供保障。此外，驾培行业作为道路运输行业能源消耗的组成部分，需要秉承绿色低碳发展的理念，为“双碳”战略目标的实现做出贡献。

对于驾培行业而言，与行业发展质量相关的因素主要包括社会学员学驾需求、行业规模、供给结构、区域发展平衡度、创新发展动力、企业品牌建设等。相应地，驾培行业高质量发展主要反映在行业规模化企业数量不断增加、行业供给结构趋于合理、区域间的行业发展相对均衡、行业创新发展动力足、品牌企业引领能力不断增强、学员消费权益得到保障、社会满意度普遍较高等方面。

（二）企业层面

企业高质量发展意味着具有良好的供给质量水平，保持较强的市场核心竞争力，从而实现健康可持续的发展。当前，驾培行业存在供给和需求不匹配的问题，从需求侧看，消费升级明显，优质产品和服务需求无法得到有效满足；从供给侧看，低端产能过剩，中高端和高质量产品与服务的有效供给不足。随着我国经济进入新常态，支撑国家经济增长的传统优势正在减弱，企业要创造品牌影响力、向中高端水平迈进，质量提升极为关键。一方面，企业通过提高供给质量水平，提升质量竞争力，可以实现向现代服务业转型升级发展，带动行业供给结构的调整；另一方面，企业提高培训服务质量，可增强社会消费信心，促进消费需求增长。因此，企业要实现高质量发展，只有顺应消费升级的需求变化，把提升质量作为新常态下经济发展的目标和内生动力，努力提高产品和服务品质及可靠性，这样才能构建强有力的竞争优势。

经济活动是企业生存和发展的核心，而经营和管理则是其参与经济活动的重要工作内容。经营和管理是相互统一、共生共存的关系。驾培机构作为一个企业，一方面需要确立业务范围、市场地位、商业模式、发展战略来协调企业的内外部资源；另一方面需要通过管理制度、组织机构、目标计划、收支预算、指挥控制、组织优化等建立企业内部良好的生产秩序。驾培机构经营者需要准确研判和把握市场的真实需求，通过制度和组织架构优化、培训教学规范化、人员素质提升、技术创新应用等提升培训服务品质和经营管理效率，在为学员提供优质培训服务的基础上，达到经营收入与成本和相关费用支出的平衡，最终实现经济效益。

与驾培机构培训经营质量相关的因素主要包括企业管理、人员素质、培训经营行为、技术创新等。相应地，驾培机构经营的高质量主要反映在经营者的经营管理理念和方法先进、企业管理制度健全并得到有效落实、从业人员素质优良、培训教学与服务规范、新技术创新应用、企业质量效益明显提升、具有品牌建设意识和行动等方面。

（三）政府层面

企业的经营发展离不开其所在的行业，企业与行业之间是相互依存的关系。行业为企业提供了生存的土壤，如果没有良好的行业环境支持，企业将会失去发展的根基，只能靠采取调整业务范围、发展战略和经营目标等方式来存续。而缺乏有竞争力、有效益、有责任感的企业，行业也将失去秩序和活力，从而市场变得混乱。企业经营质量的好坏在一定程度上会传递给行业，同时，行业发展质量的好坏一定程度上也会影响企业的经营发展。

政府部门履行行业监管职责对于保障社会学员学驾消费的合法权益、维护行业健康有序发展和社会稳定等具有重要的作用。行业监管是为行业构建良好营商环境的重要手段，对企业经营发展而言是助推剂。行业监管部门通过对行业的发展形势进行研判，对企业经营行为进行监督，对发现存在违法违规经营的企业及时进行干预，从而为规范经营的企业提供良好的市场竞争环境。行业监管能力强和监管水平高，就有利于行业形成“优胜劣汰”的市场竞争局面，展现出勃勃生机，社会学员的学驾需求也将能得到有效满足；而行业监管质量不高，行业也将会形成“劣币驱逐良币”

的市场竞争局面，造成行业秩序混乱，社会学员的合法权益也将无法得到有效保障。

与行业监管质量相关的因素包括法规政策、监管能力、监管效能、文化环境等方面。相应地，行业监管的高质量主要反映在行业监管理念先进、法规政策体系完备并得到有效落实、信息化监管程度较高、风险管控能力强、行业质量文化环境形成、社会和第三方机构积极参与共建共治共享等方面。

综上所述，驾培行业高质量发展可以从行业发展、企业经营、政府监管三个维度来表现，高质量发展要素如图 5-1 所示 。

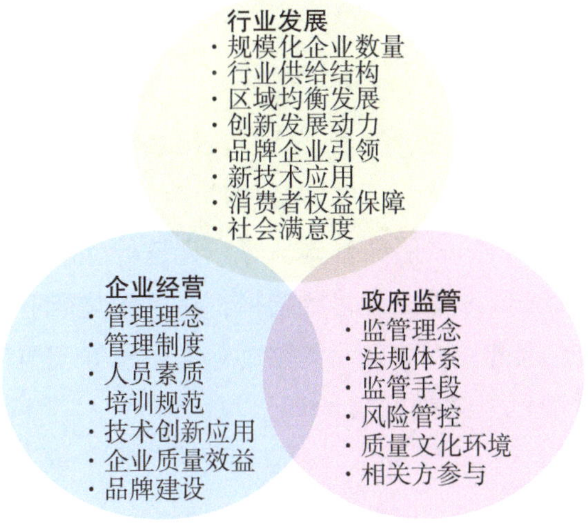

图 5-1　驾培行业高质量发展要素

二　高质量发展的基础

支撑行业高质量发展的基础主要包括生产要素质量、质量技术基础、技术与管理创新、法规政策体系和质量文化环境。

（一）生产要素质量

生产要素是指进行社会生产经营活动时所需要的各种社会资源，是维系国民经济运行及市场主体生产经营过程中所必须具备的基本因素。生产要素通常包括劳动力、土地、资本、信息以及技术。行业升级发展主要依靠提高生产要素的质量和使用效率，实现从低附加值向高附加值升级、从高能耗和高污染向低能耗和低污染升级。

随着国民收入水平提高，数量消费正在向质量消费过渡，消费升级对质量的需求与日俱增，我国已经进入质量需求全面升级的新阶段。当前，企业层面的问题是具有市场竞争力的驾培机构数量不够多，在规模、效益、质量等方面距离一流企业还有一定的差距；行业层面的问题是存在低水平的产能过剩，培训与管理技术及创新能力不足。因此，需要不断提升包括从业人员、土地资源利用效率、能源结构和用能效率等在内的供给要素质量，提升包括企业服务产品、行业服务水平等在内的供给体系质量，提升其对社会高品质、多样化和个性化学驾需求的适应性和满足能力。

（二）质量技术基础

质量技术基础包括标准、计量、认证认可和检验检测等，是建立和维护生产秩序、行业秩序、社会秩序等最佳秩序的重要工具，是推动经济转型升级，实现内涵集约式发展的基础保障。先进的标准能够带动产品和服务质量提高，并为质量改进提供路径指引，从而优化产业结构，提高产品和服务的附加值。因此，高质量发展需要标准化来夯实质量技术基础，不断塑造和提升质量技术基础领域的话语权，为行业发展和企业经营保驾护航。

驾培机构也在积极推动教学与服务的规范化、标准化，一些驾培机构组织教学负责人研究各类训练项目的训练要求和学员的学驾特点，制定形成了本企业的培训教学规范，并在全体教练员范围内进行推广应用；还有一些驾培机构为了提升企业的服务水平，针对各岗位人员编制了企业服务标准规范。

（三）技术与管理创新

创新是培育企业竞争优势、提升产品质量和效益的根本途径。企业在市场竞争中获得成功的关键，是要有自己的竞争优势，特别是核心竞争优势。过去，驾培机构主要依靠低成本、低价格获得市场优势，驾培机构通过各种努力把经营成本降低，同时，培训服务水平和质量档次也大打折扣，这种模式对行业、企业和学员均造成了伤害，消费者慢慢地不再买账，从实践来看这种模式已经很难再持续下去。

当前，在新一轮产业革命和科技变革的背景下，互联网、大数据和人工智能等新技术不断与实体经济融合，改变了传统的产业组织形式和商业模式。虚拟现实、智能辅助教学等技术不断迭代发展，改变了传统的训练组织方式，并由此催生新产品（服务）、新模式、新业态。只有以创新为驱动力，通过运用新理念、新技术来实现降本增效，形成核心市场竞争力，驾培机构才能不断增强供给侧体系对需求变化的适应性。驾培机构只有基于消费需求变化不断实施技术创新和管理创新，才能基于消费需求变化产生新的发展机遇。

(四) 法规政策体系

完善的法律法规体系对行业和企业健康发展起着保驾护航的作用。发达国家普遍通过立法和制定政策来构建全社会质量共治的机制，促进社会经济发展。从相关经验看，质量立法需要明确政府的定位，尽可能地符合市场经济规律，政府既不能越俎代庖，也不能放任自流，要把握住对市场经济干预的程度。质量立法应该强化市场监管体系，通过建立严格的责任制度和违法违规惩罚，实现对处于相对弱势地位的消费者群体给予倾斜性保护。因此，通过制定法律法规推行质量社会共治，整合政府、企业、消费者、社会组织等不同质量参与主体的力量，是促进行业高质量发展的有效途径。

(五) 质量文化环境

从世界各国经验看，工业文明造就了质量文化，促进了质量消费自觉。以德国制造为例，在工业革命兴起后，德国人开始崇尚科学，追求与坚守产品质量，在职业精神上体现诚实守信、敬业守责、一丝不苟、循规蹈矩、精益求精等品德；在企业经营上，将遵守企业道德、精致制造产品作为运作企业的本心追求，以高品质获得市场的信赖，促进企业利润的实现。相应地，驾培行业也需要将企业经营发展与文化建设有机结合，通过创造良好的质量文化环境，形成人人追求培训服务质量的氛围，促进学驾群众质量意识的觉醒，从需求侧倒逼驾培机构提升培训服务质量的自觉意识和自觉行动，实现驾培机构的可持续发展。

第二节 驾培行业发展面临的新形势与新需求

随着社会和技术的发展进步，驾培行业面临的发展政策环境、市场需求以及教学组织与经营管理方式等在不断发生变化。驾培行业只有认清新形势和新需求的特点，不断优化调整行业发展策略，才能持续满足社会学驾需求。本节分析了学员、驾培机构和行业管理部门各自不同的需求，研判提出了驾培行业的发展趋势。

一 驾培行业发展面临的新形势

党的十九届五中全会提出，我国要坚定不移贯彻创新、协调、绿色、开放、共享的新发展理念，坚持稳中求进工作总基调，以推动高质量发展为主题，以深化供给侧结构性改革为主线，以改革创新为根本动力，以满足人民日益增长的美好生活需要为根本目的，统筹发展和安全，加快建设现代化经济体系。驾培行业作为社会服务业的一份子，其发展同样面临着国内经济社会深刻转型所带来的挑战与机遇。

（一）市场需求

当前我国正处于需求结构剧烈变动的新时期，居民收入水平提高、消费结构升级、人口结构变化和城镇化快速发展等正在改变原有的需求结构。在驾培领域，对学员年龄的统计分析表明，25 周岁以下的学员群体占全部学员比例达 39.9%，35 周岁以下的学员群体占全部学员比例达 81.54%，学员群体趋向年轻化，其多样化、个性化、高品质的需求增加，为推动驾培行业转型升级提供了动力。

（二）政策环境

近年来，我国政府深入推进“放管服”改革，进一步加大简政放权力度，强化事中事后监管，增强行业服务社会的能力。驾培业务由许可管理向备案管理转变，行业关键岗位从业人员由资格管理向职业技能管理转变。《交通强国建设纲要》中提出，要坚持法治引领，完善综合交通法规体系，推动重点领域法律法规制定修订。相应地，驾培行业发展规划、法规政策、标准规范需要进一步完善，形成新的行业治理法规政策体系，夯实驾培行业在推进治理体系和治理能力现代化方面的法治基础。

（三）技术创新应用

交通运输部、科学技术部联合制定了《交通领域科技创新中长期发展规划纲要（2021—2035年）》（交科技发〔2022〕11号），文件提出加快新一代信息技术在交通运输公共服务、交通运输监测预警、综合应急指挥和监管、交通运输舆情主动响应、驾驶培训等领域应用。在国家“互联网+”政策的引导下，以及随着大数据、人工智能、虚拟现实、新能源汽车等技术发展，计时培训、网络远程教学、VR模拟驾驶训练装备、智能辅助教学装备、新能源汽车等新技术、新装备在驾培行业中逐步进行试点和推广应用，驾培行业迎来数字化、智能化、低碳化转型升级发展的历史机遇。新技术创新应用是驾培机构提升培训经营效率的重要手段，企业没有创新，将面临市场的淘汰。

二 新形势下的社会学驾需求

准确分析和把握社会学驾需求，对于驾培行业发展策略的制定至关重要。本部分分析了社会学驾需求总量变化趋势，并从学员年龄、性别、学车目标、期望的服务等方面分析了学员不同的学驾需求。

（一）社会学驾需求总量

根据国家相关统计数据，我国2003—2020年人口数量和年出生人口数量情况如图5-2所示。由图5-2可知，2003—2020年，我国人口总量呈现逐年增长的态势，截至2020年年底，我国人口总量达到14.12亿人；我国每年出生的人口数量在“十二五”以前呈现“小幅波动”的平稳发展态势，而在“十二五”期间呈现“剧烈震荡”态势，在“十三五”期间则呈现快速下降的态势，2020年我国出生人口数量为1203.13万人。

2003年出生的人的年龄在2021年达到18周岁，以此类推，“十四五”期间（2021—2025年）、“十五五”期间（2026—2030年）和“十六五”期间（2031—2035年），我国每年新增年龄为18周岁的人口数量分别在

1598.76万~1603.71万人、1594.73万~1980.38万人和1658.53万~1903.64万人之间。由此可见，在2035年以前，每年驾培行业新增的潜在学驾需求量均低于2000万人。

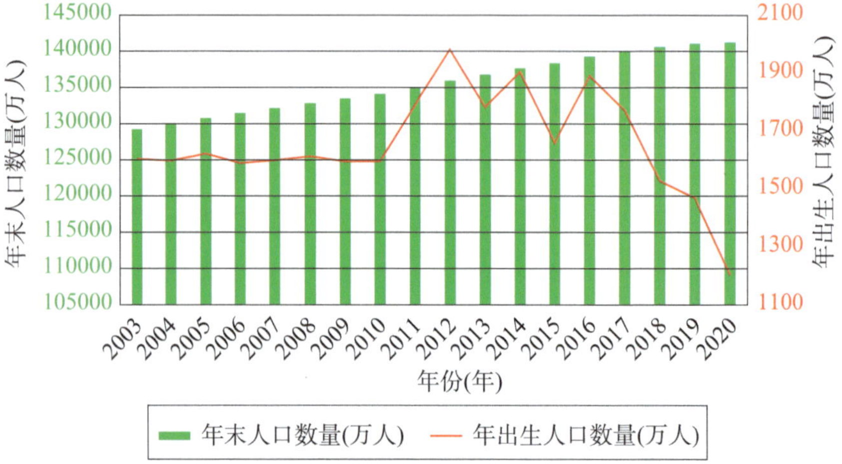

图5-2　2003—2020年我国人口数量与年出生人口数量

利用年新增社会潜在学驾需求量和年培训人数进一步分析社会学驾需求存量的变化情况，“十四五”“十五五”和“十六五”期间将分别新增0.8亿人、0.85亿人和0.9亿人的潜在学驾需求量，“十七五”期间预计新增0.63亿人的潜在学驾需求量。按照“十二五”和“十三五”期间驾培行业累计培训人数均超过1.1亿人次的水平进行估算，可以预见在2035年以前，社会学驾需求存量将呈现减少的态势，且减少的幅度将越来越大。社会学驾需求存量持续减少，驾培行业未来面临的市场竞争将更加激烈，驾培机构经营者需要具有企业长远发展的眼光和战略思维。

(二)社会学驾需求特征

随着经济社会的发展和人民生活水平的提高，人们越来越重视自身的安全和健康，近年来人民群众的消费观念发生了重大的变化，主要体现在以下四个方面：一是更加注重品质和消费体验，追求服务品质和自我舒适度；二是更加关注时间性价比，重视消费的便捷高效；三是消费变得更加理性，追求价值契合的品牌；四是更加注重安全、健康和环保。相应地，人民群众在驾驶技能学习中的消费观念也发生了变化。

1. 学员学驾目标和态度

学员报名参加驾驶培训时的学习目标和态度如图 5-3 所示，其中，希望尽快拿到驾驶证的学员占比为 22%；希望通过驾培机构培训能够学到安全驾驶知识和技能，保证一辈子安全驾驶的学员占比为 73%；只是学会开车就行，后续由朋友陪练的学员占比为 5%。此外，学员对完成教学大纲规定的培训学时也存在着不同的认识，其中，84% 的学员认为很有必要，是安全驾驶的基础；7% 的学员认为没有必要，只要考试能过就行；还有 9% 的学员认为无所谓，只要能顺利拿到驾驶证就可以。

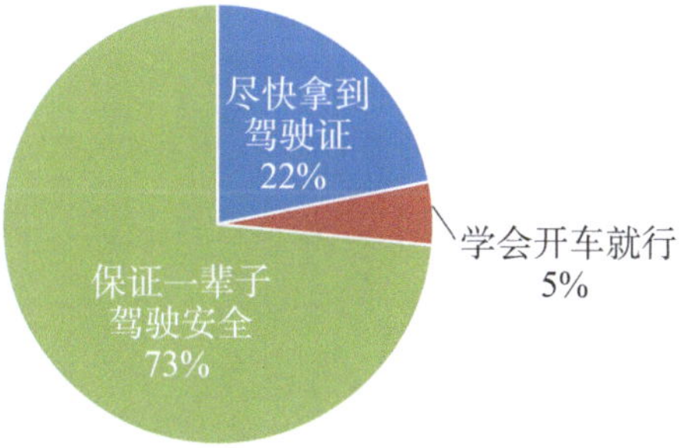

图 5-3　学员学驾目标和态度

综上所述，学员的学车态度和目标也开始发生较大的转变。超过 70% 的学员改变了此前一直以尽快获得驾驶证作为唯一的学车目的，期望在获得驾驶证的同时，能通过培训获得安全驾驶知识和技能。同时，超过 80% 的学员认为驾培机构完成教学大纲规定的培训学时，是让学员获得安全驾驶技能的重要前提。

2. 学员选择驾培机构时考虑的因素

学员选择驾培机构时主要考虑的因素如图 5-4 所示，其中，选择有口碑好的教练员的驾培机构的学员占比为 73.6%，选择口碑好的品牌驾培机构的学员占比为 69.5%，选择环境好、具有现代气息的驾培机构的学员占比为 49.7%，选择规模大的驾培机构的学员占比为 39.4%，选择培训收费低的驾培机构的学员占比为 33.3%。此外，45.1% 的学员希望行业建设信息平台展示当地驾培机构的信息供学员报名时参考。由此可见，学员选择驾培机构时优先考虑的因素不是驾培机构的规模和培训收费标准，而是驾培机构和教练员的教学服务水平，以及驾培机构长期积累形成的行业品牌和社会口碑。

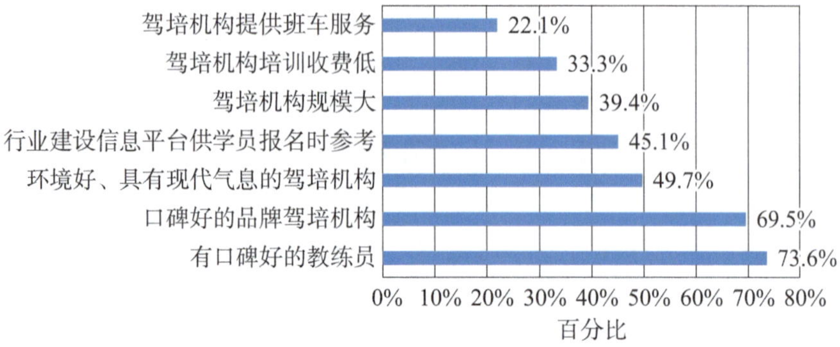

图 5-4　学员选择驾培机构考虑的因素

3. 学员对驾培机构培训服务的认同情况

学员对驾培机构培训服务的认同情况如图 5-5 所示，其中，63.5% 的学员对教练员教学有耐心、讲解透彻比较认同，62.2% 的学员对工作人员服务态度好比较认同，55.7% 的学员对报名、缴费、预约培训等很便捷比较认同。此外，还有部分学员对学员可以自主选择培训时段、自主选择教练员、对教练员进行评价，教练车干净卫生，以及培训学时可以跨驾培机构互认等方面比较认同。由此可见，学员对驾培机构从教学人员的专业性、工作人员的服务态度、学驾便利性和学员消费自主权等方面提升服务水平比较认同。

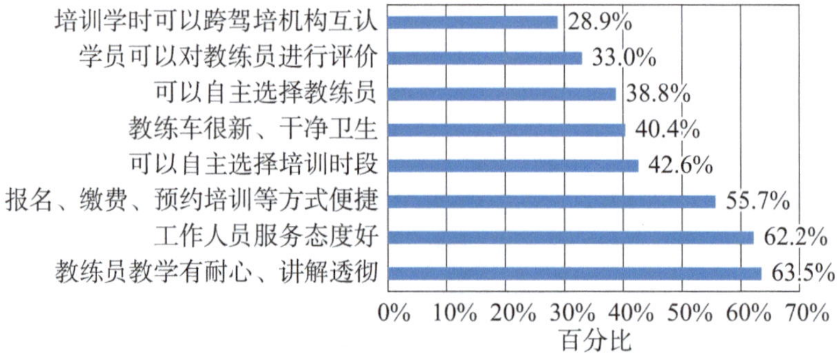

图 5-5　学员对驾培机构培训服务的认同情况

学员对驾培机构培训收费服务的认同情况如图 5-6 所示，其中，74.1% 的学员希望驾培机构公开收费标准，65.3% 的学员希望驾培机构提供先培训后付费服务，57.1% 的学员希望培训收费标准合理，53.4% 的学员希望可以自主选择费用支付方式。由此可见，学员对驾培机构公开收费标准、让学员透明消费，为学员提供先培训后付费服务等做法比较认同。

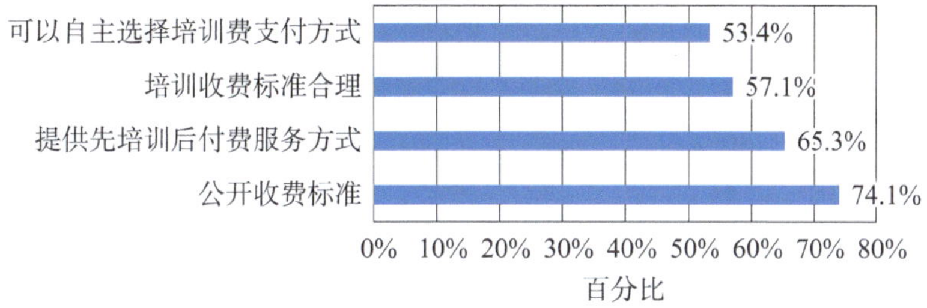

图 5-6 学员对驾培机构培训收费服务的认同情况

4. 学员对驾培机构教学组织的认同情况

学员对驾培机构教学组织方式的认同情况如图 5-7 所示，其中，74.2%的学员对实行一车一人培训比较认同，55.8%的学员对配备 VR 模拟器和智能辅助教学设备开展训练比较认同，52.8%的学员对驾培机构提供考试题库测试训练比较认同，50.7%的学员对驾培机构提供网络远程理论教学比较认同，40.5%的学员对使用音视频设备监控学员培训过程比较认同。由此可见，相比提供考试题库训练，学员对驾培机构实行一车一人计时培训、运用新技术开展培训教学的认同度更高。

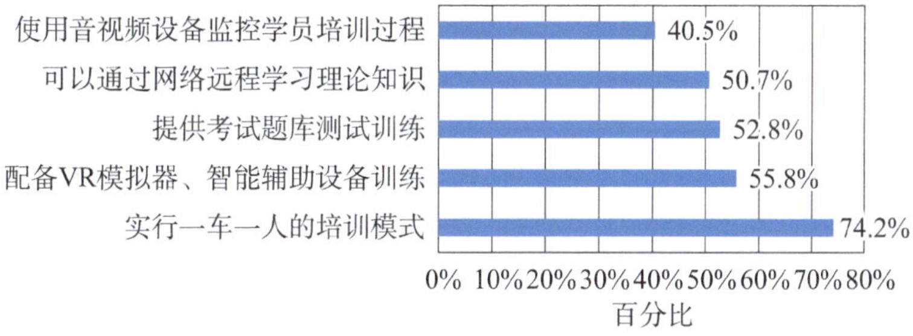

图 5-7 学员对驾培机构教学组织的认同情况

三 驾培机构社会属性与新形势下的经营发展需求

社会学驾需求不断变化和升级，新技术不断进步并与驾培行业融合应用，行业管理政策逐步向督促和支持驾培机构强化主体责任方向发展，面对发展的新形势，驾培行业作为服务性行业，如果能够及时在培训组织、教学服务和管理等诸多方面进行调整，为学员持续提供优质的服务，则驾培行业能够保持健康、有序发展；相反，驾培行业将会陷入发展的瓶颈，面临越来越多的社会诟病。驾培机构的经营管理思路和管理方式对其培训质量具有重要的影响，因此，本部分从企业经济效益追求、质量管理和互联网融合发展等方面分析了驾培机构经营发展的需求。

（一）驾培机构的社会属性

根据传统经济学原理，企业作为生产经营性组织，实现盈利是其非常重要的经营目标。追求利润最大化，是对企业经营目标的一个基本假定，企业一切活动都会围绕这个目标进行。然而，随着现代经济社会的发展，人们普遍认识到，企业在追求利润、对投资方利益负责的同时，还承担着对员工、社会和环境的责任，包括遵守商业道德、生产安全、职业健康、保护劳动者合法权益、保护环境、节约资源等，即通常所说的企业社会责任。

从表面上看，企业社会责任和企业经营目标存在背离，但实质上二者之间有着内在的统一。企业如果能担负起社会责任，将有利于其树立良好的社会形象，提高企业的社会声誉，这对于增强企业的竞争力、扩大市场份额是有利的，从而也有利于实现企业的经营目标。

驾培机构本质上是一个企业，具有企业的一切属性，一方面会以追求利润、实现利润最大化为经营目标，一切经营管理行为均会围绕经济效益的获得来开展；另一方面驾培机构是学员学驾服务的提供者，是为社会培养安全文明驾驶员的摇篮，其培训质量的好坏直接影响驾驶员安全意识和技能素质的养成，会对社会道路交通安全水平将产生重要影响，因此驾培机构还肩负着社会责任。驾培机构的经营行为，不仅要考虑自身的经济效益，还要考虑对促进社会经济发展所肩负的责任。

（二）驾培机构经济效益追求与发展需求

驾培机构的发展应当是建立在获得合理经济效益基础上的发展。因此，谈驾培机构的发展需求应当与企业经济效益的追求结合起来，这样才能挖掘出驾培机构的真实发展需求，充分调动驾培机构的主观能动性。

驾培机构经济效益与其经营收入和支出的平衡性相关，第三章中介绍了驾培机构经营收入和支出的结构组成情况。影响驾培机构经营收入和支出的因素众多，本部分重点分析学员培训量对驾培机构各种经营收入项或支出项的影响，分析结果见表 5-1。

（1）从经营收入来看，驾培机构的经营收入随培训学员的数量增多而增加，具体表现为：培训学员的数量越多，公司化经营驾培机构的学员培训费收入和辅助性经营服务收入会越高，承包经营驾培机构的学员管理费收入和辅助性经营服务收入也会越高。

驾培机构经营收入、支出与学员培训量的关系　　表 5-1

项　目	与学员培训量的关系			
	公司化经营的驾培机构		承包经营的驾培机构	
	一车一人培训模式	一车多人培训模式	一车一人培训模式	一车多人培训模式
收入项				
学员培训费	强正比（＋＋）	强正比（＋＋）	不相关	不相关
学员管理费	不相关	不相关	强正比（＋＋）	强正比（＋＋）
辅助性经营服务收入	强正比（＋＋）	强正比（＋＋）	弱正比（＋）	弱正比（＋）
支出项（单位学员支出）				
日常办公经费	弱反比（－）	强反比（－－）	不相关	不相关
人力资源费	弱反比（－）	强反比（－－）	不相关	不相关
教练车购置与使用费	弱反比（－）	强反比（－－）	不相关	不相关
教练车燃料消耗费	强正比（＋＋）	弱正比（＋）	不相关	不相关
教练场地建设和使用费	弱反比（－）	强反比（－－）	弱反比（－）	强反比（－－）
教学服务设施设备购置和使用费	弱反比（－）	强反比（－－）	弱反比（－）	强反比（－－）
市场营销费	弱正比（＋）	弱正比（＋）	不明确	不明确
税费和其他费用	弱正比（＋）	弱正比（＋）	弱正比（＋）	弱正比（＋）

注：“＋”代表正向相关；“－”代表反向相关。

（2）从培训经营支出来看，培训学员的数量增加，培训经营成本支出的总额会相应地增加，但是，无论是公司化经营还是承包经营的驾培机构，其单位学员培训经营支出会随培训学员的数量增多而降低。同时，驾培机构培训模式不同，单位学员培训经营成本降低程度存在差异，采用“一车多人”培训模式比采用“一车一人”培训模式的单位学员培训经营成本降低程度更大，即单位学员培训经营成本相对更低。由此可见，学员培训量与驾培机构的经营效益成正比关系，且单车培训量是驾培机构经营效益的重要影响因素。

驾培机构的培训收入情况，除了受学员培训量的影响外，还受培训收费标准的影响。图 5-8 展示了驾培机构的培训收费标准情况。由图 5-8 可知，培训收费在 2500 元以下的驾培机构占比为 24%，培训收费在 2500 ~ 3000 元之间的驾培机构占比为 27%，培训收费在 3000 ~ 3500 元之间的驾培机构占比为 21%，培训收费在 3500 ~ 4000 元之间的驾培机构占比为 11%，培训收费超过 4000 元的驾培机构占比为 17%。据初步估算，按照教学大纲培训学时要求，培训一名学员的平均成本在 2800 元左右（驾培机构所在区域的经济发展水平不同，培训经营成本存在差异），可见，有近 30% 的驾培机构培训收费低于其规范培训所需的成本，另有不足 30% 的驾培机构的毛利润超过 25%。

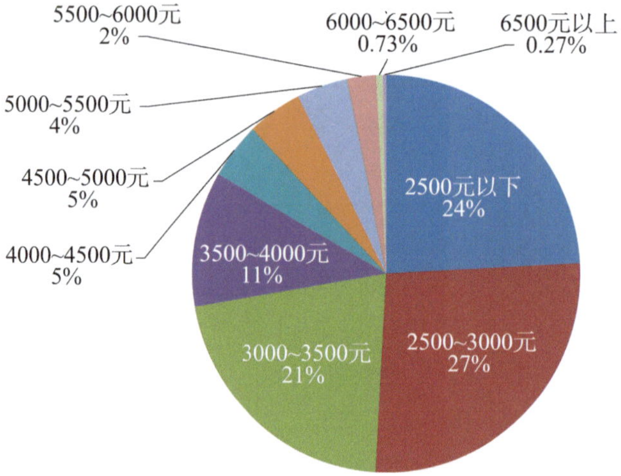

图 5-8　驾培机构培训收费标准

综上所述，单车培训量、培训收费标准对驾培机构的经营效益具有重要影响。因此，无论是公司化经营的驾培机构，还是承包经营、混合经营的驾培机构，在培训收费标准不足以获得目标经济效益的条件下，通常会采用压缩培训学时、降低教练车燃料消耗费以及采取乱收费等违规行为来获得经济收益，其中，提高“单车培训量”是一种较为常规的做法，这也是驾培机构和教练员未能严格按照教学大纲要求开展培训的根源。在实践中，提高“单车培训量”的具体表现有以下情形。

（1）安排一车多人训练。驾培机构在一辆教练车上安排多名学员同时进行训练，教练员同时对多名学员进行培训学时记录，其本质是驾培机构通过虚增学员培训学时获利。

（2）缩减学员培训学时。教练员依据驾驶证考试评判标准开展教学，设法让学员在尽可能短的时间内（低于教学大纲规定的培训学时）通过驾驶证考试。驾培机构和教练员通过缩短学员培训学时和培训周期，可以间接提高单车培训量，达到降低经营成本的目的。

在上述情形中，虽然学员都获得了驾驶证且驾培机构的经济效益得到了保证，甚至一些驾培机构的经济效益得到明显提高，但是学员并没有真正掌握安全驾驶技能，其安全文明行车意识依然薄弱、良好的驾驶习惯尚未有效形成、道路驾驶心理适应能力仍然不足，相当一部分学员获取驾驶证后仍然不敢或不能独自上道路安全驾驶，学员消费权益和社会安全效益都受到了损害。据公安部门统计，我国3年以下低驾龄驾驶员违法肇事的情况虽然在持续改善，但其肇事的事故起数占全部道路交通事故起数的比例仍然较高，2018年、2019年和2020年分别为18.41%、16.37%和14.38%，事故致死人数占全部道路交通事故死亡人数的比例分别为16.03%、14.36%和12.77%。如果驾培机构经营者选择“降低培训收费、缩减培训学时”作为同业竞争策略，虽然一部分驾培机构经营者在短期内会获得好的经济收益，但会对驾培行业的健康发展产生巨大的破坏力，甚至最终会导致整个行业的衰落，驾培机构自身也就失去了生存的根基，终将会搬起石头砸自己的脚。

培训质量是驾培机构赖以持续生存和发展的根本，也是驾培机构履行社会责任的核心。面对激烈竞争的市场形势，驾培机构发展的唯一途径就是通过转型发展实现提质降本增效：一方面通过科学的成本测算和定价，营造合理的利润空间；同时，行业管理部门要加强对违法违规经营行为的监管力度，营造公平竞争的市场环境作为保障。另一方面驾培机构由单一的规模化发展向专业化、集约化和品牌化发展转变，创新运用先进的教学方法和技术，提高培训效率和管理效能来降低经营成本，同时，强化企业文化和服务品牌建设，增加企业培训服务的附加值，提升企业的盈利能力和盈利空间。

（三）驾培机构质量管理与发展需求

1. 驾培机构质量管理体系建设需求

质量管理是企业实现质量目标进行的管理性质的活动，是企业生产经营的重要组成部分，而开展质量管理体系建设是企业把好质量关的重要基础。质量管理体系是指在质量方面指挥和控制组织的管理体系，是组织内部建立的、为实现质量目标所必需的、系统的质量管理模式，它将资源与过程结合，运用过程管理方法进行系统管理。

国际标准化组织的质量管理和质量保证技术委员会针对质量管理体系的要求，制定了 ISO9001 质量管理体系要求认证标准，以适用于不同类型、产品、规模与性质的组织。我国相关单位制定了国家标准《质量管理体系要求》（GB/T 19001—2016）和《质量管理体系 GB/T 19001—2016 应用指南》（GB/T 19002—2018），总结了质量管理的方法理念和实践经验，提出企业质量管理体系建设应遵循“以顾客为关注焦点、领导作用、全员积极参与、过程方法、改进、循证决策、关系管理”等七个方面的原则，为企业有效实施质量管理工作提供了指导。

国家标准《机动车驾驶员培训机构资格条件》（GB/T 30340—2013）从组织机构、管理制度等方面对驾培机构提出了有关质量管理的条件要求，驾培机构按照标准要求建立了管理制度，健全了组织机构并设立了相应的岗位和人员，具备了质量管理基础，但与企业质量管理体系建设要求相比，质量管理工作的全面性和系统性仍存在不足，体现在以下六个方面。

（1）学员需求没有得到充分理解。如果没有报名参加驾驶培训的学员，驾培机构将失去存在的价值，因此，学员是驾培机构生存和发展的前提和基础。在实践中，驾培机构经营者没有深入了解社会学驾需求，片面关注学员获得驾驶证的需求，没有按照驾驶技能形成规律来组织学员开展驾驶训练，忽视了对学员安全驾驶技能素质的培养，缺少超前为学员服务的意识，导致企业质量管理不到位。

（2）领导作用没有得到有效发挥。俗话说，“火车跑得快，全靠车头带”。一个国家、一个企业乃至一个团队能否高效运转、达到既定目标，需要看领导者的能力发挥。领导作用是企业各层级领导对企业发展战略和经营目标形成共识，能够将企业发展战略、经营过程与资源配置协调一致，建立以质量为中心的企业发展环境，从而组织全体员工有效地推行各项质量管理举措，获得期望的结果。在实践中，驾培机构经营者缺少远见，把短期经济利益放在第一位，而把质量放在企业发展的靠后位置，将“低价竞争”作为企业发展战略，在企业内部对经济效益目标形成广泛共识，导致各岗位人员缺少质量优先的意识，致使培训服务质量无法得到有效的管控。

（3）企业经营环节的协调管理不足。企业经营可以分为若干相互关联的环节，针对这些环节进行管理，减少管理部门之间职能交叉所带来的障碍，形成协调一致的过程管理体系，这样可以实现企业资源的高效利用和企业预期目标。驾培机构根据业务需要通常设立了市场、教学管理、车辆管理、场地管理、信息化等管理部门，一些企业的管理部门之间存在职能交叉、条块分割现象，使得企业难以形成协调一致的培训经营过程管理体系，造成内耗较大，影响了企业的经营发展。

（4）企业管理体系改进机制不够健全。质量管理面临着诸多的影响因素，因此，质量管理体系建立之后，其实施过程并不会一成不变，而是需要根据内外部条件的不断变化做出相应的调整，从而保持质量管理体系的有效性。一些驾培机构缺乏有效的质量纠正机制，比如，未建立有效的教练员教学服务评价机制，学员对教练员不满意进行投诉，但没有得到及时有效的处置。

（5）企业常常凭经验决策，缺乏数据分析。决策是一个复杂的过程，它涉及不同来源的信息输入及其解释，且这些信息输入和解释可能是主观的、不确定的，从而增加了决策的难度。企业发展需要以事实为决策依据，比如通过数据信息的分析和影响评估为决策提供依据，这样可使得决策更加客观，决策者也会更有信心。驾培机构经营者的数据决策意识欠缺，同时，驾培机构对信息化技术应用还不足，经营者无法可靠地获得决策所需的数据信息，常常凭经验进行决策，为企业经营发展带来了风险。

（6）企业对产品服务供方关系管理的意识不强。随着社会的不断发展，社会分工越来越细，专业化程度越来越高，任何企业都有供方或者合作伙伴，比如，驾培机构为了做好培训服务，需要向社会采购培训教材、教练车、驾驶培训模拟器等设施设备和教学工具，或者委托第三方开发教学和管理信息系统，形成产业链。供方向企业提供的产品服务，对企业向学员提供的培训服务具有重要的影响。如果与供方关系处理不好，甚至出现断链，会影响企业持续稳定地向学员提供培训服务的能力，还会影响到企业对市场的快速反应能力。因此，加强与供方或者合作伙伴的关系管理，形成合作共赢的关系非常重要。在实践中，驾培机构往往采取一次性采购的策略，没有与供方建立一种长期稳定合作的关系，在合作当中没有将本企业的质量标准体系要求传达给供方，并参与供方产品的设计和改进。

2. 教练员管理需求

教练员从业资格管理制度被取消，驾培机构成为教练员素质培训与管理的主体。驾培机构应当从哪些方面和采用哪些方法来加强教练员管理，驾培机构负责人、教练员和学员分别提出了意见和建议，图 5-9 展示了驾培机构开展教练员管理的措施建议。

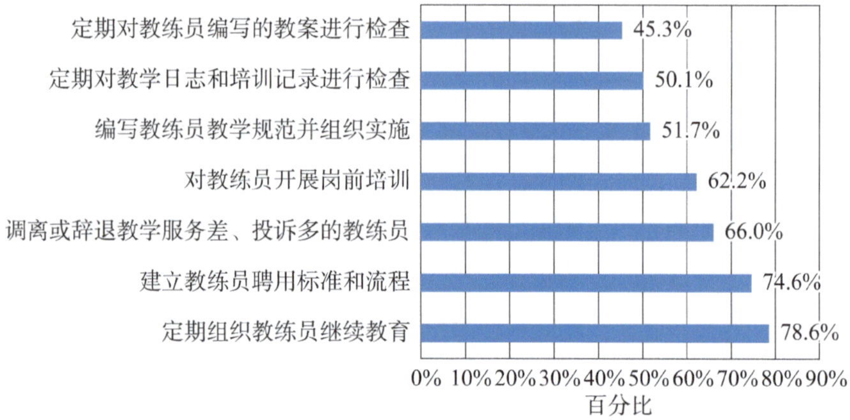

图 5-9　受访者对驾培机构实施教练员管理的举措建议

由图 5-9 可知，驾培机构可以围绕教练员聘用与辞退、岗前培训、教学管理和继续教育等方面开展教练员管理：78.6% 的受访者认为需要定期组织教练员继续教育，让教练员掌握的知识及时得到更新；74.6% 的受访者认为需要建立教练员聘用标准和流程，规范教练员的入职管理；66% 的受访者认为应当调离或辞退教学服务差、投诉多的教练员，建立教练员职业退出机制；62.2% 的受访者认为需要对教练员开展岗前培训，提高教练员的职业素质；51.7% 的受访者认为需要编写教练员教学规范并组织实施，加强教练员规范化教学实践能力的培养；50.1% 的受访者认为需要定期对教学日志和培训记录进行检查，强化教练员教学过程的监督管理。

图 5-10 展示了驾培机构加强教练员管理的方法建议。由图 5-10 可知，驾培机构可以围绕教练员评价机制、教学质量管理机制、学员选择教练员机制等方面加强教练员管理：64.6% 的受访者认为应当建立学员参与的教练员评价机制，赋予学员监督教练员的权利，强化学员的监督作用；61.8% 的受访者认为应当设置教学质量管理部门及岗位，强化教练员教学

质量管理；60.5%的受访者认为应当建立学员自主选择教练员的机制，对教学服务质量差的教练员形成倒逼机制。

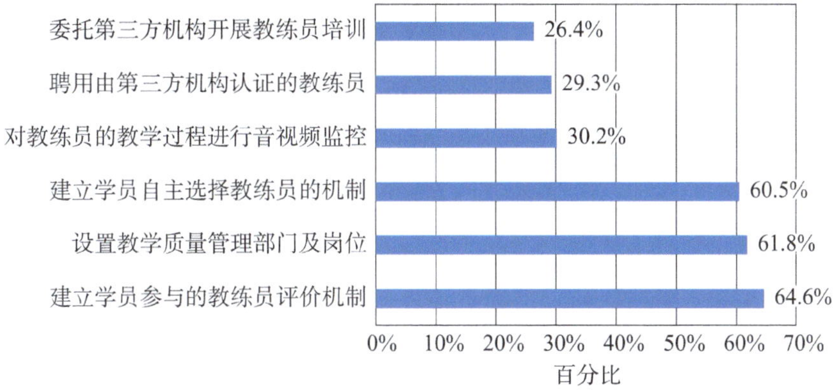

图 5-10　受访者对驾培机构加强教练员管理的方法建议

（四）互联网融合发展环境下的发展需求

近年来，互联网、电子商务和智能移动终端等技术快速发展和应用，为更广泛的信息获取、即时交易提供了技术支撑；在线支付、手机扫码支付等技术得到广泛应用，为人民群众的生活、出行提供了便利，不断改变人们（尤其是中青年群体）的生活和消费习惯。随着大数据技术的应用，人们的个性化消费需求可以被精准分析，从而得到进一步满足。个性化服务、价廉质优服务成为人们消费时的关注点，体验式消费成为人们消费选择的一种新常态。

近年来，国家积极推行“互联网+”政策，一些社会资本开始积极探索“互联网+”技术与驾驶培训的融合应用，衍生出“互联网+驾驶培训”这一新的商业模式。目前，这种新的商业模式还没有获得有利的发展环境，因此，还没有对传统的驾驶培训经营模式造成实质性的威胁，但这是发展的趋势。新的商业模式对驾培行业发展既具有正面的借鉴意义，也具有反面的消极作用，需要驾培行业从业者建立正确的认识。

（1）“互联网+”技术使得驾培机构供应端信息与学员学驾需求端信息变得更加透明，促进了驾驶培训供需双方信息的对接，这样更有利于优质的驾培机构通过口碑获得市场生源，营造良好的市场环境。

（2）“互联网+驾驶培训”主要建立在“预约培训、计时收费”的运营模式基础上，因此，有利于培树人们“预约培训、计时培训和收费”的学驾消费理念，更好地接受计时培训服务。

（3）“互联网＋”技术形成的平台化商业模式为企业经营带来的风险值得注意，比如“互联网＋”技术将驾培行业由实体化经营转为虚拟化经营，平台化商业模式的资本属性最终可能会形成新的行业垄断，甚至将单一的企业经营风险扩大为影响面更大的社会不稳定风险等。

专栏5-1 关于驾驶培训新业态——“猪兼强”公司经营模式的思考

1. 背景情况

2014年9月，广东猪兼强互联网科技有限公司（以下简称“猪兼强公司”）在广州市天河区注册成立，2015年1月进入驾培行业。猪兼强公司利用线上招生优势，获得极强的吸金能力，短短几年内便获得数轮融资，发展迅速。但是从2019年开始，关于“猪兼强”公司的投诉增多，被投诉的原因多种多样。除了被投诉，“猪兼强”公司的广告投放也出现了问题，因涉嫌虚假宣传，当年被广东省消费者委员会通报。

2020年，“猪兼强”公司陷入财务困境而宣告破产，导致支付了培训费的学员无法接受训练，包括教练员在内的员工的工资也被拖欠。据统计，当时猪兼强公司在册学员约4.24万人，已完成培训的学员约0.9万人，未完成培训的学员约3.34万人，涉及广州、佛山、杭州、中山、清远等多地。以C1车型学员的培训学费5980元/人为标准进行估算，待退学费约为2亿元，为社会带来极大的不稳定因素。

2. 公司运营模式与破产原因

“猪兼强”公司采取“互联网营销＋自营驾培机构”连锁运营模式，线上通过淘宝、京东、微信等网络平台投放学车广告，通过网络招生并收取学员学费，再将学员引流到线下其全资、控股或合作的驾培机构，通过集团内部协议方式安排其控股或合作驾培机构与学员签订培训合同，由驾培机构负责学员培训与辅助考证工作。

“猪兼强”公司在前期通过低价策略招生，需要进行大量补贴，同时，为了提高市场占有率投入了大量的广告费用，极大地消耗了公司的现金流。在烧钱还没有抢下市场且看不到希望时，资本开始撤退，导致公司无法继续“拆东墙补西墙”，原来掩盖在低价之下的质量问题逐渐浮现出来，最终走向了破产。

3. 对新业态的反思

“猪兼强”公司曾希望以互联网思维对传统驾培行业进行升级转型，在品牌、服务、管理、模式和安全等层面持续创新，但实际上只是借了互联网的市场营销理念，成为了线上的“中间商”，即利用网络招生，再分配线下直营或合作的驾培机构进行培训。这种“互联网＋线下”的模式存在的经营风险具体表现为：公司通过预收客户费用来“回血”，虽然公司把用户的钱收上来了，但是由于很多原因无法直接用于服务，同时公司运转时还在不停产生成本。这些成本会把公司预收的款项慢慢“吃掉”，“吃掉”之后又不给用户提供服务，企业也就无法产生相应的利润，这个时候就产生了亏空，形成恶性循环。

四 新形势下的驾培行业监管需求

行业管理部门的主要职责是维护市场秩序，为驾培机构营造公平竞争的市场环境。近年来，驾培机构培训组织模式和经营模式不断创新，驾培行业管理政策进一步向强化事中事后监管调整，在新的发展形势下，行业监管工作内容和监管手段需要进一步优化，从而提升行业治理能力和治理水平。

（一）驾培行业管理的内涵

行业管理的概念目前没有统一的定义，有的学者认为行业管理是指行业管理者按照技术经济同一性原则，对社会经济活动进行的专业化分类管理；有的学者认为行业管理是宏观经济管理与企业微观经济管理之间的管理层次，是一种适应社会化大生产和市场经济需要的社会经济管理形式，是市场经济体制的有机组成部分。

从表面上看，驾培行业管理的主体是行政机关，行业管理是一种行政行为，但实质上行业管理还有其经济属性。驾培行业管理的对象是驾培机构及其从业人员，每一项行业管理举措所产生的影响最终都会传导至驾培机构及其从业人员的经济活动当中。因此，行政机关在实施行业管理时，需要依据市场经济规律，把握好对驾培市场的干预程度，让行业管理始终不偏离“为驾培机构发展营造公平竞争的市场环境，满足广大社会群众学驾需求”的轨道。

（二）驾培行业管理新政策及实施要求

近年来，国务院和交通运输主管部门出台了一系列驾培行业管理新政策，这些新政策主要体现了以下三个方面的管理思路。

（1）政策的制定以满足人民群众学驾需求为中心，以引导驾培行业向专业化、集约化转型升级发展为主线。

（2）持续深化“放管服”改革，进一步开放机动车驾驶员培训市场，给予驾培机构更大的经营自主权，进一步发挥市场在教学资源配置中的决定性作用，优化行业供给结构。

（3）要求行业管理部门加强对驾培行业的事中事后监管，督促驾培机构落实好主体责任。

机动车驾驶员是道路交通安全管理的第一道防线，交通事故中反映出来的驾驶员因素问题，需要从源头入手进行解决。《道路交通安全法》《道路交通安全法实施条例》《道路运输条例》等有关法律法规赋予交通运输主管部门履行驾驶培训管理的职能。交通运输主管部门有责任和义务加强机动车驾驶员培训管理，督促驾培机构落实主体责任，维护驾培行业稳定，把好社会群众学习驾驶技能的第一道关口。

（1）随着《道路交通安全法》《道路运输条例》《国务院办公厅转发公安部　交通运输部关于推进机动车驾驶人培训考试制度改革意见的通知》（国办发〔2015〕88 号）等法律法规和政策文件的修订发布实施，驾培机构拥有了更大的经营自主权，面对依然严峻的道路交通安全形势，驾培机构仍然需要将提升培训质量和服务质量作为企业履行主体责任的核心内容。

（2）机动车驾驶员培训业务许可管理调整为备案管理后，在弱化市场准入这一事前管理的前提下，在确保行业培训质量不降低的要求下，强化驾培行业事中事后监管，是行业管理部门亟需研究的重要课题。交通运输主管部门一方面要明确备案条件和简化程序，充分利用信息化技术便利企业备案，对备案驾培机构开展广泛的社会宣传，引导和督促驾培机构及时备案；另一方面，要充分利用信息化技术和构建以学员为主体的教学服务质量监督评价体系，加强对备案驾培机构的事中事后监管，加强对企业和从业人员违法违规行为的查处力度，对相关人员实施行业禁入，构建较为完善的事中事后监管体系。

（3）自2006年以来，实施教练员从业资格管理制度，对提升教练员队伍素质发挥了重要的作用，成为交通运输主管部门对驾培机构实施培训质量管理的重要抓手。《国务院关于第二批取消152项中央指定地方实施行政审批事项的决定》（国发〔2016〕9号）文件实施后，教练员素质管理的主动权由行业管理部门向驾培机构转移，需要重构以驾培机构为主、行业协会为辅、社会学员和行业管理部门监督的教练员素质提升与管理新模式。

（4）近年来，广东、湖南、浙江、重庆、河南、安徽等多地出现驾培机构资金链断裂，教练员停课，造成学员群体性上访等社会不稳定事件，给社会造成严重的不良影响。因此，维护行业安全稳定发展，成为交通运输主管部门履行机动车驾驶员培训管理职责面临的重要任务。

（三）驾培行业监管需求

1. 驾培市场秩序监管需求

良好的驾培市场秩序是驾培机构依法经营、获得生存和发展权力的重要保障，因此，维护驾培市场秩序是驾培行业监管的重要内容。对维护驾培市场秩序所需开展的监管工作内容以及监管方式，省级、市级和县级等各级行业管理部门代表提出了不同的看法。

行业管理部门代表对行业监管工作内容的看法如图5-11所示，具体包括5个方面：①驾培机构应符合标准要求；②对培训记录和结业考核严格把关；③推行驾培市场投资风险预警；④对驾培机构和从业人员实行信用管理；⑤维护驾培行业合理的收费标准。由此可见，针对驾培市场进入环节的监管需要采取疏堵结合的方式，一方面要严格落实驾培机构开业条件要求；另一方面引导行业建立合理的收费标准，完善和实施驾培市场投资风险预警制度，让驾培机构依法经营有合理的经济效益保障，同时减少因社会盲目投资带来不当市场竞争的风险。针对经营环节的监管主要是抓住

“教学”“结业考核”两个关键环节和“教练员”“驾培机构负责人”两类关键岗位，通过对培训记录和结业考核严格把关，抓好教学和结业考核的质量；同时，建立和推行驾培机构信用管理制度、教练员和驾培机构负责人等关键岗位人员信用管理制度。

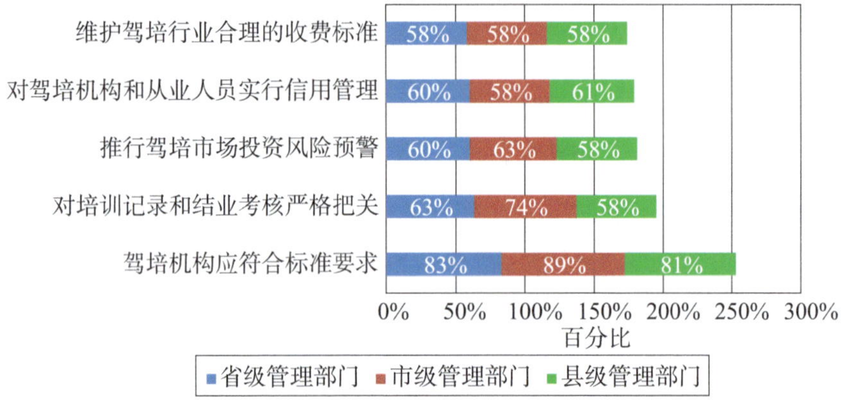

图 5-11　维护驾培市场秩序的监管工作需求

行业管理部门代表对行业监管方式的看法如图 5-12 所示，具体包括六个方面：①运用计时培训系统加强行业监管；②开展驾培市场专项整治行动；③与其他相关管理部门建立协同管理机制；④对学员投诉及时查处并向社会公布结果；⑤建立社会公众监督机制；⑥发挥行业协会在行业自律中的作用。由此可见，交通运输主管部门履行职责不仅要通过信息技术应用提升监管效能，而且还需要加强与其他管理部门的协同监管，引导社会公众和第三方机构广泛参与，具体表现为：①充分运用计时培训系统等信息化手段加强培训过程的监管；②针对扰乱市场秩序的经营行为，开展驾培市场专项整治行动；③建立与公安、市场监督管理等部门的协同管理机制，通过多部门联合执法提高执法效率；④建立社会公众监督机制，引导学员广泛参与监督，及时查处学员投诉并向社会公布结果；⑤发挥行业协会在行业自律中的作用。

2. 教练员监管需求

驾培机构是教练员管理的主体，行业管理部门可以采取哪些监管措施来引导驾培机构落实好教练员管理责任，驾培机构负责人对此提出了不同的看法，如图 5-13 所示。

由图 5-13 可知，驾培机构负责人期望行业管理部门采取的监管措施主要包括以下三个方面：①进一步完善教练员培训制度，包括制定行业统一的教练员聘用和岗前培训规范，以及教练员继续教育制度；②探索新的人才培养途径，开展教练员职业教育；③规范人才评价机制，包括编制行业统一的教练员素质评价规范。

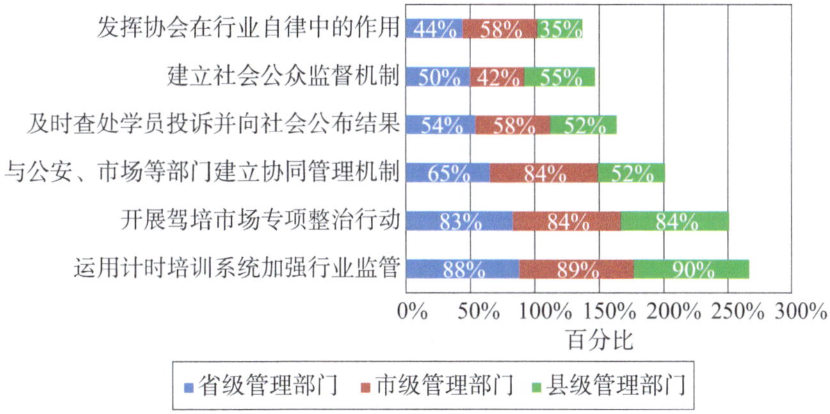

图 5-12　行业管理部门代表对行业监管方式的看法

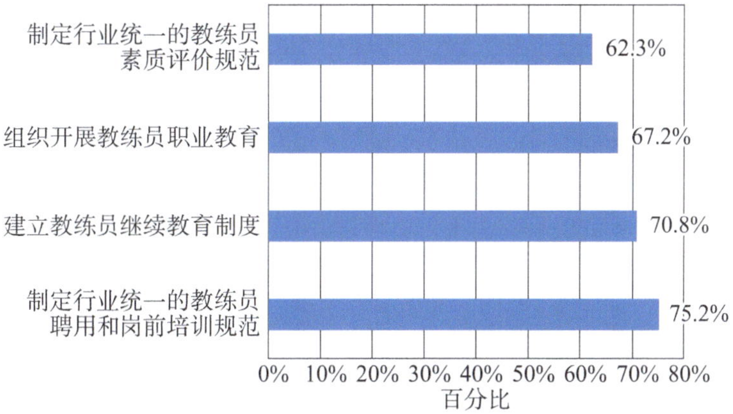

图 5-13　驾培机构负责人对教练员监管工作的看法

由图 5-14 可知，驾培机构负责人期望行业管理部门优化监管方法，主要包括以下两个方面，①积极引入信用管理理念，建立教练员信用评价机制，构建行业统一的教练员信息库夯是信用评价的基础；②发挥行业协会的作用，包括组织开展教练员技能竞赛，指导驾培机构开展教练员培训与管理。

3. 道路货物运输驾驶员培训管理需求

道路货物运输驾驶员从业资格考试政策改革后，如何加强道路货物运输驾驶员素质培训与管理，各地行业管理人员提出不同的看法。

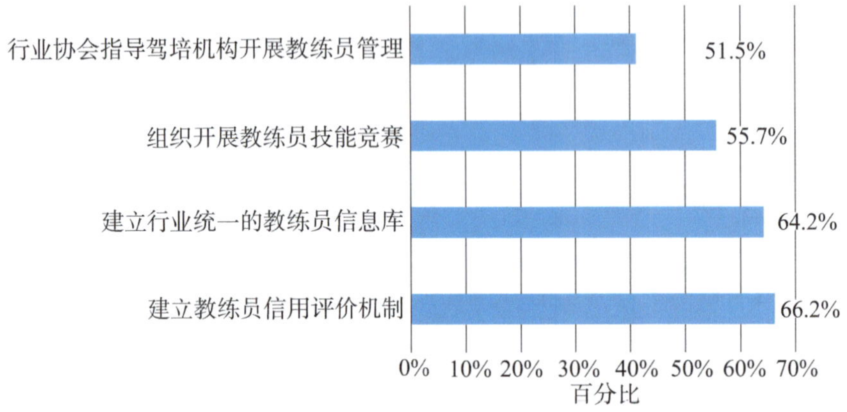

图 5-14　驾培机构负责人对教练员监管方式的需求

由图 5-15 可知，行业管理部门需要抓住培训机构的教学和结业考核两个重要环节开展监管，具体包括：①在教学和结业考核规范方面，完善道路货物运输驾驶员培训教学大纲，强化道路货物运输驾驶员培训机构的结业考核监管；②在教学保障方面，提高道路货物运输驾驶员培训机构的资格条件。

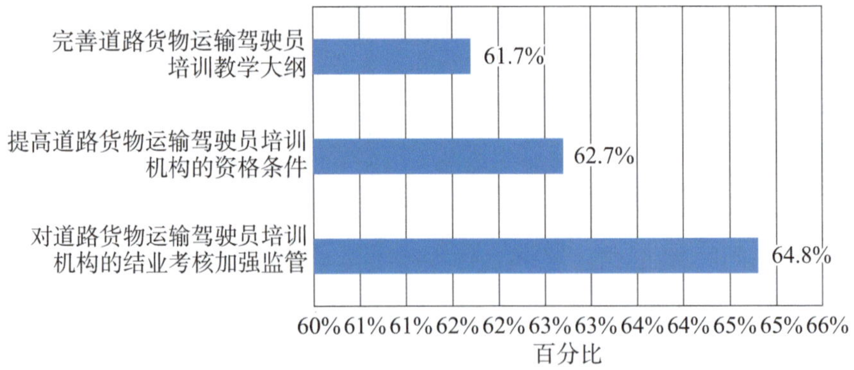

图 5-15　行业管理人员对道路货物运输驾驶员培训质量监管工作的看法

由图 5-16 可知，行业管理部门需要运用以下监管方式加强对道路货物运输驾驶员培训质量的管理，具体包括：①加强教练员素质培养，组织道路货物运输驾驶员培训教练员的专项培训；②继续推行以岗位需求为导向的专业化人才培养模式，鼓励驾培机构与职业院校、道路运输企业联合开展道路货物运输驾驶员培养；③持续推进计时系统与考试预约系统的联网对接，充分发挥信息化技术在监管中的作用。

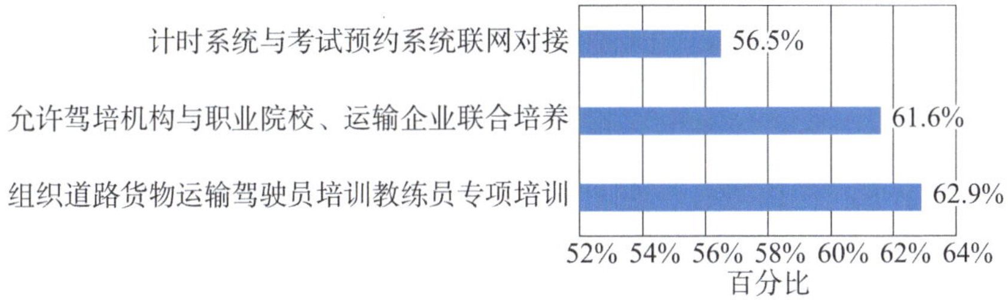

图 5-16 行业管理人员对道路货物运输驾驶员培训质量监管方式的需求

4. 行业管理体制改革与监管需求

2018 年 11 月，中共中央办公厅、国务院办公厅联合印发了《关于深化交通运输综合行政执法改革的指导意见》（中办发〔2018〕63 号），文件明确了交通运输综合行政执法改革的指导思想、目标和改革任务。2020 年 12 月，国务院办公厅发布了《关于交通运输综合行政执法有关事项的通知》（国办函〔2020〕123 号），文件提出各地区、各部门要高度重视深化交通运输综合行政执法改革，全面落实清权、减权、制权、晒权等改革要求，统筹推进机构改革、职能转变和作风建设；要切实加强组织领导，落实工作责任，明确时间节点和要求，做细做实各项工作，确保改革举措落地生效。

数十年来，随着道路运输事业的发展，全国各地交通运输主管部门根据行业管理职责的需要，成立了二级事业单位——道路运输管理局，依法履行包括驾培业务在内的道路运输业务及相关业务的管理职责。近年来，全国各地交通运输主管部门贯彻落实党中央、国务院有关交通运输综合行政执法改革文件精神，结合当地实际稳步推进交通运输综合行政执法改革工作，部分地方道路运输管理体制发生了变化。北京、江苏等地撤销二级事业单位“运输管理局”，在交通运输主管部门下设相关处室承担包括驾培业务在内的道路运输业务及相关业务的管理工作。安徽、广东、福建、辽宁、山东等地撤销二级事业单位“运输管理局”，将“运输管理局”的行政职能全部归口于交通运输主管部门，并新成立二级事业单位“道路运输事务中心”或“道路运输管理服务中心”，承担包括驾培业务在内的道路运输业务及相关业务管理等行政辅助工作，强化管理服务职能。

截至2020年12月，39%的地市已经完成管理体制改革，其中24%的地市当前出现多部门管理职能交叉、边界不清晰，新的管理体制对驾培行业管理职责的履行暂时会产生影响；61%的地市还没有完成管理体制改革，不清楚今后对驾培行业管理职责的履行是否会产生影响，如图5-17所示。部分地方行政体制改革完成后，道路运输管理职责涉及多个机构，因此，需要从法规建设、信息化建设和协同监管机制建设等方面进一步做好顶层设计，比如，地方结合管理实际推动出台相关法规和部门规章，明确各相关方的管理职责，指导各单位履行行业管理职责时能够做到边界清晰、衔接顺畅、协同高效，为行业和企业健康持续发展提供有力保障。

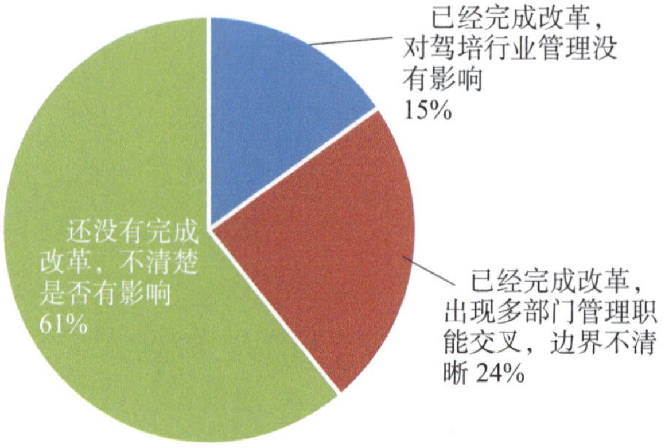

图5-17　交通运输综合行政执法改革情况

五　驾培行业发展趋势

在“十四五”时期，面对社会学驾需求多样化、个性化和品质化发展，驾培行业破解供给结构不合理、存在供需矛盾等行业发展难题，保持健康持续发展，需要向品质化、便捷化、智能化和绿色低碳化转型发展。

（一）品质化发展

我国驾培行业经过多年的发展，存量性学驾需求逐步下降，刚性学驾人群已逐渐成为学驾群体的主要组成部分。未来这部分学驾群体的占比将会越来越大，且伴随着我国义务教育和学历教育不断发展，这部分群体大多是高学历、高阅历和高能力的群体，学习能力强，易于接受新事物，喜欢时尚、自由，追求消费品质和与众不同，个性特征更加明显。

因此，驾培行业未来需要践行“满意驾培人民建、满意驾培为人民”的理念，把满足人民群众良好学驾体验和出行安全需求作为提高驾驶培训质量的出发点和落脚点，推动行业发展由追求规模效益向更加注重质量效益转变。

（二）便捷化发展

随着科学技术的发展，以互联网技术、云计算、大数据等为代表的信息技术在驾培行业不断深度融合应用，在报名约考、费用支付、培训预约、理论知识培训等多个环节，一定程度上破除了学员培训所受到的时间和空间上的限制，为学员参与培训提供了更加便捷的手段和方式，提升了学员的学驾体验。驾驶培训便捷化，能够推动驾培行业更好地满足学员多样化、差异化的学车需求，将日益成为行业改进提高的方向。

（三）智能化发展

习近平总书记高度重视科技创新，多次为人工智能发展把脉定向，曾对人工智能的创新发展发表了一系列重要论述：“人工智能是引领新一轮科技革命和产业变革的重要驱动力，正深刻改变着人们的生产、生活、学习方式，推动人类社会迎来人机协同、跨界融合、共创分享的智能时代”。[1]“我们要深入把握新一代人工智能发展的特点，加强人工智能和产业发展融合，为高质量发展提供新动能。”[2]“中国高度重视人工智能对教育的深刻影响，积极推动人工智能和教育的深度融合，促进教育变革创新，充分发挥人工智能优势，加快发展伴随每个人一生的教育、平等面向每个人的教育、适合每个人的教育、更加开放灵活的教育。”[3]

伴随5G、互联网、人工智能、大数据等技术发展，网络远程教学技术、汽车驾驶培训模拟器、智能辅助教学装置等新技术、新装备在驾培行业中逐步推广应用，学员无论是参加理论培训，还是参加模拟驾驶训练和驾驶操作训练，学员的学习过程均被实时准确地记录，为快速、科学评价学员的训练效果和提供有针对性的培训服务提供了条件。技术创新应用让驾培机构的培训服务以及行业管理部门实施监管变得更加智能化，管理能力和水平得到提

---

[1] 引用自《人民日报》（2019年05月17日01版）。
[2] 引用自《人民日报》（2018年11月01日01版）。
[3] 引用自《人民日报》（2019年05月17日01版）。

升，也将引领驾培行业向知识密集型、技术密集型的现代化产业转型。

（四）绿色低碳化发展

2021年3月15日下午，习近平总书记主持召开中央财经委员会第九次会议，研究促进平台经济健康发展问题和实现碳达峰、碳中和的基本思路和主要举措。习近平总书记在会上发表重要讲话时强调："实现碳达峰、碳中和是一场广泛而深刻的经济社会系统性变革，要把碳达峰、碳中和纳入生态文明建设整体布局，拿出抓铁有痕的劲头，如期实现2030年前碳达峰、2060年前碳中和的目标。"❶ 碳达峰是指在某一个时点，让二氧化碳的排放不再增长达到峰值，之后逐步回落。碳中和是指在一定时间内，通过植树造林、节能减排等途径，抵消自身所产生的二氧化碳排放量，实现二氧化碳"零排放"。

我国驾培行业拥有近80万辆教练车，以汽油车为主。在训练中，教练车经常处于怠速运转状态，燃油消耗量和碳排放量相对较大。为了促进能源结构优化调整，降低石化能源消耗，国家大力推广电动汽车，带动了电动汽车技术的长足进步，为驾培行业应用电动汽车提供了广阔前景。截至2021年年底，我国新能源汽车保有量为784万辆，其中纯电动汽车保有量达到640万辆。近年来，交通运输主管部门在驾培行业推广应用汽车驾驶培训模拟器，推行汽车模拟训练，同时，组织编制交通运输行业标准《汽车驾驶节能操作规范》（JT/T 807—2011），对驾驶学员普及汽车驾驶节能操作知识，促进了驾培行业节能减排。探索将电动汽车用作驾驶培训教学工具，加强新能源和清洁能源技术及装备、汽车模拟训练模式、网络远程理论教学模式、节能驾驶理念和驾驶方法的探索及推广应用，将能够有效促进驾培行业的节能减排工作，为国家实现碳达峰、碳中和做出贡献。

第三节 驾培行业高质量发展目标、路径和框架

本节以习近平新时代中国特色社会主义思想为指导，按照立足新发展

---

❶ 引用自《人民日报》（2021年03月16日01版）。

阶段、贯彻新发展理念、构建新发展格局的总要求，坚持需求导向、问题导向和目标导向，分析驾培行业面临的矛盾与发展对策，提出驾培行业高质量发展的目标、遵循原则、发展路径和发展框架。

一 驾培行业发展面临的矛盾与发展对策

驾培行业发展受多重因素的影响，面临着诸多的矛盾，每种矛盾对行业发展所起的作用也不大相同。因此，对驾培行业存在的诸多问题进行归纳总结，梳理出以下三个方面的主要矛盾。

（一）驾培市场供给与需求之间的矛盾

供需之间的矛盾，主要反映在行业培训能力与社会学驾需求总量之间不平衡，以及行业培训供给结构不能完全满足社会多样化的学驾需求。从前述章节的分析中发现，当前我国驾培行业的年理论培训能力达到4500余万人次，而年实际培训量为2400余万人次，因此，驾培行业完全能够满足社会学驾需求量，且存在明显供过于求的现象。同时，随着社会经济的发展，人们的消费观念和消费习惯不断变化，驾培行业供需之间的矛盾逐渐表现为社会群众高品质、多样化、差异化的学驾需求与驾培机构中低水平培训服务供给之间的矛盾。

为应对驾培行业存在的供需矛盾，一方面行业管理部门需要遵循市场规律，在此基础上采取科学合理的措施引导驾培行业减少低品质培训服务供给，增加中高品质培训服务供给，进一步优化驾驶培训市场供给结构；另一方面驾培机构需要积极响应学员的需求变化，加强内功修炼，完善现代企业管理制度体系，加强从业人员素质提升和管理，规范培训教学，促进企业培训服务品质提升。在此基础上，依托品牌优势拓展新的服务业务，开拓企业新的发展空间，比如为学员提供终身安全教育培训服务，打造学员“学驾、购车、养车”全链条服务等。

（二）驾驶培训素质教育与应试教学之间的矛盾

素质教育与应试教学之间的矛盾，主要表现为行业管理部门推行素质教育与驾培机构实行应试教学的目标和内容不完全统一，从而带来学员培训体验不佳、安全驾驶技能素质掌握不全面等问题。比如，驾培机构在教学内容安排上，遵循“驾驶证考试考什么、学员训练就练什么”的原则，在理论教学中重考试试题学习与刷题练习、轻安全文明驾驶知识的系统教学，在驾驶操作训练中重考点内容操作熟练度训练、轻安全文明意识培养。存在上述矛盾的根源主要体现在以下四个方面。

（1）学员把汽车驾驶看作为一种简单的生活技能，将获得驾驶证作为学习驾驶技能的根本需求。在培训中，学员虽然希望从驾培机构获得全面的驾驶技能素质教育，但对系统学习安全驾驶知识的认识不足，常常片面地认为能熟练操作车辆即是掌握了驾驶技能，因此不反对接受应试教学。

（2）驾培机构受经济利益驱动，常常以驾驶证考试内容和评分标准作为学员训练的依据，将教学大纲规定的培训内容和学时作为参考。在教学组织方面，为了获得好的考试通过率，组织教练员针对驾驶证考试评分要点和标准，建立了一套所谓“规范化”的教学方法和教学模式，让学员能够快速适应和应对智能化评判，使得培训教学并不是以掌握安全驾驶技能为目标。在教学条件方面，驾培机构通常参照考试场地设计方案（注重考试的组织效率，常常采用流水线式的考试项目布设方式）来设计训练场地，普遍缺少模拟城市道路网安全驾驶技能训练的功能设计。

（3）培训与考试政策存在局限性，致使应试教学与素质教育之间存在较大差异。在教学要求方面，安全驾驶技能和经验的形成，需要驾驶员在全驾驶生命周期内持续学习、总结和积累，在驾培机构参加驾驶培训是驾驶员安全驾驶的起点，而不是终点。教学大纲兼顾了安全文明驾驶员的素质需求，但是对于初学驾驶员在短期内接受培训应达到的教学目标和接受培训的教学内容等方面的定位还需要进一步优化，比如强调学员基础安全素质的培养，增强驾培机构的可操作性等。在驾驶证考试方面，驾驶证考试采用考试系统自动评判为主的考试组织方式，提高了考试的自动化、标准化水平，但是受考试时间、里程以及智能化考试评判技术等的限制，对驾驶员安全意识、安全驾驶知识和驾驶技能的考核不全面，比如，场地驾驶考试侧重于驾驶员操作技能熟练程度的考核，在场地驾驶考试和道路驾驶考试中，《机动车驾驶人考试内容与方法》（GA 1026）等标准中有关驾驶员安全意识和安全驾驶习惯的评判指标并没有全部得到落实。

（4）管理部门常常将学员考试通过率作为评价驾培机构培训质量的重

要指标，质量目标导向存在缺陷。同时，驾驶培训和驾驶证考试管理由不同的行政部门实施，两个部门在管理目标上虽然都是为了提升社会道路交通安全水平，但是在管理政策、管理方式以及工作步调上还存在不够协同的情况。

为应对素质教育与应试教学之间的矛盾，需要从以下三个方面着手。

（1）学员的学驾目标已经发生了较大的转变，由单一的获得驾驶证向希望能通过培训获得安全驾驶知识和技能转变，各相关方需要充分认识到学驾需求变化的重要意义，因势利导，及时调整企业经营和行业管理策略。

（2）考试是培训的指挥棒，国外的驾培机构也存在应试教学，因此业内人士对应试教学现象需要理性看待。应试教学与素质教育之间存在差距，但难以杜绝，我们可以通过优化培训与考试制度来促进应试教学向素质教育发展。一方面，公安部门需要不断完善考试内容、评判标准及其考试组织方法和技术，让考试能够更加科学、全面地检验学员的驾驶安全技能素质，形成正向引导；另一方面，交通运输主管部门需要制定科学合理的教学大纲和编写规范的培训教材，指导和监督驾培机构制定切合实际的教学计划和教学方案，对学员因材施教。

（3）管理部门之间加强沟通协调，在培训与考试管理政策的制修订、信息化技术应用等方面尽可能保持目标一致、工作步调协同。

（三）驾培机构经营效益与履行社会责任之间的矛盾

企业经营发展矛盾，主要表现为驾培机构追求利润促进企业发展与其履行社会责任之间的矛盾。驾培机构作为一个企业，追求经济效益和利润最大化是其经营目标，但驾培机构作为培养社会驾驶员的摇篮，同时还肩负着维护道路交通安全的社会责任。因此，一方面，企业需要把注重质量与经济效益放在同等重要的位置上，把“提质、降本、增效”作为教学与管理的落脚点；另一方面，行业管理部门需要把驾培机构作为主要监管对象，把行业协会和社会学员作为帮手和助手。在监督驾培机构合法经营的同时，为企业破解经营中遇到的问题提供必要的服务和帮助，遏制“劣币驱逐良币”现象的蔓延，构建有利于企业依法经营获取合理经营利润以及行业优胜劣汰发展的市场环境。

二 驾培行业高质量发展目标、原则、路径和任务框架

明确发展目标、发展遵循的原则、发展路径和任务框架等总体思路，才能为驾培行业高质量发展提供正确指引，这是有序推进驾培行业高质量发展任务实施的前提和基础。

（一）驾培行业高质量发展目标

驾培行业经过 5 至 10 年的发展，形成“质量品牌引领发展、人员素质支撑发展、技术应用驱动发展、协同共治保障发展”的高质量发展格局，形成“以信用管理为基础、重点监管为补充”的事中事后监管体系。最终实现驾培行业培训质量普遍提高，教练员队伍素质明显提升，信息服务水平明显增强，社会评价持续转好，学教矛盾明显减少，社会投诉量明显下降。

（二）驾培行业高质量发展遵循的原则

1. 坚持人民满意

践行“满意驾培人民建、满意驾培为人民”的理念，把满足人民群众良好学驾体验和出行安全需求、保障学员合理消费权益作为提高驾驶培训质量的出发点和落脚点，努力增强行业服务社会群众品质化、多样化、个性化学驾需求的能力，提升人民群众学驾便利性和获得感。

2. 坚持品质发展

影响培训质量的因素主要包括教学组织、经营管理、人员素质等，因此，要以教学组织标准化、从业人员职业化、企业经营规范化、服务流程信息化为导向，以学员安全素质教育为中心，突出大型客货车驾驶员培训、驾驶学员结业考核、教练员队伍建设等重点任务，建立科学合理的质量发展评价标准体系，促进行业培训服务品质普遍提升。

3. 坚持创新驱动

随着社会经济发展，行业和企业面临的发展环境和形势也在不断发生变化。创新是行业和企业提高效率的前提，是发展的第一动力。通过推动行业制度创新和技术创新，支持新业态新模式发展，加强新技术新装备应用，促进教学组织模式创新，提高行业信息共享公开程度以及信息化服务

水平，增强行业智慧发展、绿色发展新动力。

4. 坚持协同共治

质量提升不仅仅需要驾培机构，还需要社会、行业管理部门、协会等多个主体共同参与。要以督促驾培机构落实主体责任为重点，以信息化建设为抓手，以信用管理为保障，建立多部门跨区域协作监管机制，进一步巩固培训与考试的衔接机制成果，发挥行业协会组织优势，提高学员参与行业监督的积极性，构建多方协同共治的发展新格局，维护企业正当的发展权益。

（三）驾培行业高质量发展路径

1. 责任驱动，夯实驾培行业教学质量提升基础

为社会培养安全文明的驾驶员是驾培行业担负的社会责任，相应地，培训质量是驾培行业履行社会责任和持续发展的重要基础。驾培行业可以围绕教学技术和质量管理两个体系的建设以及驾培机构负责人、教练员、大型客货车驾驶员三类重点群体的素质培养来促进教学质量提升。

（1）驾培机构可以从培训教学与结业考核组织规范化、教学方法和教学手段创新等方面增强质量提升内功，结合质量管理原则从机构、人员、制度、过程实施和质量改进等方面完善企业内部的质量管理，从教练员素质培训、教练员和结业考核员管理、教学服务评价等方面加强从业人员素质培训与管理，从培训教学与结业考核规范、安全宣传教育等方面加强大型客货车辆驾驶员素质培养。

（2）管理部门可以从培训考试政策优化与衔接、驾培机构负责人素质培训、教练员和大型客货车辆驾驶员职业教育、关键岗位人员管理制度建设、行业技术创新应用等方面加强引导、激励和监督，促进企业构建优质的教学技术体系和有效的质量管理体系，促进行业打造高素质的从业人员队伍，夯实道路交通安全事故尤其是重特大道路交通安全事故的源头管理水平。

（3）协会组织可以从行业技术交流、关键岗位人员素质培训、技术创新应用等方面为行业企业提供服务和专业支持。

2. 需求驱动，完善驾培行业服务水平提升机制

学员的学驾需求不断升级，向着多样化、个性化和品质化发展，对驾

培机构的培训服务能力提出了更高的要求。驾培行业可以围绕服务品牌建设、行业信息服务两个方面来促进行业服务水平提升。

（1）驾培机构可以对标学员学驾需求，从培训服务规范、服务评价机制构建、学员合法权益保护等方面强化服务能力建设，创新服务模式，通过信息技术应用增强学与教之间的信息互通，加强服务品牌建设，走品牌化发展道路，引领行业培训服务水平发展和普遍提升。

（2）管理部门可以通过深化“放管服”改革，进一步开放驾培市场，发挥市场对行业资源配置的决定作用；通过建立健全学员监督评价机制和信用管理制度，引导学员主动参与监督，倒逼驾培机构积极提高培训服务质量，形成需求驱动下的驾培行业闭环管理模式，将原来由管理部门主导推动行业培训服务质量提升的被动局面，转变为由消费者的消费决策影响和推动企业提升培训质量的主动局面；通过加强行业运行风险管理、专项检查和多部门协同监管等，营造健康有序的市场发展环境。需要强调的是，管理部门在对驾培机构实施监督、促进驾培机构主体责任落实的同时，需要遵循市场经济规律，为维护驾培机构发展权益提供必要的服务和保障。

（3）协会组织可以从促进行业自律、培树行业先进典型等方面为行业企业提供服务和专业支持。

3. 技术驱动，奠定驾培行业未来发展的动力源泉

新一轮技术革命的到来，重塑了社会经济发展模式，带动了社会经济的发展。信息技术的推广应用为行业智慧发展奠定了基础，让驾培机构的教学更加高效、服务更加便利，同时，在驾驶培训许可、从业人员资格管理等管理制度改革的背景下，为破解行业发展面临的老大难问题提供了新的解决途径。驾培行业可以围绕“数字驾培”“互联网+政务”“互联网+监管”发展目标来提升驾培行业信息技术应用与服务水平。

（1）驾培机构可以在教学、经营管理等环节通过运用信息技术、大数据技术和人工智能技术等推动驾培机构信息化应用水平，促进企业培训教学与经营管理的数字化、智慧化发展，实现降本增效，增强为学员提供精细化、个性化培训服务的能力。

（2）管理部门可以通过推进全国驾培监管与服务信息化建设，强化培

训全过程的监管，对驾培机构违法经营行为进行追溯和识别；打通驾培数据信息互联互通的“任督二脉”，逐步实现部门内跨区域、跨部门之间的驾培数据信息共享，为创建“互联网＋监管”“互联网＋培训服务”提供条件，夯实培训服务质量评价、行业信用管理以及为社会公众提供信息查询服务的数据信息基础。

4. 价值驱动，营造驾培行业安全和质量文化氛围

从宏观来说，文化是一个国家、一个民族的灵魂，关系一个国家、一个民族的强弱兴衰；从微观来说，文化是一个行业、一个企业未来竞争制胜的法宝。安全和质量是驾培行业社会价值的具体体现，安全文化和质量文化是驾培行业文化建设的重要组成部分。驾培行业可以将培训服务质量文化与汽车工业文化、交通安全文化融合发展。

（1）驾培机构可以在遵循“守法、诚信、专业、责任”文化理念的基础上，以人为本打造“以满足学员学驾需求、保护学员合法消费权益为发展基础，以关怀教练员并提高教练员素质为发展保障”的企业文化，通过企业管理制度将企业经营管理活动与企业文化建设有机结合，让每一位从业者树立以质量求生存、谋发展的意识。

（2）管理部门可以在行业培树职业文化，通过创建工作室和社会宣传等方式引导驾培机构负责人弘扬企业家精神、教练员弘扬工匠精神，鼓励企业建设交通安全宣传教育阵地开展交通安全宣传，通过加强行业监督，将企业质量文化建设与企业质量信誉考核有机结合，促进行业安全和质量文化建设。

（3）协会组织可以通过参与行业监督、培树行业先进典型、引导社会公众广泛参与等方式为企业文化建设提供服务。

（四）驾培行业高质量发展框架

“十四五”时期是开启全面建设社会主义现代化国家新征程的第一个五年，也是我国由全面建成小康社会向基本实现社会主义现代化迈进的关键时期。在这个新的发展阶段，驾培行业高质量发展应当以建设人民满意驾培为中心，通过驾培机构、学员和社会公众、行业管理部门、协会组织四个相关方的共同努力，从法规政策、人员素质、信息化应用和行业文化四个维度夯实高质量发展的基础，构建形成“质量品牌引领发展、人员素

质支撑发展、技术应用驱动发展、协同共治保障发展”的新发展格局，综合运用协同监管、数字监管、信用监管、社会监督、执法处罚和行业自律等多种方式实现全链条事中事后监管，推动驾培行业向品质化、便捷化、智能化和低碳化转型发展，驾培行业高质量发展框架如图5-18所示。

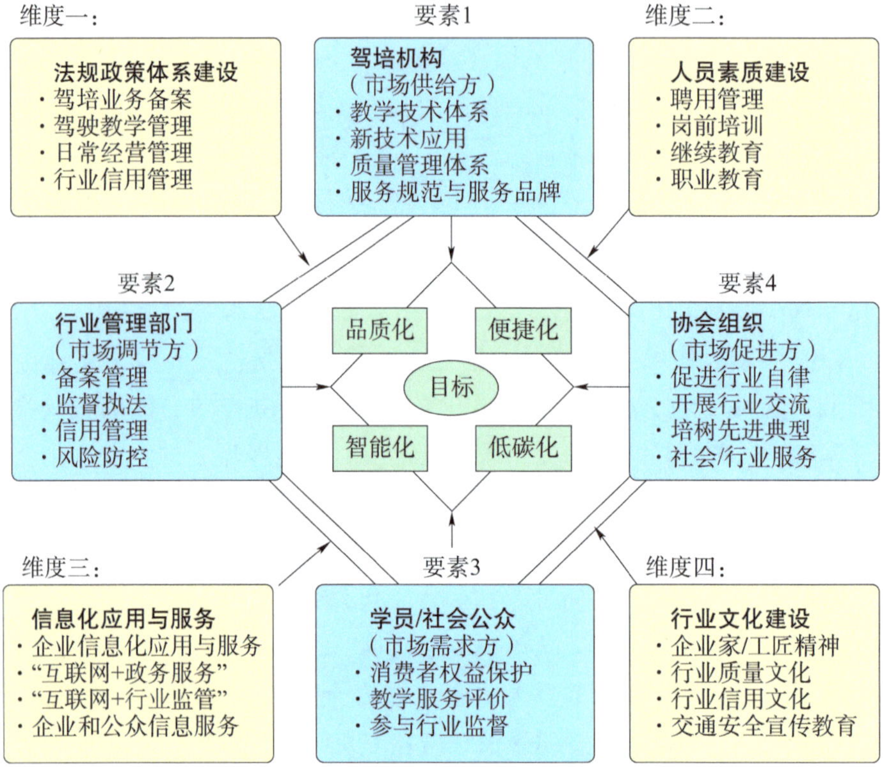

图5-18　驾培行业高质量发展框架

驾培行业高质量发展是建立在企业依法经营和管理部门依法治理基础上的，需要高技能人才和技术创新应用来推动落实和提高效率，并最终将行业发展理念和优秀经验转化为行业文化，促进驾培行业实现可持续的高质量发展。因此，驾培行业高质量发展需要以法规政策建设作为发展基础，以人员素质建设作为发展核心，以信息化应用与服务作为发展手段，以行业文化建设作为发展保障。

（1）法规政策体系建设主要包括驾培业务备案管理、行业信用管理、日常经营管理以及驾驶教学管理相关的法规标准规范的制修订。

（2）人员素质建设主要包括聘用管理、岗前培训、继续教育和职业教育等，驾培行业的关键人员包括驾培机构负责人、教练员、结业考核员以及大型客货车驾驶员。

（3）信息化应用与服务主要包括企业信息化应用与服务、“互联网＋政务服务”“互联网＋行业监管”以及企业和公众信息服务等。

（4）行业文化建设主要包括弘扬企业家和工匠精神、行业质量文化、行业信用文化、交通安全宣传教育等。

驾培行业高质量发展离不开驾培机构、学员和社会公众、行业管理部门、协会组织等各相关方的共同参与和努力。根据不同参与者在社会经济发展中的角色定位，明确其在驾培行业发展中的作用和任务。

（1）驾培机构是培训服务的供给方，是驾培行业的核心组成，其任务主要包括规范化教学技术体系、教学新技术融合应用、企业质量管理体系建设和服务品牌建设。

（2）学员和社会公众是驾培市场的需求方，其任务主要包括消费权益的保护、服务评价与行业监督。

（3）行业管理部门是驾培市场秩序的调节方，其任务主要包括落实备案管理、行业监管和综合执法、信用管理、行业风险防控。

（4）协会组织是行业发展的促进方，其任务主要是开展行业交流、培树先进典型、促进行业自律、提供行业服务。

第六章

驾培行业高质量发展措施建议

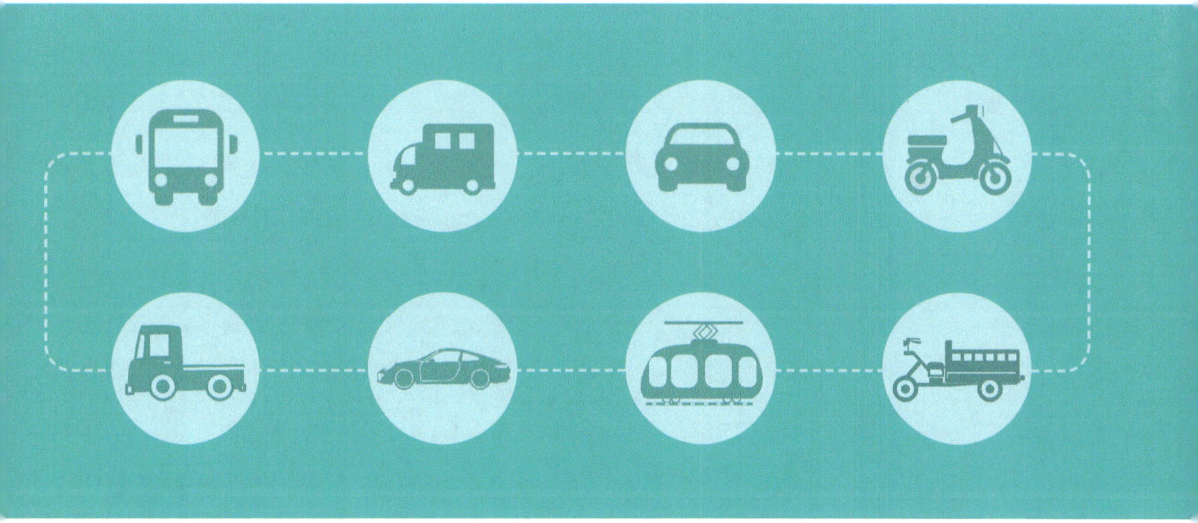

围绕驾培行业高质量发展总体思路，细化行业高质量发展的具体任务措施，是推动驾培行业高质量发展目标落到实处的关键。本章针对驾培行业发展面临的主要矛盾和发展难题，从驾培机构教学质量提升、驾培机构培训服务水平提升、关键岗位从业人员队伍素质建设和行业监管服务能力提升四个方面提出措施建议。

第一节 驾培机构教学质量提升的措施建议

教学质量提升需要重点解决培训教学和结业考核不够规范、企业质量管理能力不足以及道路客货运输驾驶员这类重点群体的安全素质不高等现实问题。本节采取以驾培机构为主体、以管理部门和社会组织共同参与的方式，通过企业强化自身教学能力建设为基础、管理部门完善培训考试制度和标准规范为引导的角度，从健全驾驶培训教学技术体系、加强大型客货车驾驶员素质培训考核以及强化驾培机构培训质量管理体系建设三个方面提出相关措施建议。

一 健全驾驶培训教学技术体系

（一）驾驶培训教学技术体系的组成

驾驶技能形成包括理论知识学习、驾驶训练和效果评价等环节，驾驶培训教学相应地包括教学组织与教学效果评价两个部分。因此，驾驶培训教学技术体系应包括培训教学与考试大纲、教学计划、培训教材、教学指南和教案、结业考核规范、教学设施设备资源和人力资源等要素，如图 6-1 所示。

（1）考试大纲是指导驾驶证考试的纲要性文件，包括考试目标、考试内容和要点、考试要求等基本要求，对驾驶培训具有重要的导向作用。

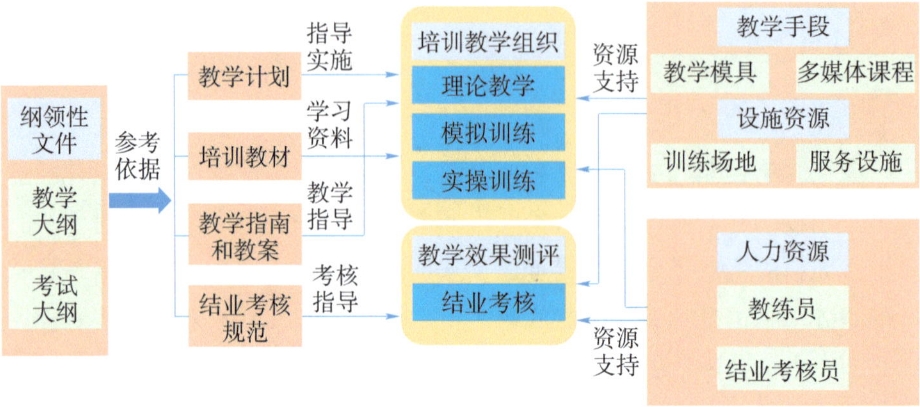

图 6-1　教学技术体系架构

（2）教学大纲是指导整个驾驶训练的纲要性文件，包括教学目标、教学内容和培训学时等基本要求，是编写培训教材和教练员组织教学的重要依据，也是检查和评定学员训练效果以及衡量教练员教学质量的重要标准。

（3）教学计划是驾培机构依据教学大纲的要求，结合学员报名人数、教练员和教练车数量、训练场地条件等企业自身实际情况编制的教学任务和时间计划，对教练员有序组织学员开展训练具有指导作用。

（4）培训教材是学员学习安全驾驶知识、教练员组织教学的主要参考。

（5）教学指南、教案和结业考核规范分别是指导教练员和结业考核员开展教学和学习效果考核评价的依据。

（6）教学手段是教练员在教学活动中，为实现预期的教学目标，用以与学员相互传递信息的工具、媒体或设备。驾驶培训活动包括理论知识教学、模拟训练和实操训练，相应地，教学手段包括教学模具、多媒体教学课程等。

（二）健全驾驶培训教学技术体系的措施建议

1. 改进机动车驾驶证考试制度

常言道，考试是培训的指挥棒，驾驶证考试制度及其实施对驾驶培训具有重要的影响。因此，建议管理部门进一步完善机动车驾驶证考试大纲和考试评判标准，改进考试内容和考试组织方式。比如，优化考试场地的设计，加强考试场地模拟城市道路网的考试功能；在考核学员驾驶操作技能熟练程度的同时，加强对学员观察习惯、交通情况处置能力等安全意识和技能的综合评判。

2. 修订教学大纲和培训教材

教学大纲和培训教材，是管理部门指导驾培机构培训教学的重要载体。建议管理部门根据车辆新技术发展和应用、道路交通安全事故反映出来的安全问题以及教学新技术应用及时组织教学大纲的修订，完善教学内容和培训学时要求，引导驾培机构通过模拟训练和实际道路驾驶培训，系统地增强学员道路驾驶中的安全意识和心理素质；鼓励教练员对学员实行因材施教，鼓励驾培机构应用教学新技术来提升教学效率和教学效果。在教学大纲修订完成后，根据教学大纲的新变化、新要求组织修订培训教材供广大教练员和学员使用。

3. 编制教学计划和教学指南

教学规范化主要表现为驾培机构和教学人员按照一套规范的程序组织培训，保证每一位学员能够享受到同等水平的教学服务。教学规范化是驾培机构保证教学质量的重要途径。在实践中，教学效果受“教”与“学”两个方面因素的影响，驾培机构教学规范化的重点是要解决教练员因素对教学产生的影响，一方面需要让教练员尤其是新上岗的教练员尽快熟悉和适应驾培机构的教学模式和教学要求；另一方面需要减少教练员在教学中出现的盲目性和随意性，降低其对达到教学目标、产生教学效果产生的不良影响。

驾培机构作为培训教学的主体，可以根据企业的培训车型、教学组织模式、训练场地和学员等特点，一方面组织编制教学计划，指导教练员有序组织学员开展训练；另一方面以教学大纲要求和培训教材为依据，组织编制教学指南和教案，使其成为教学工具，帮助教练员了解教什么、怎么教。在教学指南中明确教学大纲中每一项教学内容的教学目标、教学重点难点、教学方法、相对应的安全驾驶理论知识、训练中学员容易出现的问题及教学策略、训练效果评价等，为教练员编写教案提供参考。教案是教练员针对具体的教学内容编制的实施方案，在教案中进一步明确教学目标、教学内容、教学时间、教学场所、教学手段、教学方法、教学过程设计、教学分析与评价等，指导教练员能够在驾驶操作训练中融合理论知识教学，根据学员在训练中出现的问题开展针对性的教学，在训练结束时对学员训练情况做出客观、准确的评价。

4. 探索教学新技术的行业应用

当今世界正经历百年未有之大变局，新一轮科技革命和产业变革孕育兴起，人工智能、大数据、云计算等科学技术不断发展，成为行业智慧发展的主要动力。虚拟现实（VR）、增强现实（AR）、网络教学、人工智能（AI）等新兴技术应用范围不断扩大，基于这些技术形成的汽车驾驶模拟器、智能机器人客服、智能辅助教学系统、网络远程理论教学课程等产品已不同程度地应用于驾培行业。模拟训练为复杂道路条件下驾驶、防御性驾驶和应急处置等驾驶技能培训提供了更安全有效的解决方案；网络远程理论教学破除了学员学驾时间和空间上的限制；智能辅助教学系统让学员实操训练过程得到精准分析，学员学驾的体验感增强。驾培机构通过运用新技术开展教学，培训效率得到提升，培训成本有所降低。

针对网络远程理论教学技术的推广应用，建议管理部门瞄准“网络课程内容制作不规范和教学时的交互性不强、网络课程质量管理机制不够健全”等问题，组织修订驾驶培训网络远程理论教学技术规范，结合现代教育理念完善课程知识体系、课程设计等技术要求，引领网络课程内容技术升级，增强教育性、情境性、交互性和趣味性；以学员学习效果、体验感为主要导向，建立和完善网络远程教学质量检测评价机制，引导网络课程供应商重视课程研发工作，提升课程制作的专业性，为广大学员提供优质的网络课程和教学服务。

针对驾驶培训模拟器的推广应用，建议管理部门瞄准模拟器训练场景设计理念不足、模拟器操作体验真实感不强、缺乏对模拟器训练效果的分析评估及评估结果的应用等问题，推动行业标准《汽车驾驶培训模拟器》（JT/T 378）的实施，引导驾培机构强化学员安全意识、防御性驾驶能力和紧急情况应急处置能力的训练；推动虚拟现实（VR）技术、学员注视特征跟踪技术等新技术与汽车驾驶培训模拟器的融合发展，助力汽车驾驶培训模拟器的功能和技术性能升级，增强学员训练的体验感，适应当前和未来一段时间内模拟训练技术的发展。

针对智能辅助教学设备的推广应用，建议管理部门瞄准系统设计未摆脱应试教学理念、不同企业研发的系统技术性能差异性较大等问题，组织制定机动车驾驶培训智能辅助教学技术规范，基于辅助教学的定位，明确系统在训练环境感知、学员训练状态信息采集与分析、教学建议、教学安全保护等方面的基本功能和技术性能要求，为教练员安全、科学组织教学提供技术支持。辅助教学技术虽然尚处于发展阶段，但展现出了较大的优势和广阔的市场前景。为了借助科技的力量推动行业技术革新，促进企业降本增效，建议有条件的地区开展应用试点，在试点应用中发现问题、总结经验，为推动智能辅助教学设备在驾培行业的大范围应用提供数据支撑。

针对新能源与清洁能源教练车的推广应用，建议管理部门瞄准动力电池使用安全、教练车使用特征对动力电池使用寿命的影响等问题，组织开展新能源与清洁能源教练车应用技术研究，重点分析动力电池健康度变化、动力电池使用安全性、新能源汽车教练车使用寿命和经济性等应用中的实际问题，总结应用经验，在此基础上联合其他相关部门共同出台鼓励性政策，支持驾培机构使用新能源与清洁能源汽车作为教练车，促进行业绿色发展。

虽然多年前网络远程理论教学、驾驶培训模拟器等相关的标准规范已经出台，但市场上的技术产品质量参差不齐，充斥着商家虚假宣传。对此，建议行业协会或第三方专业机构开展行业新技术应用的跟踪研究和对新技术性能的客观评价，建立并发布网络远程理论教学课程、汽车驾驶培训模拟器、智能辅助教学系统等新技术、新装备行业应用推荐目录，为驾培机构经营者选择教学技术产品提供参考，避免不符合教学大纲要求、质量不佳的教学技术设备扰乱驾培市场秩序。

5. 健全结业考核制度

结业考核是驾驶培训效果的检验，是驾驶技能培训的重要环节。针对行业从业者对结业考核缺乏统一的认识、驾培机构参照驾驶证考试要求组织结业考核、结业考核没有起到全面检验学员培训效果的作用等问题，建议管理部门制定全国统一的机动车驾驶培训结业考核规范，明确结业考核内容要点、考核流程、组织方式、评分标准等要求，编制结业考核题库供广大驾培机构选择使用。需要注意的是，结业考核是对标教学大纲的教学目标和教学内容要求，对学员掌握安全驾驶技能情况进行的全面检验，因此，结业考核的内容、评判标准等可以比驾驶证考试更为丰富，结业考核的组织方式可以比驾驶证考试更加灵活。

二 加强大型客货车驾驶员素质培训考核

（一）开展大型客货车驾驶员职业教育

道路客货运输驾驶员的素质对道路运输安全具有重要的影响，将大型客货车驾驶员培养纳入职业教育体系，是提升大型客货车驾驶员队伍职业素质的有效途径，也是持续推动道路运输事业安全、健康发展的重要保障。

大型客货车驾驶员职业教育涉及交通运输、公安、教育和人社等多个行政部门。近年来，交通运输主管部门联合相关部门发布了在全国范围内开展大型客货车驾驶员职业教育的文件，但是在实施过程中遇到了大型客货车驾驶员未进入专业目录、学生实习规定不够科学合理、各相关方对学生培养的成本压力大、职业教育院校教学质量评估和考核机制不健全、各相关部门协同工作机制不健全等问题，导致这项政策推行没有达到预期的效果。鉴于大型客货车驾驶员职业教育工作所具有的重要社会意义，建议交通运输部门联合公安、教育等行政部门从以下方面入手，进一步完善大型客货车驾驶员职业教育政策，推进大型客货车驾驶员职业化教育进程。

（1）将大型客货车驾驶员培养列入技能人才培养专业目录，为技工院校制定招生计划和组织招生创造条件。

（2）明确职业教育（技工）院校条件要求，包括院校资质、办学条件、教学设施设备和教学人员等，建立职业院校资质审验规范。

（3）完善学生实习制度，重点完善学生实习里程、实习安全管理等内容，在实习安排上给予道路运输企业自主权，强化学生实习效果。

（4）研究出台职业培训补贴政策，合理确定职业培训补贴标准，探索以政府奖励、交通扶持、教育和财政补贴、税收抵扣和企业资助等多种形式对职业教育实施主体给予资金支持，减轻试点院校和运输企业的成本压力。

（5）完善职业教育监督机制，进一步明确各部门的工作职责，建立对职业教育院校教学质量联合评估和考核的机制。

（二）规范道路货物运输驾驶员培训考核

根据国务院相关改革文件要求，道路货物运输驾驶员可凭驾驶员培训结业证书和相应的机动车驾驶证申请道路货物运输驾驶员从业资格证书，因此，结业考核成为道路货物运输驾驶员职业素质把关的重要环节。建议管理部门组织制定道路货物运输驾驶培训结业考核规范并在全国推广应用，明确结业考核的内容、评判方法和标准等，让结业考核能够区别于机动车驾驶证考试，对学员的职业素质有更加全面、客观、准确的评价；组织建设结业考核题库，提供给驾培机构使用；采用互联网技术、音视频技术等对结业考核过程信息进行记录，让结业考核记录完整、可追溯。

（三）推广道路交通安全宣传教育

道路客货运输驾驶员安全意识的保持，离不开对其进行持续不断的交通安全宣传和教育。交通安全宣传教育阵地是对大型客货车驾驶学员和道路客货运输驾驶员持续开展交通安全宣传和警示教育的载体，也是交通安全文化与驾驶培训融合发展的一种有效途径。

建议有条件的地区可以结合《道路运输安全警示教育基地建设指南（试行）》（交办运函〔2021〕1770 号）文件要求，统筹利用现有交通职业院校、机动车驾驶培训机构、骨干运输企业等资源，推进道路运输安全警示教育基地建设。在道路运输安全警示教育基地建设过程中注意以下事项。

（1）在基地警示教育内容设计上，以典型交通事故案例为核心，针对客运驾驶员、普通货运驾驶员和危险货物运输驾驶员等不同群体的职业特征，突出常见不安全驾驶行为的危害、驾驶员情绪和不安全状态等因素带来的行车危害、不同道路和气候环境条件下的行车安全风险以及防御性驾驶方法、紧急情况下的应急处置方法等，强化教育内容的警示性和知识性。

（2）在基地警示教育方式上，可以依据警示教育内容的特点采用情景体验、沉浸式模拟体验、多媒体观影体验、安全测评、知识互动等多样化方式，也可以采用现场展示和线上VR展示相结合的方式，增强教育的互动性和趣味性，让受教育者寓教于乐。

（3）在基地运营方式上，安全警示教育基地建设在坚持公益性属性的基础上，适当采取市场化运营方式，使基地在发挥公益性作用的同时，能够获得持续的运营与维护资金，保持可持续性发展。

三 强化驾培机构培训质量管理体系建设

（一）驾培机构培训质量管理体系的组成

完善的质量管理体系是现代企业管理制度的组成部分，对企业保证生产质量起着非常重要的作用，在制造业、服务业等多个领域的大中型企业中广受青睐。相应地，驾培机构建立符合企业实际的培训质量管理体系并付诸实施，是做好培训质量管理的前提和基础。

质量管理体系一般由组织机构、过程、工作程序、资源和人员四个部分组成，它们之间相互联系构成一个有机整体，确保质量管理体系的有效运行。

（1）组织机构是指驾培机构根据企业经营模式、教学组织特点、培训规模等因素，设置与企业质量要求相适应的组织机构，并明确各机构的职责。在设置组织机构前，企业需要明确与培训质量相关的各项活动，包括培训计划和质量计划制定、教学实施、教练车管理、训练场地管理、质量成本分析、质量信息反馈、人员培训、质量管理体系评估等，把各项质量活动的责任落实到不同的内设部门，并建立质量责任制，充分发挥各岗位人员的积极性，共同保证培训质量。

（2）过程是指驾培机构从最初识别市场学驾需求到最终满足学员培训需求的全过程，包括培训项目设计、购置教学资源、训练场地建设、市场招生、培训组织、结业考核等。为了保证培训质量，驾培机构必须对影响培训质量的活动和过程加以控制。

（3）工作程序是指为进行某项质量活动所规定的工作步骤、方法和质量要求，比如，模拟驾驶训练教学规范、实车驾驶训练教学规范、教练车日常检查和维护规程、计时培训系统安装和使用规范等。工作程序是企业培训教学和经营管理经验的科学总结，使得各项工作能够保持连续性和一致性。

（4）资源和人员是支持企业各项质量活动开展所需的各种设施设备和人力资源等条件。

（二）驾培机构培训质量体系建设措施建议

近年来，各地驾培行业不断涌现出一批具有引领性的驾培机构，这些企业在经营理念、企业规模等方面均有长足的发展，企业规模较大，拥有数百辆教练车和数百名从业人员，年培训上万名学员，企业经营者具有远见，因此，这些驾培机构具备了建立质量管理体系的基础。

1. 驾培机构建设和运行质量管理体系的建议

驾培机构在具备国家标准《机动车驾驶员培训机构资格条件》（GB/T 30340—2013）要求的经营管理条件的基础上，建立健全质量管理机构、管理制度和操作规程，优化岗位人员配置和教学设施设备条件，遵循“以顾客为关注焦点、领导作用、全员积极参与、过程方法、改进、循证决策、关系管理”的七项原则加强质量管理体系的建设和运行，提升自身的质量管理能力。

（1）以顾客为关注焦点。驾培机构将企业的经营发展目标与学员的各项需求和期望联系起来，让“以学员为中心”的思想在企业内部达成广泛共识，在日常经营中积极管理与学员的关系，对学员满意度进行监测和评估，对培训经营中发现的问题及时采取措施改进。

（2）领导作用。驾培机构负责人加强自身能力建设，强化质量发展意识，将质量竞争融合到企业的经营目标、发展理念、发展战略和行动当中，并在企业内部就企业发展愿景、发展战略方针进行广泛宣传，培育诚信经营、优质服务的企业文化。赋予员工职责范围内的自主权，并为员工提供必要的工作资源条件，充分调动员工的积极性，发挥部门负责人员质量控制的表率作用和员工的主观能动性，督促全体员工履行对质量的承诺。

（3）全员积极参与。明确部门和岗位的职责与权限，设定现实的和具有挑战性的岗位质量目标，对员工进行职业道德、质量目标、质量控制方法等方面的培训教育，让员工充分理解部门和岗位质量目标，懂得如何运用基本的方法实现质量目标；加强与员工的沟通，让员工有机会利用自身的知识和经验参与质量管理和质量改进，让员工以实现企业质量目标为己任，增强责任感，并对员工的专业钻研精神和对质量改进的贡献给予鼓励和表彰。

（4）过程方法。培训服务包括报名、预约培训、理论培训、模拟训练、实操训练和结业考核等若干个过程和环节，明确各个教学和管理部门在过程管理中的职责、权限和义务，促进人员、教练车和教练场地等资源的有效利用。加强对各个环节运行情况的监测分析，评估某个环节的质量管理情况对整个体系的影响，对影响质量结果的风险进行管理。

（5）改进。建立有效的质量控制和质量纠正机制，比如，建立以学员为主的教练员教学服务评价机制。对企业质量管理体系的运行情况进行跟踪，在企业内部定期组织质量管理体系评估，采取预防性措施消除潜在的质量不合格风险，对发现的问题进行分析并及时进行纠正，实现质量管理体系的持续改进。

（6）循证决策。加强企业信息化、数字化建设和技术应用，建设和使用报名系统、财务管理系统、培训预约系统、模拟训练系统和智能实操训练辅助教学系统等工具，对报名、培训收费、培训实施等进行全过程的数字化改造，建立可靠的培训经营过程数据信息获取渠道，开展数据信息分析，为培训经营与管理决策提供支撑。

（7）关系管理。在设计企业质量管理体系时，理解供方或合作伙伴的需求和期望，并进行融合。将企业质量目标和质量要求转化为对供方或合作伙伴的质量要求，并将这些质量要求传达给对方，让对方改进其产品、过程和质量管理体系，并对其提供的产品和服务情况进行跟踪和评价。

2. 行业管理部门促进企业质量管理体系建设的建议

驾培机构因企业规模、经营业务、人员素质、所在地区的经济发展水平等不同，企业质量管理模式存在差异。为了指导驾培机构建立适合自身发展的质量管理体系，管理部门可以参照《质量管理体系要求》（GB/T 19001—2016）和《质量管理体系 GB/T 19001—2016 应用指南》（GB/T

19002—2018）等国家标准制定机动车驾驶员培训质量管理体系建设指南，包括质量管理目标、质量管理组织架构、岗位及人员职责、质量管理制度、培训服务要求、相关方的质量要求、培训服务创新与组织应用、质量风险管理、质量持续改进、保障措施等内容，指导驾培机构在培训服务质量管理中把学员、从业者作为主体，把学员满意度和获得感作为评价培训服务质量的关键指标，从培训服务质量管理体系各方面进行持续改进和创新，提高培训服务效率，改善培训服务效果，增强核心竞争力和应对突发风险的能力。

管理部门和行业协会还可以将驾培机构质量管理体系建设及实施情况分别纳入企业质量信誉考核和驾培服务品牌评选工作当中，促进驾培机构质量管理体系建设与实施。

第二节 驾培机构培训服务水平提升的措施建议

具备良好的服务能力是服务型企业生存发展的基础，驾培机构提升培训服务需要重点解决乱收费和退费难、不按培训服务约定提供培训服务、企业信息化应用和服务不足等问题，切实提升学员的体验感、获得感和满意度。本节从推动驾培机构培训服务规范化、保护学员合法权益、信息化技术应用与服务、品牌化发展等方面提出相关措施建议。

一 驾培机构培训服务规范化

目前在学员投诉的问题中，教练员服务态度差、培训内容与培训合同约定不一致等问题占比较高。对此，建议驾培机构从规范岗位人员服务、提供多样化和定制化培训服务、规范培训收费等方面入手，促进企业培训服务规范化，夯实企业服务品牌化发展的基础。

（一）规范各岗位人员服务

交通运输行业标准《机动车驾驶员培训机构培训服务规范》（JT/T 1099—2016）对驾培机构及其从业人员的培训服务提出了具体要求，包括设施设备要求、服务要求、服务礼仪要求、教学保障要求以及投诉受理与满意度回访要求等。驾培机构可以按照标准要求对从业人员进行必要的培训，结合企业的经营实际细化编制企业培训服务规范，建立以学员为主的教学服务过程监督和评价机制，以学员满意度为核心开展从业人员培训服务质量考核，促进从业人员服务意识和服务能力水平的提升。

（二）提供多样化和定制化培训服务

随着信息技术的不断进步，全世界进入互联网时代，人们的消费理念发生了重大变化，在注重服务品质的同时，开始关注消费的便捷性、个性化和体验感。驾培行业作为一个传授安全驾驶知识和技能的传统行业，同样需要根据社会消费理念的变化来构建优质化、定制化服务需求快速响应的体系。因此，建议驾培机构经营者加强培训市场需求调研，优化企业发展战略和经营定位，面向年轻学员、老龄学员和残障人士等不同学驾人群需求细分培训服务业务，提供多样化、定制化的培训服务业务供学员选择。

（三）推进培训收费规范

培训收费是驾培机构培训服务的内容，与企业的经济效益直接相关，同时，企业的收费不规范等情况会影响学员的满意度，因此，合理确定学员培训收费标准，并提高培训收费、退费的规范化，对于驾培企业和驾培行业健康发展非常重要。驾培机构经营者可以采取以下三个方面的措施来规范培训收费。

（1）合理测算企业的培训收入和经营成本，分析企业的质量成本效益，结合学员的多样化、个性化学驾需求，在保证基本服务品质的基础上，按照服务品质的不同采取差异化定价策略来确定培训收费标准，兼顾好培训单价与服务品质、市场占有率之间的平衡。

（2）按照规定在经营场所或网站的醒目位置公开培训服务内容及收费标准等信息，与学员签订培训服务合同，在合同中对培训收费和退费进行约定；提供现金支付、银行卡转账和移动支付等多种培训费用支付方式，为学员支付培训费用提供便利。

（3）加强对企业从业人员的管理，尤其是教练员“吃、拿、卡、要”

行为的监督和查处。

为了减少和避免驾培行业的低价竞争、无序竞争现象，建议管理部门加强对驾培机构经营行为的监管，尤其是加大对非法培训的专项检查和执法。

二 保护学员合法权益

（一）学员合法权益的内涵

学员合法权益是指学员在付费接受培训服务时，以及在以后的一定时期内依法享有的权益。学员向驾培机构购买培训服务时，容易被驾培机构的营销策略所左右，且在接受培训的过程中，对培训服务的要求缺乏了解，对服务品质难以做出判断，消费权利容易受到经营者的侵害。保护学员消费权益，有利于鼓励经营者公平竞争，限制不正当竞争，促进经营者保持良好的商业道德，营造优胜劣汰的市场环境；同时，有利于提高学员的获得感和满意度，维护驾培行业的社会形象。因此，国家通过立法的方式保护消费者的权益，让消费者在市场交易中的主体地位得到保障。

根据《消费者权益保护法》的规定，学员在接受培训服务时主要享有以下权利。

（1）安全保障权。学员在接受培训服务时享有人身、财产安全不受损害的权利。学员有权要求驾培机构提供的服务符合保障人身、财产安全的要求。

（2）知情权。学员在接受培训服务时，有知悉其所接受服务的真实情况的权利，包括培训服务内容、培训组织方式、培训服务质量标准、培训收费标准等有关情况。

（3）选择权。学员享有自主选择服务的权利，包括学员有权进行比较、鉴别和挑选，有权自主选择提供服务的经营者，自主选择服务方式，自主决定接受或者不接受任何一项服务。

（4）公平交易权。学员在接受服务时，有权获得质量保障、价格合理、计量正确等公平交易条件，有权拒绝经营者的强制交易行为。

（5）获得赔偿权。学员因接受培训服务受到人身、财产损害时，享有依法获得赔偿的权利。

（6）获得知识权。学员享有获得有关消费和消费者权益保护方面的知识的权利。比如，学员不仅需要掌握安全驾驶操作技能，还需要掌握安全驾驶、车辆运行安全风险等知识。

（7）受尊重权及信息得到保护权。学员在接受服务时，享有人格尊严、民族风俗习惯得到尊重的权利，享有个人信息依法得到保护的权利。

（8）监督权。学员享有对服务以及保护消费者权益工作进行监督的权利。学员有权检举、控告侵害消费者权益的行为和国家机关及其工作人员在保护消费者权益工作中的违法失职行为，有权对保护消费者权益工作提出批评、建议。

（二）保护学员合法权益的措施建议

1. 签订培训服务合同

在实践中，部分驾培机构存在以下不良现象：①没有按要求与学员签订培训合同；②驾培机构签订培训合同的程序不规范，在签订培训合同时未对学员履行必要的告知义务；③未按照合同要求提供培训服务。这些情形让学员形成了不良的学驾体验，也影响了驾培机构的声誉。

培训服务合同是保护驾培机构和学员双方权益的基础，驾培机构应当按规定与学员签订培训服务合同，并履行合同约定。

（1）使用交通运输部、国家工商行政管理总局联合制定的《机动车驾驶培训先学后付、计时收费模式服务合同（示范文本）》（交运发〔2016〕164号），或者使用当地统一的培训服务合同、自行设计能够保障协议双方权益的培训服务合同，按照规定与学员签订培训服务合同。

（2）在签订培训服务合同时，向学员告知包括国家对培训内容和培训学时的相关要求、收费标准和退费约定、计时训练要求等相关事项。按照合同约定为学员提供培训服务，规范培训收费和退费行为。

（3）建立培训预约机制，支持学员利用网络、移动终端等方式自主选择培训时间、教练员、缴费方式等，保障学员的自主选择权。

（4）保护学员个人隐私。除了消费知情权、自主选择权外，学员还有消费隐私权。当前，驾培行业积极推进计时培训，并使用身份证、指纹、人脸识别等技术开展学员身份验证，这些信息均属于学员个人的隐私，法律上明确规定应当给予保护。因此，驾培机构和第三方技术服务机构应遵守公民个人信息保护相关规定，禁止私自泄露和滥用学员个人信息。

2. 健全学员投诉处理制度

《公安部 交通运输部关于做好机动车驾驶人培训考试制度改革工作的通知》（公交管〔2016〕50号）中要求，道路运输管理机构要督促驾培机构按照标准规范，完善服务条件、规范服务内容和要求、畅通投诉渠道；鼓励驾驶培训机构不断创新服务模式，提升服务质量，切实保护学员合法权益；加强对驾驶培训行业的指导监管，建立以学员评价为主的服务质量监督和评价体系，完善驾驶培训投诉处理制度，畅通电话、网络等投诉渠道，定期对驾驶培训机构的经营行为和教练员的教学行为进行检查，评估驾驶培训机构和教练员的培训质量和服务水平，对培训中和结业后的学员随机开展调查回访，及时受理、调查、处理、反馈学员投诉，并公布结果。

投诉处理是驾培机构培训服务的重要内容，也是驾培机构自我检验和提升培训服务水平的有效途径。驾培机构建立并完善以学员评价为主的培训服务监督机制，是从事前、事中和事后各环节做好投诉处理的基础。

（1）定期组织对驾培机构的经营行为和教练员的教学行为自查，评估驾培机构和教练员的培训质量和服务水平。

（2）在报名服务大厅的醒目位置或网站公开投诉受理范围、处理流程及处理时效，为学员提供畅通的投诉电话、网站等投诉渠道，对学员投诉及时处理并答复。

（3）实施学员结业考核后的回访制度，对结业后的学员随机开展电话回访，并对发现的问题进行分析和回应。

学员投诉通常是学员与驾培机构或者从业人员之间产生矛盾，当事双方有时难以协商达成一致，如果处理不及时或者处置不当甚至会进一步演变成社会面影响更大的事件，因此，需要管理部门和协会组织的适时参与和干预。市场监管部门、交通运输主管部门或消费者协会对专线电话收到的学员投诉、举报等问题，依据线索认真调查核实，及时依法处理并反馈，并将有责投诉及时纳入信用管理。行业协会等第三方组织可以发挥桥梁作用，针对学员投诉的问题与驾培机构进行沟通，为学员提供纠纷调解和维权服务。

3. 加强驾培机构经营风险防控

在驾培行业，驾培机构采用向学员一次性预收全部培训费用以及“互联网+线下”的经营模式等保障了驾培机构的利益，但同时也为企业埋下了经营风险。近年来，多地出现了驾培机构因盲目扩大规模、盲目投资新建等造成资金链断裂，使已经缴纳培训费用的学员无法得到合同约定的培训服务，造成了不良的社会影响。

当前，深圳、浙江、江苏等部分地区依据银行、行业协会等第三方机构，探索了学员学驾费用托管机制，即学员在报名时一次性预存全部培训费用至银行等第三方机构的银行账户，驾培机构根据学员每次完成的培训学时进行计费，第三方机构根据相关约定按次或者按学员通过一个考试科目向驾培机构付费。此外，全国各地驾培机构推广应用先培后付服务方式，学员接受培训并对培训满意后再付费，学员的权益得到了有效的保障。

“学驾费用第三方托管”、先培后付等方式可以有效防范企业经营不善带来的风险，保护学员的合法权益，因此，在有条件的地区，建议管理部门探索开展学员培训费用第三方机构托管服务模式试点，总结试点中的工作经验和存在的问题，探索构建企业经营风险管控和学员合法权益保障新机制。同时，建议管理部门、驾培机构和协会组织共同努力继续推广应用先培后付教学服务。

（1）管理部门可以组织制定驾培机构先培后付教学服务规范，探索对质量信誉考核评优的驾培机构在培训与考试方面给予鼓励性政策支持，加强对违法经营的监管和打击力度，并对先培后付教学服务开展社会舆论宣传。

（2）驾培机构可以建立计时培训收费制度、健全预约培训制度、教练员培训管理制度、学员评价和回访制度等，安装使用预约培训系统，配备必要的教练车和教练员，优化培训费用支付程序和财务管理，加强教练员素质培训和管理，增强教学规范化水平，适时推行星级教练员差异化培训收费。

（3）协会组织可以组织开展行业培训成本调查研究，指导驾培机构合理测算培训成本和优化培训定价，推行分时段、分教练员星级的差异化定价方式，增强驾培机构的合理盈利能力；协助管理部门加强对非法培训的监督，对驾培机构应用先培后付教学服务的效果进行评估，开展社会舆论宣传。

需要注意的是，管理部门需要加强对采用承包经营、“互联网＋线下培训”等经营模式驾培机构的监管，针对发现的苗头性问题及时采取风险防范措施，保护学员和从业人员的合法权益，维护行业稳定。

三 驾培机构信息化技术应用与服务

在科技革命的浪潮中，数字化、智能化是驾培行业发展的必然趋势，也是驾培行业提升培训质量和培训效率、降低培训成本的有效手段。不同驾培机构具有不同的经营规模、经营管理模式和经营条件，其对信息化建设的迫切性和应用需求也存在较大的差异。比如，规模相对较小的驾培机构，通过将教练车分组和采用人工调度的方式，可以统筹安排好教练车、教练员开展培训教学；而规模相对较大的驾培机构，人工调度将显得力不从心，教练车和教练员如何排班？教练场内的训练秩序如何监管？训练中出现突发情况，如何快速响应？……这些问题都需要统筹考量。因此，建议驾培机构经营者根据企业发展需要和实际经营条件组织开展信息化建设。

在驾培行业这一传统服务行业，信息化建设还处于起步阶段。现阶段，驾培机构可以以数字化建设为目标，紧扣企业生产经营管理这一核心，整合市场开拓、设施设备、教学、人事等环节，将“市场宣传、报名”“教学设施设备购置、建设、维护”“从业人员招聘、培训、管理”“教学计划制定、教学与管理”“质量控制”等方面建成一个统一或者相对统一的经营管理系统。

有条件的驾培机构经营者可以抓住产业数字化发展机遇，将信息技术与教学服务管理过程全面融合，积极探索数字化、智能化的新型智慧训练基地、数据中心建设，比如，通过使用传感技术、监测技术、通信技术、信息技术等打造更加智能的教练车和教练场地，实现教学与管理全过程数字化以及训练现场教学指导的无人化。在此基础上，利用大数据分析技术对学员需求和训练状况进行分析，提取学员需求和学习特征，为学员提供精细化、个性化的教学服务。

在信息化建设过程中，驾培机构需要增强运用信息化技术服务学员的能力，比如，通过企业官方网站、移动终端等渠道向社会公开驾培机构和聘用教练员的基本信息以及招生方式、培训服务内容、培训费用和收费标准等信息，为学员提供网上咨询、报名、缴费、预约、评价等便捷服务。

需要注意的是，信息化建设与应用需要与企业的经营管理理念和发展战略相融合，要遵循企业各项质量管理制度及流程。在实施过程中，企业内部的业务部门往往会认为信息化建设属于后勤保障部门的职责，在信息化建设过程中不发挥积极作用。企业信息化建设还可能会对原有的业务流程进行改造和创新，会让一些墨守成规的员工变得不适应，从而降低他们用信息化手段梳理业务流程的积极性。因此，驾培机构经营者应当把信息化建设作为一把手工程，不宜把信息化建设任务简单地交给某些互联网专业技术人员去实施，自己不参与其中，不去组织。同时，驾培机构管理层需要提高对信息化建设重要性的认识，结合企业发展战略、企业文化和经营管理实际，编制信息化建设方面的规划并组织实施，尽量避免企业内部形成信息化的“孤岛”。在信息化建设当中，企业还要强调信息安全问题，包括对涉及企业商业秘密的信息和学员个人信息的保护。

四 驾培机构品牌发展

（一）企业市场竞争的阶段性特征

根据经济学原理，随着市场的不断发展和成熟，企业竞争一般会经历产品竞争期、价格竞争期、服务竞争期和品牌竞争期四个不同的阶段。

（1）产品竞争期。在行业发展的早期，驾培机构之间主要是产品竞争，比如驾培机构通过投入资本购买教练车拓展培训业务种类，快速响应市场新的学驾需求。这个阶段的市场需求旺盛而供应不足，处于卖方市场状态，驾培机构的利润率高，成长迅速，但是因这类服务型产品缺乏核心技术，容易被复制，企业很难形成核心竞争力。

（2）价格竞争期。随着行业整体培训能力不断提高，驾培机构之间的产品形态逐渐趋同，驾培机构开始采用价格竞争策略，通过低价获得生源、压缩利润空间来实现生存发展。这个阶段的市场竞争日渐激烈，逐渐由卖方市场向买方市场转变，驾培机构的利润率下降，进入平稳发展期。随着驾培机构培训服务质量的下降，行业、企业和学员均受到伤害，学驾满意度开始下降。

（3）服务竞争期。在价格竞争的发展过程中，一部分经营理念先进的驾培机构经营者开始采取服务竞争的策略，比如通过培训提高管理人员、教练员和其他相关人员的技能素质和服务水平，购置先进的教学设施设备创新培训方式，推行上门报名服务、VIP 服务等差异化、更具体验感的培训服务供学员选择。在这个阶段，部分企业逐渐通过增值服务改变发展颓势，为企业品牌建设奠定基础。

（4）品牌竞争期。品牌是一种商品综合品质的体现和代表，当人们想到某一品牌的同时，总会和文化、价值联想到一起。驾培机构品牌是指学员对驾培机构及其服务产品系列的认知程度，是人们对驾培机构及其产品、售后服务、文化价值的一种积极评价、认知和信任。在提供优质服务、参与服务竞争的过程中，一部分驾培机构经营者开始探索建立独特的企业品牌文化，比如品牌形象设计、标准化培训服务、延伸培训服务产业链条等，让学员对驾培机构的培训服务以及其他延伸服务逐渐信赖，并通过好的口碑向社会传递和推介企业品牌。在这个阶段，部分企业脱颖而出，市场竞争力增强，市场占有率提升，进入了一个新的发展阶段。

（二）驾培机构品牌化发展

驾培机构通过规范培训服务、保护学员的合法权益等提升培训服务能力和水平，从而不断提高学员对驾培机构的认可度，在行业逐渐形成了良好的口碑。同时，驾培机构在创建品牌的过程中，也在不断培育企业文化。驾培机构在做专做精、做大做强的过程中，需要不断融合发展道路交通安全文化和现代企业文化，延伸服务链条，让企业服务逐步从低附加值向高附加值升级，向产品质量优势、文化创新优势的高层次转变，让企业从业者和社会公众广泛认同企业品牌。

驾培机构走品牌化发展的道路，除了需要驾培机构自身付诸努力外，还离不开管理部门和行业协会的支持。管理部门可以通过建立健全行业品牌培育、发展、激励、保护的政策和机制，支持驾培机构向品牌化发展。行业协会可以研究制定驾驶培训服务品牌评定标准或办法，公正公开地开展创建文明诚信优质服务驾培机构和星级驾培机构等活动，培树行业先进典型；加强行业先进典型和驾培服务品牌宣传推广，充分利用官方网站、微信微博、移动客户端等平台，加强驾驶培训服务品牌创建经验的宣传，有效发挥品牌驾培机构的引领作用。

第三节 关键岗位从业人员素质建设的措施建议

驾培机构负责人是企业经营发展的领导者，教练员和结业考核员是学员驾驶技能的传授者、安全意识的塑造者和文明行车理念的培养者，这些人员是推动“驾驶员素质教育工程”的关键岗位，肩负着为社会培养安全文明驾驶员的重任。驾培机构培训质量与服务水平的提升，离不开高素质的从业人员。本节从提升驾培机构负责人素质、加强教练员培训、完善教练员和结业考核员管理、弘扬教练员工匠精神等方面提出相关措施建议。

一 提升驾培机构负责人素质

（一）加强驾培机构负责人素质培养

驾培机构负责人是驾培机构经营管理，尤其是质量管理的决策者和第一责任人。驾培机构是否注重培训质量，与驾培机构负责人的经营理念，特别是质量发展理念息息相关。2020 年 7 月，习近平总书记在企业家座谈会上发表重要讲话，他指出，“企业家创新活动是推动企业创新发展的关键，企业家要做创新发展的探索者、组织者、引领者，勇于推动生产组织创新、技术创新、市场创新，重视技术研发和人力资本投入，有效调动员工创造力，努力把企业打造成为强大的创新主体，在困境中实现凤凰涅槃、浴火重生。”“社会主义市场经济是信用经济、法治经济，法治意识、契约精神、守约观念是现代经济活动的重要意识规范，也是信用经济、法治经济的重要要求，企业家要做诚信守法的表率，带动全社会道德素质和文明程度提升。”“企业既有经济责任、法律责任，也有社会责任、道德责任，任何企业存在于社会之中，都是社会的企业，社会是企业家施展才华的舞台，只有真诚回报社会、切实履行社会责任的企业家，才能真正得到社会认可，才是符合时代要求的企业家。”❶

新的时期，驾培市场竞争日益激烈，面对文化程度、性别、年龄等不同的群体带来学驾需求的多样化，面对学员追求时尚、精细、挑剔的品质化服务需求，驾培机构面临的经营挑战不断增大，驾培机构负责人需要在办校理念、经营战略、经营方式、教学模式、人才队伍建设等方面不断创新，带领企业从规模粗放式发展向专业集约式发展转型，从应试型教学向素质教育转型，从追求低水平经济效益向品牌战略发展带来增值服务效益转型。

想在企业掌舵人的位置上干出一番事业，驾培机构负责人自身需要加强法律法规、生产组织、经营管理、安全质量等方面知识的学习，加强对驾培市场需求特点和发展动力的把握，遵从市场规则，注重企业培训服务质量、企业品牌和信誉，不断提高经营管理能力和水平。

除了驾培机构负责人自身付出努力外，建议管理部门建立和完善驾培机构负责人继续教育培训制度和信用管理制度，通过定期组织培训教育，让驾培机构负责人及时更新经营管理理念和知识；通过实行信用管理，约束驾培机构负责人增强社会责任意识，诚信守法经营，并且让失信人员得到惩戒。

（二）探索实行职业经理人制度

为了企业能够更好地适应新时期的发展要求，对于企业投资人而言，可以探索在驾培机构实行职业经理人制度，让专业管理人才运用先进管理理念和管理方法建立现代企业管理制度，提升企业管理的规范化水平，引领行业企业管理水平迭代升级。

职业经理人具备一定的职业品德、素质和职业能力，是职业化的企业经营管理专家。职业经理人与企业之间是一种代理与委托的关系，其重要的使命就是经营管理企业，使企业发展战略得以实现，获得最大化的经济

❶ 引用自《人民日报》（2020 年 07 月 22 日 02 版）。

效益。在中国近代史中，为东家打理生意的掌柜就类似于职业经理人。目前，职业经理人制度在大中型民营企业广受欢迎，推行和发展职业经理人制度也成为国资国企改革的重要内容之一。

二 加强教练员队伍素质培训

（一）规范教练员岗前培训与继续教育

教练员作为向学员传授安全文明驾驶知识和驾驶技能的关键人员，需要具有职业道德、法规标准知识、教学组织与教学管理能力、服务能力等综合素质。教练员职业是具有一定专业性的职业，教练员的知识和技能需要通过持续的培训进行更新。因此，对教练员开展岗前培训和继续教育十分重要。

岗前培训是按照岗位的基本要求对尚未上岗的教练员进行的教育活动，对教练员全面了解岗位特点、岗位职责和工作要求、职业健康保护和安全风险防范等知识具有重要的作用。驾培机构对聘用的教练员组织开展岗前培训，培训内容可以包括法律法规知识、教学与考试大纲、教育心理学、教学方法、服务规范、执教礼仪、教学管理、教学安全、企业文化等知识和技能。

继续教育是教练员从事岗位工作后所接受的各种各样的教育活动，是终身学习体系的重要组成部分，有利于教练员进行知识更新、补充、拓展和能力提高。驾培机构对聘用的教练员组织开展继续教育，培训内容可以包括教练员职业道德、教育心理学、新法律法规、新技术、教学与服务规范、教学安全等知识和技能。

（二）推行教练员职业教育

教练员职业教育为教练员队伍素质提升提供了新的途径。建议管理部门制定教练员职业教育试点政策，支持驾培机构以订单培养、委托培养等方式与职业院校等联合开展教练员职业教育和上岗能力培训。

（1）将教练员培养列入技能人才培养专业目录，为技工院校制定招生计划和组织招生创造条件。

（2）明确职业教育（技工）院校条件要求，包括院校资质、办学条件、教学设施设备和教学人员等条件要求，建立职业院校资质审验规范。

（3）研究出台培训费补贴政策，探索以政府奖励、交通扶持、教育和财政补贴、税收抵扣和企业资助等多种形式对职业教育实施主体给予经济上的支持，减轻试点院校和驾培机构的成本压力。

（4）完善职业教育监督机制，进一步明确各部门的工作职责，建立对职业教育院校教学质量联合评估和考核的机制。

三 完善教练员和结业考核员管理

驾培机构的核心业务是培训教学，而教练员是驾培机构核心业务的执行者，因此，教练员队伍的素质对驾培机构的培训经营，乃至形成核心竞争力具有非常重要的影响。结业考核员是驾培机构聘用的、在学员完成相关培训内容和培训学时后，对学员进行考核的人员。结业考核员通常由具有教练员经验的人员来担任，是驾培机构培训质量的把关者。鉴于教练员和结业考核员对保证培训质量所具有的重要作用，驾培机构对其加强管理十分必要。

（一）强化教练员和结业考核员聘用管理

教练员和结业考核员聘用的实质是驾培机构对教练员和结业考核员队伍的素质进行把关，是开展教练员和结业考核员管理的首要环节，建议驾培机构结合自身的经营管理模式建立完善的教练员和结业考核员聘用制度，把好从业人员素质的第一道关。

1. 严格教练员和结业考核员录用标准

对于教练员，驾培机构可以围绕品德、教学和服务能力等方面制定教练员岗位条件，择优选用驾驶技能娴熟、驾驶经验丰富、安全文明素质高、教学能力强、服务意识好的人员担任教练员，坚决杜绝有交通违法记分满分记录、发生交通死亡责任事故、组织或参与考试舞弊、收受或索取学员财物的人员担任教练员。

对于结业考核员，驾培机构可以将职业道德、从业经验、考核业务水平和服务能力作为选拔标准的重要内容，严格结业考核员的选拔标准，并与聘用的结业考核员签订结业考核公正廉洁承诺书。

为了指导驾培机构科学开展教练员技能素质评价，管理部门可以组织制定教练员技能素质要求标准规范，明确教练员岗位所需的综合素质要求，并设立驾培行业禁入限制条件，杜绝存在不良行为记录的人员从事教练员岗位。在有条件的地区，行业协会可以探索开展教练员适岗能力考核评价，为会员单位聘用教练员提供参考。

2. 规范教练员和结业考核员录用程序

规范的人员录用程序对于企业做好录用工作非常重要，驾培机构可以制定教练员和结业考核员聘用工作规范，包括对驾驶经历、从业经历等进行调查了解，对其具有的专业理论知识、教学能力和实际驾驶技能进行测试和评价。

对符合录用条件、测评合格的人员，驾培机构依法与其签订劳动合同，在合同中明确工作内容、工作时间、工作要求、试用期限、岗位薪酬待遇和违规行为处罚等事项，为依法维护企业和教练员、结业考核员双方的正当权益奠定基础。驾培机构需要按规定及时将聘用教练员信息向当地交通运输主管部门报备，对聘用的教练员和结业考核员开展岗前培训。

3. 加强教练员和结业考核员权益保护

教练员和结业考核员到岗后，驾培机构需要为教练员和结业考核员提供必要的工作条件、福利待遇和职业保障，关心教练员和结业考核员的身心健康，增强教练员和结业考核员的职业荣誉感和获得感，让教练员和结业考核员有强烈的归属感。

（二）开展教学与考核服务评价

近年来，驾培行业的竞争日益激烈，提高培训服务质量成为行业竞争关注的焦点。教学与考核服务评价是对教练员和结业考核员工作态度、工作方法和工作成效的一种综合评价，它可以督促教练员和结业考核员增强责任意识和服务意识，加强自律，提高教学和结业考核服务水平，进而促进驾培机构培训服务质量的提升，维护企业良好的社会形象。

为了更加客观地开展教学与考核服务评价，形成“崇尚实干、激励担当、奖罚分明、公平公正”的良好干事氛围，驾培机构可以采取以下三个方面的措施。

（1）制定教练员培训服务和结业考核员考核服务评价制度。以学员满意度评价为核心，明确教学与结业考核的服务评价标准、实施方法、评价结果公开、奖惩规定等内容，形成以学员评价为主的教学与结业考核服务质量监督和评价机制。此外，驾培机构可以通过引入学员评价机制，加强对承包经营教练员的管理。

（2）为学员开展评价提供便利。充分利用网络、自助终端设备、移动终端等技术手段，支持学员通过多种途径对教练员教学和结业考核员考核的情况进行评价。

（3）充分运用教学服务评价结果。驾培机构可以在经营场所、计时培训平台等学员易于接触到的渠道公开教练员的教学成绩、教学服务评价结果等信息；畅通教练员和结业考核员的申诉渠道，针对学员的投诉举报及时开展调查，在保障学员合法权益的同时，也能维护教练员和结业考核员的合法权益；通过建立奖惩机制，对教学服务和考核服务评价好的教练员和结业考核员给予物质和精神上的奖励，而对于教学服务和考核服务评价差的教练员和结业考核员，给予批评教育、调离教练员或结业考核员岗位或辞退等不同程度的处罚。

管理部门和执法机构在对驾培机构依法实施监督管理的过程中，可以将教练员的教学服务情况和结业考核员的考核服务情况作为重要的监管内容。

（1）对驾培机构聘用教练员情况进行监督检查，对未经报备的教练员所形成的培训记录不予审核。

（2）严肃查处未按照规定开展培训教学和结业考核、培训结业证书发放弄虚作假等违法违规行为。

（3）对不按纲施训、培训或结业考核记录造假、学员投诉多的教练员和结业考核员，经查实后根据信用管理办法纳入“黑名单”，不断完善教练员和结业考核员行业禁入机制，加大教练员和结业考核员的失信成本。

四 弘扬教练员工匠精神

2021 年，习近平总书记对职业教育工作作出重要指示中强调：“各级党委和政府要加大制度创新、政策供给、投入力度，弘扬工匠精神，提高技术技能人才社会地位，为全面建设社会主义现代化国家、实现中华民族伟大复兴的中国梦提供有力人才和技能支撑。”❶ 工匠精神的内涵是劳动者在岗位上执着专注、精益求精、一丝不苟和追求卓越，为社会发展进步提供了强大的精神动力。俗话说，“三百六十行，行行出状元”。这句古语反映出劳动者不论干哪一行，只要热爱本职工作，肯钻研，都能做出优异的成绩。教练员职业也是如此，在驾驶培训与服务工作中发扬工匠精神，将执着专注、精益求精的理念和要求融入教学、服务的每一个环节，在平凡的岗位上也能干出不平凡的业绩，为社会培养一批批安全文明的驾驶员。

弘扬教练员工匠精神是驾培行业文化建设的组成部分，建议驾培机构、行业管理部门和协会组织共同为之努力。

（1）驾培机构可以通过实行岗位考核制度，鼓励教练员参与教学研讨和教学规范的编制工作，对教练员为企业提升教学规范化水平和教学效率的贡献给予奖励和宣传。

（2）行业管理部门和行业协会可以通过组织开展教练员职业技能竞赛活动，遴选出一批技能素质优秀的教练员，发挥技能竞赛对教练员技能提升的激励作用。

（3）在有条件的地区，管理部门可以在驾培机构遴选、打造一批教练员“名师工作室”“技能大师工作室”。“名师工作室”由具有丰富培训教学经验和教学成果的教练员领衔，带领团队针对驾驶培训实践中存在的问题和难题以及新技术的应用，开展教学理论研究和试验，研发出新的培训课程，编制驾驶培训教学规范，并将研究成果在企业与行业进行宣传和推广应用。在这个理论联系实践的工作过程中，教练员可以提高分析问题和解决问题的能力，积累教学工作经验，其自身对教练员职业的态度也会发生变化，会用更加科学的方法从事驾驶培训教学活动。

第四节 驾培行业监管服务能力提升的措施建议

行业监管服务是对驾培机构经营活动实施监督和对违法违规经营行为

---

❶ 引用自《人民日报》（2021 年 04 月 14 日 01 版）。

依法查处的过程，对构建良好的营商环境具有重要的作用。行业监管重点需要解决行业治理体系不完善、治理能力不强、社会参与监督程度不高、协会组织作用不明显等问题。信用管理、“互联网 + 监管”等新型监管方式可以有效提升行业监管效能，为促进有为政府和高效市场的建设提供基础。本节从落实驾培业务备案制改革、推进驾培行业信用管理体系建设、加强驾培行业管理信息化技术应用与服务三个方面提出相关措施建议。

一 落实驾培业务备案制改革

（一）备案制度的内涵

新修改的《道路交通安全法》和《道路运输条例》规定交通运输主管部门对驾培业务实行备案管理，取消驾培业务许可管理。行政许可是指在法律一般禁止的情况下，行政主体根据行政相对方的申请，通过颁发许可证或执照等形式，依法赋予特定的行政相对方从事某种活动或实施某种行为的权利或资格的行政行为。备案是指经营业户向主管机关报告事由存案以备查考，是一项政府对市场的监督管理措施。

对企业经营实施备案制度，备案机关不对企业投资的可行性等进行干预，由企业根据市场需求和发展情况，自主决策、自己筹集资金、自己承担风险，能够真正确立企业主体地位、落实企业决策自主权、降低市场主体和社会主体办事创业的成本。同时，备案制度有利于备案机关对企业运行进行监控，及时掌握和了解企业的动向，发现企业经营中存在的问题并采取相应的调控措施，及时发布行业信息引导行业的投资活动。

（二）推进驾培业务备案制落实的措施建议

1. 驾培机构落实备案制的要求

2021 年 6 月，交通运输部印发了《关于做好机动车驾驶员培训经营备案有关工作的通知》（交运函〔2021〕248 号），文件明确了机动车驾驶员培训经营备案要求和备案流程。2022 年 9 月，交通运输部修订发布了《机动车驾驶员培训管理规定》（交通运输部令 2022 年第 32 号），进一步明确了机动车驾驶员培训经营备案制度要求。驾培机构经营者在取得营业执照后，虽然可以开展经营活动，但是应当依法向备案机关进行备案，填写

《机动车驾驶员培训备案表》，并向备案机关提供符合驾培经营条件的相关材料，并对备案信息的真实性、合法性、完整性和有效性负责。

在经营过程中，驾培机构经营项目、培训能力、培训车型、机构名称、法定代表人、教练场地等备案事项发生变化时，驾培机构应当及时到原许可或备案所在地县级交通运输主管部门办理备案变更。驾培机构需要终止经营、退出市场的，应当及时告知备案机关，并修改相关信息。

2. 备案机关落实备案制的措施建议

在驾培业务备案管理过程中，驾培机构具有依法备案、执行经营条件标准及相关管理规定的义务，以及对行政机关违法行为的行政诉讼和复议权，而管理部门具有行政立法权、无效备案行为的认定权、培训服务监督管理权、对市场主体违法行为的行政处罚权。管理部门可以从完善行政立法、简化备案程序、实行信息公开、开展质量监测评价、加强协同监管与执法处罚、发挥协会组织行业自律作用等方面推动落实备案制度。

（1）完善行政立法。

管理部门在修订完成《道路运输条例》《机动车驾驶员培训管理规定》（交通运输部令 2022 年第 32 号）等法规规章的基础上，优化驾培业务经营条件相关的标准规范，明确驾培机构和经营性教练场的备案条件等事项，建立健全驾培机构备案管理法规制度，夯实备案管理的法治基础。

（2）简化备案程序。

《交通运输部关于加强和规范事中事后监管的指导意见》（交法发〔2020〕79 号）指出，“对审批改为备案的事项，各级交通运输管理部门要按照法定权限和职责明确完成备案手续的条件和公开备案材料要求，备案事项原则上应当场办结，切实防止以备案之名行审批之实；要加强备案行为监管核查，对违反规定不备案、逾期备案或备案信息不准确等情形要依法处理，责令办理或更正，并依法追究责任。”县级管理部门作为备案实施机构，需要制定备案业务办理工作规范，杜绝“以备案之名行许可之实”的行为发生，同时，积极创造条件加快“互联网＋政务”系统的建设，推动各级备案机关之间的备案信息互联共享，逐步推行网上备案确认，简化备案程序，提高备案办理的便利性和效率，让驾培经营者更有意愿参与备案。

（3）实行信息公开，强化社会监督。

许可改备案并非放而不管，而是放管结合。县级管理部门可以定期向社会公布备案驾培机构和教练员的基本信息，并及时予以更新，方便社会查询和监督；还可以组织开展驾培市场运行情况的调查分析，定期向社会发布驾培市场供需状况与经营风险预警信息，引导投资者理性进入驾培市场。

（4）开展质量监测评价。

管理部门可以组织制定驾培行业发展质量和企业培训质量评价标准，定期开展区域驾培行业发展质量、驾培机构培训质量评价，将评价结果纳入质量信誉考核内容，构建培训质量监测评价体系。

（5）加强协同监管和执法处罚。

管理部门需要完善跨部门、跨区域执法联动、联合协作机制，采用多种形式加强行业监督。

一是按照《交通运输部关于深化“双随机、一公开”监管工作的实施意见》（交法发〔2019〕85号）的要求，采用“双随机、一公开”方式对驾培机构设立的经营场所、培训教学情况开展监督检查，尤其是对培训学时造假等违法违规行为依法查处并公开结果，对虚假备案的驾培机构依法予以处理，情节严重的实行行业禁入。

二是不同地区的管理部门通过建立执法联动机制，针对教练车未在规定时间和线路上训练、教练员不具备执教资质、学车人员单独或在不具备资质教练人员指导下上路驾驶、未使用或未规范使用教练车计时培训终端教学设备等行业顽疾联合开展专项检查，对开展异地培训、学员投诉多、不按合同退费的驾培机构实施重点监管。

三是交通运输、公安、市场监督管理和城市管理等多个部门之间加强信息共享和监管执法联动协作，对未按规定备案、伪造培训学时等行为开展联合检查，定期开展对“黑驾校”“黑教练”“黑教练场”等行业乱象的专项整治活动，规范和净化市场环境。

四是出台政策指导和推动行业信息化建设，充分利用“互联网＋监管”等方式，整合精简行政执法检查重点，减少检查种类，合理安排频次，增强检查执法实效，减少对企业经营的影响。

为了提高基层执法人员的依法行政水平，建议上级管理部门强化对下级管理部门的业务指导，加强基层执法人员的素质培训。

3. 倡导协会组织发挥行业自律作用

行业协会作为政府、企业之间的桥梁和枢纽，具有沟通、协调、监督、公正、自律和服务的职能，在企业经营中发挥着督促引导的重要作用。行业自律和政府监管相比，具有及时性、针对性、敏感性和灵活性的特点。相比政府监管，依靠行业自律制度实行企业信用自律管理具有效率高、成本低的优势。因此，有效发挥行业协会的职能和作用，对推动驾培行业健康发展有着重要的意义。

在管理部门的领导和指导下，行业协会可以组织制定企业诚信经营的行为准则，建立完善行业自律约束机制，使企业在从事市场经济活动的过程中承担比法定义务更多的信誉成本以取得市场信任；可以组织开展行业调查，摸清行业发展现状、企业面临的发展问题和合理关切，为管理部门制定政策提供参考；可以在行业内组织培训交流活动，帮助驾培机构经营者和从业人员开拓视野、分享经验、探索新市场，促进企业创新能力、经营管理水平的提升；可以组织评先评优活动，培树行业先进典型，培育行业发展的正能量。

二 推进驾培行业信用管理体系建设

（一）信用管理的内涵和体系框架

根据《国务院关于深化“证照分离”改革进一步激发市场主体发展活力的通知》（国发〔2021〕7 号）文件精神，要健全信用管理制度，强化对驾培机构和教练员的信用监管。在深化“放管服”改革背景下，开展交通运输信用体系建设，有助于进一步规范和维护交通运输市场秩序，优化行业市场环境，营造行业诚信氛围，激发市场主体活力，提升运输服务质量。

信用管理是通过运用信用信息公示、信息共享和联合惩戒等手段，调动政府部门、社会力量等广泛参与，从而达到协同共治。信用管理体系可以理解为政府部门及相关组织为构建良好的社会信用秩序，以信息技术应用为依托，综合运用法律、行政、经济和社会手段对市场经济参与主体及从业人员的信用行为进行监督管理的机制总和。

信用管理不是单一地靠某个主体来完成，而是需要借助全社会的力量，主要涉及管理部门、市场主体及从业人员、协会组织、学员和社会公众，行业信用管理体系框架如图 6-2 所示。

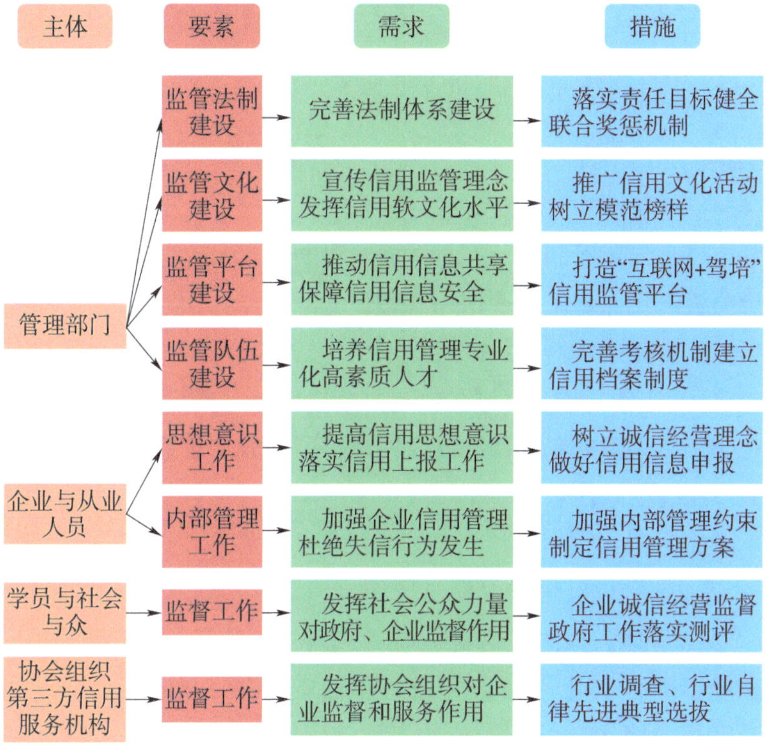

图 6-2　行业信用管理体系框架

（1）企业和从业人员是信用管理的对象，他们按照相关法律法规的规定开展经营活动，并按要求向行业管理部门报送基本信息和经营情况信息。

（2）管理部门对市场主体及从业人员的经营行为进行事中事后监管和信用评价，并实行“守信激励、失信惩戒”。

（3）学员和社会公众、协会组织、第三方信用服务机构是参与方和信用工作的促进方，有权对市场主体及从业人员从事的经营活动进行监督，并就其违法违规经营行为向行业管理部门进行反馈。其中，协会组织、第三方信用服务机构还起着引导市场主体及从业人员增强自律、为行业信用评价提供技术支持的作用。

（二）驾培行业推进信用管理的措施建议

1. 完善信用管理政策法规

虽然我国政府已开始关注信用方面的法制建设，但是现在我国对信用体系的立法还不能满足社会信用体系建设的要求，相关法律法规制度尚不完善，需要加强适应新时代发展要求的信用管理政策法规与标准规范建设。

（1）在信用制度设计思路上。

《国务院关于“先照后证”改革后加强事中事后监管的意见》（国发〔2015〕62号）提出要构建以信息归集共享为基础，以信息公示为手段，以信用监管为核心的监管制度。在大数据时代的背景下，数据量的爆发式增长及数据价值资产化促进了行业信用管理理念的转变。大数据与企业信用管理的融合可以使企业信用信息的内容更加丰富，大数据的发展让企业信用管理变得更加主动，并且通过各级数据平台、政府平台与第三方机构平台的互联互通，企业信用管理的精准性和高效性也得到提升。管理部门需要充分认识和了解大数据的技术优势，主动顺应企业信用管理的数据化发展趋势，运用信息化手段建立“大数据＋信用监管”的新型监管模式。

信用管理是由政府机构发挥主导作用，以驾培机构及从业人员信用信息共享机制为基础，根据驾培机构市场进入、经营和退出市场的全过程信用信息数据，综合利用经济、行政、司法等手段，构建“驾培机构、政府、学员和行业组织”共同参与的多元信用监管模式。其中非常重要的是理顺政府、市场与社会三者之间的关系，综合运用管理部门、第三方专业机构和行业组织、社会公众等多方力量形成信用共治的社会环境。

驾培企业信用管理体系建设中，交通运输部门主要是从履行行业监管职责的角度建立行业信用管理体系，与国家信用体系建设形成相互支持的关系。同时，在信用管理体系建设中，需要结合我国驾培市场经济活动的实际，加强奖惩制度建设，特别是加强企业失信惩戒制度的建设。让守信市场主体得到相应激励的同时，对失信市场主体采取多层次、分类别的惩戒措施，形成“一处失信、处处受限”的约束机制，通过加大企业失信成本来起到震慑作用，从而减少市场活动中的失信行为，维护市场公平竞争的秩序。

（2）在信用制度建设方向上。

根据国家和行业有关信用管理的法律法规，完善驾培机构质量信誉考核制度，建立以学员评价为主的服务质量监督评价机制；完善信用信息记录、信息归集共享、联合奖惩、主体权益保护、信用等级评价与信用评价结果应用等方面的规定，制定驾培机构经营者和教练员的信用评价实施细则、严重失信主体名单认定标准、失信行为信息采集报送工作制度、守法诚信褒奖和违法失信行为惩戒规范等。

按照“谁备案谁监管，谁主管谁监管”的监管原则，进一步厘清部门职能界限，确保行业内外相关单位之间的职能划分清晰，同时，增强中央政府与地方政府、政府内部各部门间的协调联动，建立跨区域、跨行业信用奖惩联动机制。此外，需要完善企业信用信息公开制度，明确可公开信息的内容，发挥信息公开的效能，同时有效保护企业信息安全；还需要针对不同机构和不同信息平台之间的信息数据交互与共享，加强顶层设计，制定数据存储格式、数据端口参数等国家或行业统一的标准规范，并注意各信息化标准规范之间的协调性。

2. 归集与整合信用数据信息

（1）拓展信用数据采集渠道。

当前，驾培机构及从业人员的信用数据主要来源于管理部门和执法部门履行管理职能时归集的信息，包括企业备案、执法检查、行政处罚等信息，而驾培机构在其存续期间，还会产生企业宣传、设备采购、费用支付、劳务聘用等市场经济活动信息，这些企业信息主要来源于金融机构、网络交易平台、新闻媒体、投诉举报平台等。对此，建议管理部门在开展交通运输行业信用管理信息化建设的过程中，探索发挥第三方信用服务机构的作用，建立多个管理部门之间的数据交互与共享机制，整合企业备案、执法检查、行政处罚、质量信誉考核、服务治理投诉、安全生产事故等多源信息，扩大驾培机构及从业人员信用信息的种类和数量，通过数据全面化归集实现对企业信用情况的多维度、全方位反映。

（2）加强信用数据筛选与处理。

海量的企业数据为加强行业监管提供了信息基础，而信用管理对数据质量、准确性、时效性的要求非常高，数据的归集和整合质量对后续的管理效能产生直接影响，关系到监管措施的准确性和权威性。信用信息数据从产生到实际应用于监管的过程中，经过了采集、转换、筛选、加工、交换等多个数据处理过程，其中任意环节的数据处理质量出现问题，数据质量就难以得到保证，其应用效果也将大打折扣。

对于加强数据质量和数据获取的及时性，建议采取以下措施。

一是遵循“一数一源”的基本原则，逐步对数据实行标准化采集，数据产生的全过程尽量电子化、信息化，避免数据手工录入产生误差。

二是根据不同机构的职能分工，明确各类信用数据的最终解释部门，避免产生数据冲突。

三是发挥专业机构的作用，从已归集入库的大量数据中按标准筛选处理无效数据、重复数据和残缺数据，将有效数据按统一规则处理，特别是不同管理部门对同一企业产生的数据要加强叠加处理，形成可用的标准化基础数据，建立企业和从业人员“一户式”信用档案。

四是针对数据质量及数据应用情况制定科学有效的评估体系，对信用数据的标准化程度、准确性、可用性等方面进行综合评价，通过评价反馈机制促进信用数据的规范化发展。

3. 开展信用评价及结果运用

（1）企业信用评级和事前干预。

在企业信用信息归集、整合的基础上，管理部门可以运用定性和定量相结合的方法，按预先设定的指标体系对企业进行信用评级，依据信用评级结果实施不同等级的行政管理措施。比如，针对发现的企业经营风险点进行预警或警示限制，为管理部门进行事前干预决策提供支撑；引导企业及时纠正不正当的经营行为，进行企业信用修复，增强企业自律的意识和主动性。

（2）信用信息公示。

信息公示可以破除企业与学员之间的信息不对称，增强企业经营信息的透明度，促进信用共治局面的形成。管理部门可以通过驾驶培训监管服务系统向社会公示企业信用评价结果、企业违法经营行为及处罚结果等信息，让社会公众不受地域、时间等的限制，通过网络方便地查询驾培机构信用信息，评判驾培机构的信用状况，择优选择驾培机构和教练员。

（3）实施守信激励和失信惩戒。

对诚信者缺乏正向激励，而对企业及从业人员失信行为的惩处措施有限，让企业及从业人员的失信成本低于失信行为带来的利益，这就容易助长一部分个人或企业的投机心理，同时对诚信者的信心造成创伤，阻碍行业信用环境的形成。因此，加强企业的信用激励与惩戒十分必要。

对于守信驾培机构，管理部门可以通过优先提供培训与考试服务便利、优先支持新技术试点应用等给予激励；而对于失信驾培机构，管理部门可以根据其失信行为的严重程度，对其经营活动依法依规采取相应的干预措施，比如加大检查频次、限期整改等。企业信用监管机制绝非靠某一个部门的力量就可以形成，需要所有涉企监管部门齐心协力、齐头并进。建议交通运输、公安、市场监督管理等多个管理部门联合制定针对驾培业务的联合监管措施清单，对列入失信黑名单的驾培机构综合实施市场性、行业性和社会性的约束和惩戒。

4. 推进驾培行业信用文化建设

信用监管的理念和要求不能仅仅依靠法律的强制措施，还需要道德层面的约束，良好的信用管理文化在信用监管中起着举足轻重的作用。

（1）培养企业负责人信用素养，促进企业信用自治。

政府监管、社会监督、企业自治是构建行业信用管理体系的必然要求，企业自治是其中的重要组成部分。企业自身未树立遵守规则和维护信用的自治意识，仅靠外部监管措施的督促，企业信用难以达到良好的状态。在企业经营方面，负责人的信用素养非常关键。驾培机构的生产经营管理过程中会遇到各种各样的问题，会使负责人面临道德与利益的抉择。具有优秀品质的经营者能让企业秉承诚信经营的管理理念，积极面对经营过程中遇到的困难和问题，不容易失信违约；而负责人缺乏诚信、丧失品格，则会主导企业不择手段去逐利，容易出现失信行为。因此，通过加强驾培机构经营者的素质培训，让其对信用价值有正确的认知，在企业内部打造诚信至上的优秀文化，这样企业不论面临什么样的经营环境和困难，都能够以诚信为本，做到守法诚信经营。

（2）以社会共治促进行业信用发展。

驾培行业形成信用至上的发展环境，不仅仅需要驾培机构自身的努力，还需要各相关方的共同参与。管理部门、社会组织和社会公众都需要提升对信用的重视程度，才能形成合力，共同营造企业信用监管的良好环境。

一是协会组织在管理部门的指导下，引导行业强化自律，根据企业的经营特点和需求，为企业经营提供服务，并向政府反映企业普遍遇到的经营困境及合理诉求。

二是社会公众接受驾培机构的培训服务，对培训服务进行监督，向管理部门反映企业好的做法以及异常经营情况。

三是管理部门主导制定市场规则，对市场主体执行规则的情况进行监管，实行守信激励和失信惩戒，并针对企业普遍存在的困难积极整合资源给予必要的政策支持。

(3) 以信用为主题开展宣传教育。

信用管理的文化和氛围不是短时间内就可以形成的，需要管理部门和社会组织长期的宣传教育。

一是管理部门可以开展“诚信活动周”“信用交通宣传月”等信用理念推广活动，利用网站、App 等媒介平台介绍信用体系、信用监管等相关内容，使信用管理理念在全行业得到更好的传播。

二是管理部门和社会组织可以在驾培机构、驾培机构经营者和教练员当中选树信用模范典型，在行业内进行广泛宣传，让业内人士了解和学习榜样精神。

三 加强驾培行业管理信息化技术应用与服务

(一) 创新驾培行业管理信息化技术应用思路

近年来，管理部门推行“互联网＋政务服务”“互联网＋监管”，不仅能够提升在线服务、在线监管、实时感知和预警预测等方面的能力，还能够促进行业运行数据信息的汇聚，实现“用数据说话、用数据决策”“让数据多跑腿，让群众少走路”，增强政府监管决策、公共服务的能力和水平。

交通运输、公安等管理部门近年来推出了一系列便民利民举措，包括推行学员跨区域参加驾驶培训和驾驶证考试等，相应地，需要建立全国驾培行业跨省培训学员培训记录信息互认技术体系，建立和完善行业内外多个信息系统之间的信息互联共享标准规范，在全国层面实现行业基础、学员培训与结业、驾培机构与教练员服务评价以及违法行为处理等信息的共享，夯实行业信息化监管与服务的基础。

驾培行业信息化建设的目的主要有两个方面：一方面是对驾培机构培训经营活动进行监测，分析驾培市场运行状况，识别驾培机构和从业人员的违法违规行为，并进行精准干预；另一方面是通过对行业运行数据分析，为驾培机构经营发展和社会公众学驾提供有效的信息服务，为引导驾培行业健康有序发展提供技术支撑。

目前，行业管理信息化建设存在信息系统建设缺乏顶层设计、系统之间互联共享不足等问题，导致信息技术未能有效发挥促进驾培行业发展的作用，反过来又阻碍了驾培行业信息化建设的步伐。对此，建议从系统设计理念、层级设计和技术架构等方面对驾培行业管理信息化建设进行优化。

（1）在系统设计理念方面，通过信息系统将公众、学员、企业、行业管理等各相关方连接起来，增强企业与市场、学与教、企业经营与行业管理之间的信息互通和信息透明化，形成市场需求驱动下的驾培行业闭环管理模式，让消费者的消费决策影响和推动企业走质量发展、品牌发展的道路。此外，以服务企业经营发展和社会群众学驾需求为导向，增强行业信息系统对驾培机构和社会公众的信息服务能力。

（2）在系统层级设计方面，推进全国驾培监管与服务信息化建设，在信息化建设过程中根据部、省、市、县不同管理层级的职责，明确各层级信息系统的功能定位，充分发挥各相关方的主观能动性和建设性作用。

（3）在系统技术架构方面，针对日常监管、信用管理、行业运行统计分析、公共服务等信息应用场景对行业运行数据信息的需求，明确交通运输行业内部各相关信息系统之间，以及培训与考试系统之间数据信息共享需求，形成不同系统之间的信息共享清单，打造各信息系统之间数据交互的节点，疏通数据交互的堵点，实现部门内跨区域、跨部门之间的数据信息交互与共享。

（二）开展全国驾培监管服务信息系统建设

交通运输主管部门根据交通运输行业管理的需要，建立了道路运政管理信息系统、驾驶培训监管服务系统、交通运输综合执法系统、交通运输信用信息管理系统、12328 交通运输服务监督电话系统等信息化系统，对包括驾培行业在内的交通运输行业形成了立体化监管。对于如何推进全国驾培监管服务信息系统建设，建议交通运输主管部门从以下四个方面入手。

（1）将驾驶培训监管服务系统作为驾培行业监管的技术核心，强化驾驶培训监管服务平台的公益服务定位，稳步推进全国驾驶培训数据交换与服务平台和地方驾驶培训监管服务平台的建设和系统对接。驾培机构计时培训应用平台采集学员基础信息和培训信息，对培训过程进行管理，并将相关信息向当地驾驶培训监管服务平台交换与共享。地方驾驶培训监管服务平台汇集驾培机构的培训信息，对本地驾培行业运行状况进行统计分析，并将本地驾培行业数据信息向上一级驾驶培训监管服务平台交换与共享。全国驾驶培训数据交换与服务平台汇集全行业相关基础、培训和业务数据信息，支持学员跨省培训数据信息交换。

（2）优化各信息系统之间的信息流，实现部门内跨区域、跨部门之间的数据信息共享。在交通运输行业内，行业监管工作以地方为主体，因此，对于驾驶培训监管服务系统和道路运政管理信息系统、交通运输综合执法系统、交通运输信用信息管理系统、12328 交通运输服务监督电话系统等系统之间实现数据交互与共享，建议采用以省级系统之间交互为主、以部级系统之间交互为辅的模式，省级系统获取的相关数据信息向部级系统进行共享和汇集，再由部级系统支持交通运输行业内跨区域的信息交互与共享。对于交通运输部门与公安部门、市场监督管理部门之间实现信息系统的数据交互与共享，建议采用以部级系统交互为主、以省级系统交互为辅的模式，部级系统获取其他行业的相关数据信息后，再向地方信息系统共享。各信息系统之间的信息流向如图 6-3 所示。

（3）建立信息系统之间数据信息交换与共享的机制和规范。驾驶培训监管服务系统和道路运政管理信息系统之间交互与共享的数据信息主要包括：备案的驾培机构、教练员、教练车等基础信息，质量信誉考核信息等。驾驶培训监管服务系统和交通运输综合执法系统、12328 交通运输服务监督电话系统、交通运输信用信息管理系统之间进行交互与共享的数据信息主要包括：备案的驾培机构和教练员投诉举报、违法违规行为调查与处罚信息等。驾驶培训监管服务系统和公安部门交通安全综合服务管理平台之间进行交互与共享的数据信息主要包括：驾培机构、教练员、教练车、学员等基础信息，学员培训学时信息，学员参加驾驶证考试的结果信息，3 年内驾龄驾驶员交通违法和交通肇事信息等。驾驶培训监管服务系统和市场监督管理部门市场监管信息系统之间进行交互与共享的数据信息主要包括：备案的驾培机构和教练员投诉举报、虚假宣传、违法违规经营行为调查与处罚信息等。

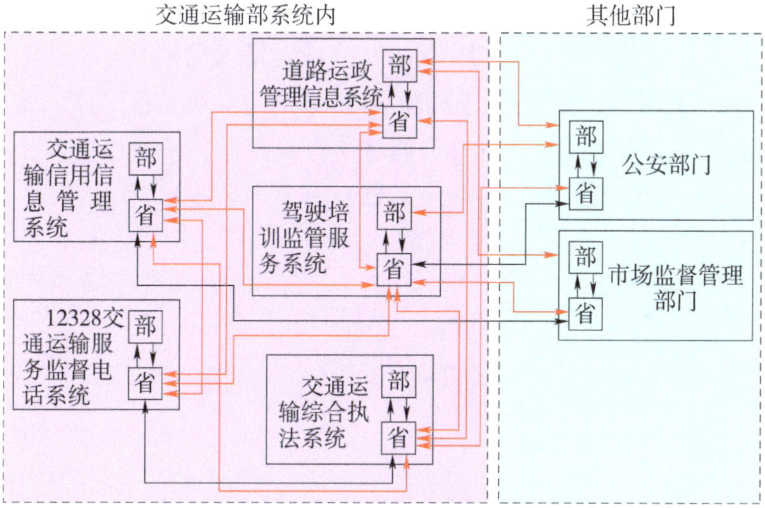

图 6-3　各信息系统之间信息流向示意图

（4）管理部门建立驾培机构计时平台的监督管理规范，强化对培训过程的线上监管，实现对驾培机构违法违规培训行为、招生量超出驾培机构培训能力等情形的自动查验和预警能力，形成“互联网 + 监管”的新型行业监督管理模式。

（三）为社会公众提供信息化服务

向社会公开驾培机构和教练员的相关信息，增强驾培信息透明度，是建立以学员评价为主体的监督机制的重要组成部分，是驾培机构与学员之间建立信任关系的基础。建议各级管理部门从便民利民的角度出发，建立信息查询和信息披露制度，利用全国驾驶培训监管服务系统为驾培机构和社会公众提供以下服务。

（1）向社会公布驾培机构的学员投诉率、考试违规行为、一次考试合格率、参训学员取得驾驶证后 3 年内的交通违法率和交通肇事率、违法违规经营行为等信息，引导社会公众择优选择驾培机构。

（2）为社会公众提供经备案的驾培机构和教练员的基本信息、学员评价、信用评价结果等信息查询服务，引导社会公众择优选择驾培机构和教练员。

（3）支持学员培训和驾驶证申领信息一次录入，共享学员体检、报名、培训和考试等全过程信息，简化学员培训约考手续，为学员提供学驾便利。

（4）支持学员跨驾培机构、跨省市完成的培训信息共享互认，且全国驾驶培训数据交换与服务平台对学员跨驾培机构、跨省市完成的培训学时提供查询服务，省级驾驶培训监管服务平台向驾培机构和学员提供培训学时及异常学时处置情况查询服务，为学员提供学驾便利。

附录A

项目调研情况及调研问卷

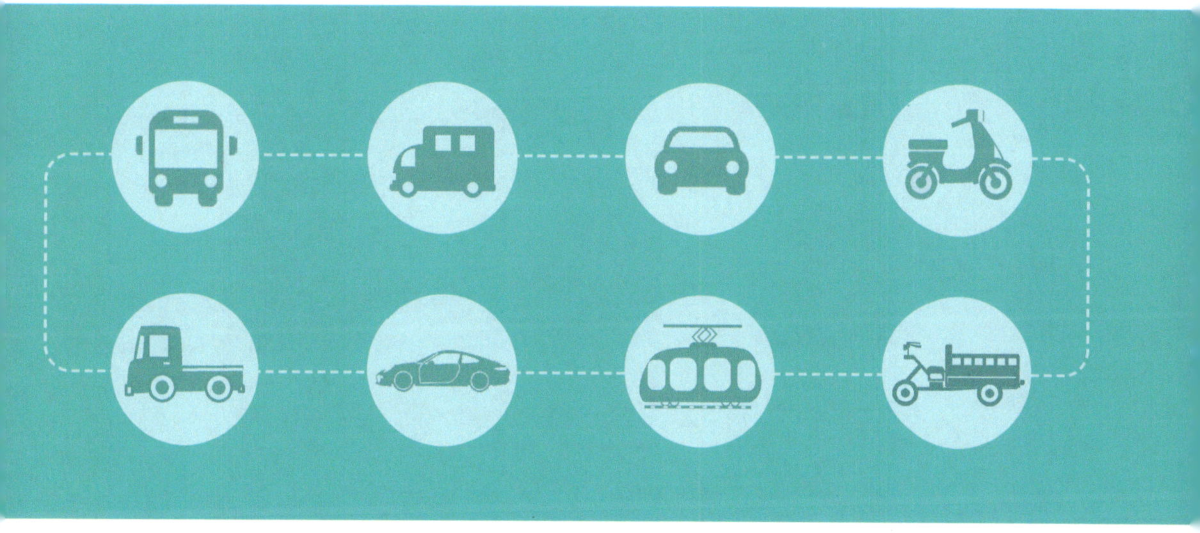

一 项目调研情况

为了客观分析驾培行业发展现状、发展特征及存在的问题，项目组于 2021 年 1 月 6 日—2 月 20 日面向全国范围内的道路运输管理人员、驾培机构负责人、教练员、学员和行业协会代表开展了驾培行业发展现状网络调研活动。

（一）调研问卷总数

截至 2021 年 2 月 20 日，共计收到全国 31 个省（自治区、直辖市）及香港特别行政区的 204 个城市反馈的问卷 18364 份，剔除存在无效数据和异常数据的调研问卷后，有效调研问卷共计 18289 份，各地反馈的调研问卷数量情况见表 A-1。其中，行业管理部门和行业协会代表反馈问卷 157 份，驾培机构负责人反馈问卷 751 份，教练员反馈问卷 6731 份，学员反馈问卷 10650 份。

全国各地反馈的调研问卷数量　　表 A-1

序号	省、自治区、直辖市	数量（份）	序号	省、自治区、直辖市	数量（份）	序号	省、自治区、直辖市	数量（份）	序号	省、自治区、直辖市	数量（份）
1	江苏	12751	9	北京	83	17	湖北	30	25	青海	12
2	陕西	3781	10	山东	77	18	贵州	28	26	吉林	11
3	四川	300	11	广东	60	19	河北	26	27	海南	10
4	浙江	217	12	河南	60	20	福建	19	28	黑龙江	8
5	上海	214	13	甘肃	41	21	内蒙古	17	29	天津	8
6	山西	161	14	湖南	40	22	新疆	15	30	宁夏	7
7	江西	113	15	重庆	40	23	广西	14	31	西藏	3
8	安徽	90	16	云南	37	24	辽宁	14	32	香港	2

（二）驾培机构分布情况

本次调研收到27个省（自治区、直辖市）共计677家驾培机构反馈的问卷，其中，三级驾培机构有396家，占比为58.5%；二级驾培机构有198家，占比为29.2%；一级驾培机构有83家，占比为12.3%，如图A-1所示。

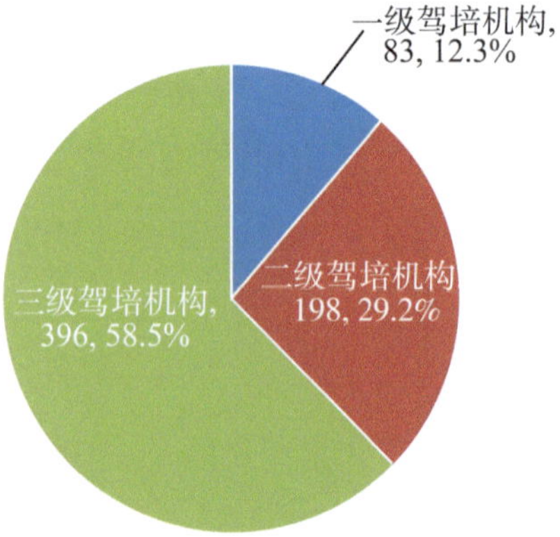

图 A-1　受调研驾培机构的等级分布情况

（三）教练员分布情况

本次调研收到28个省（自治区、直辖市）共计6731名教练员反馈的问卷，其中，小型汽车培训教练员占比为88.8%，大中型客车培训教练员占比为3.3%，大中型货车培训教练员占比为7.8%，摩托车培训教练员占比为0.1%，如图A-2所示。

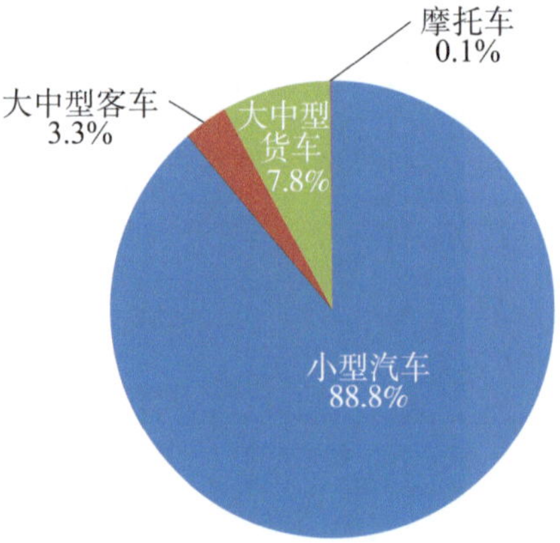

图 A-2　受调研教练员的准教车型分布情况

（四）学员分布情况

本次调研收到31个省（自治区、直辖市）共计10650名学员反馈的问卷，其中，申领准驾车型为小型汽车的学员占比为95.9%，申领大中型客车准驾车型的学员占比为0.5%，申领大中型货车准驾车型的学员占比为3.3%，申领摩托车类准驾车型的学员占比为0.3%，如图A-3所示。

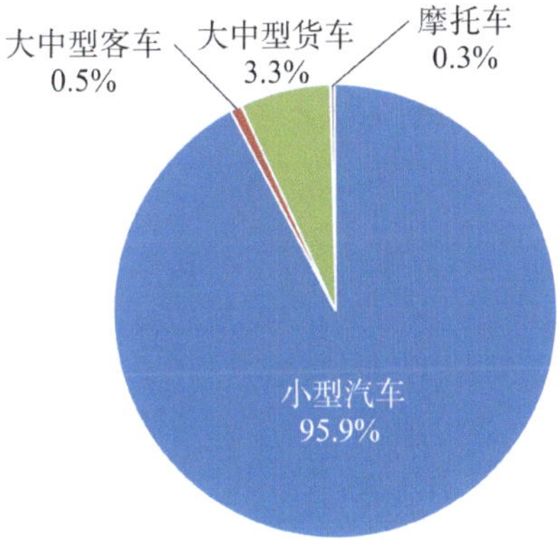

图A-3　受调研学员的学驾车型分布情况

参与本次调研的学员涵盖了刚开始学习、已通过科目一考试、已通过科目二考试、已通过科目三道路驾驶技能考试、已通过科目三安全文明驾驶常识考试、已获得驾驶证的各个阶段，其中，刚开始学习的学员占比为5.6%，已通过科目一考试的学员占比为32.7%，已通过科目二考试的学员占比为23.8%，已通过科目三道路驾驶技能考试的学员占比为8.7%，已通过科目三安全文明驾驶常识考试的学员占比0.6%，已经获取驾驶证的学员占比为28.6%，如图A-4所示。

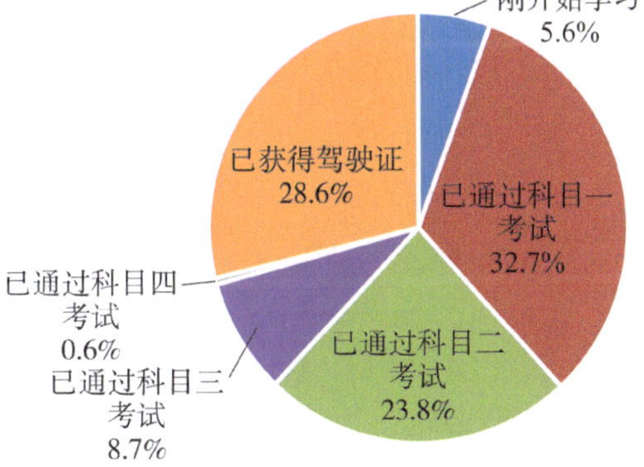

图A-4　受调研学员的学习阶段分布情况

（五）行业管理代表和行业协会代表分布情况

本次调研共收到15个省（自治区、直辖市）的行业管理部门和行业协会代表反馈的问卷，其中包括15个省级行业管理部门、59个市级行业管理部门、31个县级行业管理部门、7个行业协会。

二 项目调研问卷

项目组针对行业管理人员、驾培机构负责人、教练员、学员和行业协会代表分别设计了调研问卷。

（一）行业管理部门和行业协会代表

<table>
<tr><td colspan="3">机动车驾驶员培训行业情况调研问卷
——省、市级（省管县）行业管理部门和行业协会</td></tr>
<tr><td>单位名称：</td><td>联系人：</td><td>联系电话：</td></tr>
<tr><td rowspan="2">一、行业发展与行业结构情况</td><td colspan="2">1）本地区驾培机构共有________家。其中，
一级驾培机构________家，
二级驾培机构________家，
三级驾培机构________家</td></tr>
<tr><td colspan="2">2）本地区近3年新增驾培机构________家。其中，
新增一级驾培机构________家，
新增二级驾培机构________家，
新增三级驾培机构________家</td></tr>
<tr><td>二、本地区的年培训量</td><td colspan="2">本地区的年培训学员人数________人，近3年的年培训量变化趋势是：
2018年________人；
2019年________人；
2020年________人</td></tr>
<tr><td>三、本地区学员年龄分布情况</td><td colspan="2">本地区学员的年龄结构分布情况大约是：
18～25岁，占比约为________；
26～35岁，占比约为________；
36～55岁，占比约为________；
56岁以上，占比约为________</td></tr>
</table>

续上表

四、本地区学员学驾的满意度在什么水平？（单选）	○小于 70% ○70% ~80% ○80% ~90% ○90% ~95% 以上 ○95% 以上
五、本地区教练员人数	本地区的教练员数量为________人。其中，理论教练员________人，实操教练员________人。 本地区近 3 年新增教练员的数量为________人
六、本地区教练员的学历结构情况	本地区教练员的学历结构情况大约是：初中学历，占比约为________%，高中学历占比约为________%，大专及以上学历占比约为________%
七、本地区教练车数量	本地区教练车的数量为________辆。其中，小型汽车________辆，大中型客车________辆，大中型货车________辆，摩托车________辆。 在所有教练车中，新能源教练车有________辆
八、本地区教练场地情况	本地区教练场________个，面积总共有________平方米。其中，经营性教练场数量为________个。租用土地建设的教练场地________个，面积________平方米
九、本地区驾培机构是否采用了网络远程理论教学？（单选）	○是，全部驾培机构使用 ○是，只有部分驾培机构使用 ○否
十、您认为影响网络远程理论教学质量的因素包括哪些？（可多选）	□各种网络课程的教学内容质量参差不齐 □网络课程的教学内容更新慢 □网络课程教学形式仍然单一、交互性不强 □网络课程供应商打价格战 □其他
十一、本地区的驾培机构在驾驶培训教学中应用了哪些新技术、新装备？（可多选）	□智能教学机器人 □VR 驾驶模拟训练装备 □训练场地智能化改造 □运用训练大数据对学员训练效果进行评价 □基于移动终端的学员预约培训系统 □报名现场服务机器人 □其他
十二、本地区的驾培机构是否为学员提供先培后付服务模式？（单选）	○是，全部驾培机构提供 ○是，只有部分驾培机构提供 ○否

续上表

十三、关于推广应用先培后付服务模式，您认可以下哪些选项？（可多选）	□没有必要推广先培后付服务 □有必要推广先培后付服务 □尽快完善先培后付服务相关的法规制度 □驾培机构必须采用一人一车训练 □采用培训费用托管的方式预收费用 □明确学时计费标准 □适合在培训费用高的地区推广 □加大社会宣传力度 □其他
十四、教练员从业资格管理制度取消后的教练员管理举措，您认可以下哪些选项？（可多选）	□形成教练员聘用和岗前培训规范 □建立教练员继续教育制度 □建立统一的教练员信息库 □与公安部门建立违法驾驶行为等信息共享机制 □建立第三方开展教练员素质评价的机制 □建立教练员信用评价机制 □其他
十五、本地区是否组织开展了大型客货车驾驶员职业教育？（单选）	○是，发布了文件，但没有开始招生 ○是，发布了文件，有招生 ○否
十六、关于货运驾驶员从业资格考试取消后如何保证其培训质量，您认可以下哪些选项？（可多选）	□提高货运驾驶员培训机构的资格条件 □对货运驾驶员培训机构的结业考核加强监管 □完善货运驾驶员培训教学大纲 □允许驾培机构与职业院校、运输企业联合培养 □计时培训系统与约考系统联网对接 □组织货运驾驶员培训教练员专项培训 □其他
十七、关于交通运输综合执法改革后驾驶培训行业管理体制的情况，您认可以下哪一个选项？	○已经完成改革，对驾培行业管理没有影响 ○已经完成改革，出现多部门管理职能交叉，边界不清晰 ○还没有完成改革，不清楚是否有影响

续上表

十八、关于计时培训系统的运行情况，您认可以下哪些选项？（可多选）	□已经全面推广使用计时培训系统 □部分驾培机构推广使用计时培训系统 □已经与公安部门进行了联网对接 □驾校计时培训系统与监管系统分开独立运行 □已经运用计时培训系统分析出学员训练作弊的情况 □计时培训系统没有发挥出太大的作用
十九、学员对学驾投诉举报反映的问题主要集中在哪些方面？（可多选）	□退费难问题 □驾校乱收费 □服务内容与培训合同约定不一致 □教练员服务态度差 □教练员“吃、拿、卡、要”行为 □经常约不上训练车 □其他
二十、本地区在规范市场秩序方面采取了哪些措施？（可多选）	□驾培机构应符合标准要求 □建立驾驶培训市场投资风险预警制度 □运用计时培训系统加强监管 □与公安、市场等部门建立协同管理机制 □发挥协会在行业自律中的作用 □建立教练员和机构负责人信用管理制度 □建立社会公众监督机制 □对投诉举报及时查处并向社会公布结果 □维护驾培行业合理的收费标准 □开展驾培市场专项整治行动 □其他
二十一、当前制约驾驶培训高质量发展的因素有哪些？（可多选）	□法规政策存在滞后 □培训与考试未实现有效衔接 □驾培机构负责人素质不高 □教练员队伍整体素质不高 □培训收费标准低，质量提升动力不足 □学员维护消费权益的意识不足 □新技术应用不充分

续上表

二十一、当前制约驾驶培训高质量发展的因素有哪些？（可多选）	□行业自律欠缺 □市场秩序不规范 □行业监管理念陈旧，手段不足 □其他
二十二、您认为推进驾培行业向高质量方向发展，需要开展哪些工作？	
填表说明：本调研问卷题目分两类：选择题和问答题。选择题请您在选择认同选项前的“○”或“□”内打“√”，如有不同看法，可在“其他”后空白处直接陈述观点；问答题请在划线处填写，如纸张有限，可另附页。	

（二）驾培机构负责人调查问卷

机动车驾驶员培训行业情况调研问卷 ——驾培机构负责人		
单位名称：	联系人：	联系电话：
一、驾培机构基本情况	1）本驾校是________级驾培机构	
	2）教练员________人。其中， 理论教练员________人，实操教练员________人	
	3）教练车________辆。其中，小型汽车________辆， 大中型客车________辆，大中型货车________辆， 摩托车________辆。新能源教练车________辆。其中， a）大中型燃用汽油教练车________辆， 大中型燃用柴油教练车________辆， 大中型新能源教练车________辆。 b）小型燃用汽油教练车________辆， 小型燃用油气混合教练车________辆， 小型新能源教练车________辆	
	4）驾校自有的教练车________辆， 教练员承包经营的教练车________辆	
	5）驾校教练场地面积为________平方米， 场地土地是 ○自有 ○租用，租用期为________年	

续上表

一、驾培机构基本情况	6）驾校平均年培训量为________人次。 2018 年培训量为________人次， 2019 年培训量为________人次， 2020 年培训量为________人次
二、驾培机构收费标准	本驾校近 3 年的学习小型汽车平均收费标准为（单选）： □2500 元以下 □2500～3000 元 □3000～3500 元 □3500～4000 元 □4000～4500 元 □4500～5000 元 □5000～5500 元 □5500～6000 元 □6000～6500 元 □6500 元以上
三、驾培机构培训成本	本驾校培训一个学员的成本约为（单选）： □1000 元以下 □1000～1500 元 □1500～2000 元 □2000～2500 元 □2500～3000 元 □3000～3500 元 □3500～4000 元 □4000～4500 元
四、培训合同签订情况	培训前，□是 □否 与所有学员签订培训合同。 驾培机构采用的培训合同是以下哪一种？ ○驾校自主设计 ○当地统一样式 ○交通运输部式样合同
五、理论教学情况	本驾校如何组织理论教学？（单选） ○现场课堂教学 ○网络远程理论教学 ○学员自学、练题 ○其他
六、教学新技术应用情况	本驾校在驾驶培训教学中 □是 □否 应用新技术、新装备？若是，请选择（可多选）： □智能教学机器人，________台 □模拟驾驶训练装备，________台 □移动互联技术 □其他

续上表

七、先培后付服务模式应用情况	本驾校 ○是 ○没有 为学员提供先培后付服务模式， 学员选择先培后付服务模式的比例约为________%
八、培训学时情况	以小型汽车为例，本驾校对学员共提供________个培训学时，其中， 理论培训________学时， 实操培训________学时
九、驾驶员培训许可制度改革对驾培行业的培训质量有哪些影响？（单选）	○培训质量提升 ○培训质量保持不变 ○培训质量下降 选择该选项的理由是：____________________
十、货运驾驶员从业资格考试取消后，您认为将对培养货运驾驶员的质量带来哪些影响？（单选）	○质量下降 ○质量提升 ○保持不变 ○培训困难 选择该选项的理由是：____________________
十一、教练员从业资格管理制度取消后，您驾校的教练员整体素质变化如何？（单选）	○教练员整体素质提升 ○教练员整体素质下降 ○教练员整体素质保持不变 选择该选项的理由是：____________________
十二、驾校培训学员的任务和目的是？（单选）	○让学员尽快通过驾驶证考试 ○教会学员安全驾驶车辆
十三、学员对本驾校投诉举报反映的问题主要集中在哪些方面？（可多选）：	□退费难问题 □乱收费 □培训质量差 □教练员服务态度差 □教练员“吃、拿、卡、要”行为 □培训随意性强、不及时安排培训 □投诉不及时处理 □培训目标不明确 □其他（请说明）

续上表

十四、本驾校采取什么措施保障学员培训质量？（可多选）	□建立教学质量考核部门并配置人员 □由专人对教练员教学日志和培训记录进行核查 □建立学员自主选择或更换教练员机制 □对教练员教学过程进行音视频监控 □编写学员驾驶培训教学规范 □对教练员编写的教学教案进行检查和校核 □辞退或调离教学质量差的教练员 □建立基于学员评价的教练员培训质量评价机制 □其他（请说明）
十五、本驾校采用什么措施提升教练员素质？（可多选）	□建立教练员聘用标准和流程 □自行组织教练员岗前培训 □组织教练员由第三方进行岗前培训 □每年自行组织教练员的继续教育 □组织教练员由第三方进行继续教育 □聘用由协会等第三方认证的教练员 □辞退或调离教学服务质量差的教练员 □建立基于学员评价的教练员监督体系 □其他（请说明）
十六、教练员教学过程中，常出现的不文明教学行为有哪些？（多选）	□酒后教学 □不随车指导学员训练 □骚扰、侮辱、歧视或打骂学员 □索取、收受学员钱物或者向学员谋取其他利益 □在教学区域或教练车内吸烟 □虚假填写教学日志、伪造学时 □不按规定使用计时终端 □搭乘与教学无关的人员 □做与教学无关的事项 □其他
十七、您认为如何提升教练员的教学水平和专业能力？（可多选）	□按大纲进行定期培训教练员 □对教练员必须开展职业教育培训 □经常开展教练员的职业技能竞赛 □建立教练员退出机制

续上表

十七、您认为如何提升教练员的教学水平和专业能力？（可多选）	□建立教练员第三方资质认定制度 □对教练员实施信用管理 □其他（请说明）
十八、您认为，驾校要在竞争中生存壮大，重要的是什么？（可多选）	□重视品牌建设 □重视员工素质 □建立质量信誉考核体系和奖惩机制 □重视学员培训体验和服务评价 □坚持培训品质，认真落实培训大纲 □遵守培训管理制度，不弄虚作假 □针对不同学员进行个性化培训 □不断创新培训方式手段，加强培训吸引力 □有一个优秀的驾校经理人 □其他（请说明）
十九、您认为驾校做好哪些工作，能促进驾培行业向高质量方向发展？	
填表说明：本调研问卷题目分两类：选择题和问答题。选择题请您在选择认同选项前的“○”或“□”内打“√”，如有不同看法，可在“其他”后空白处直接陈述观点；问答题请在划线处填写，如纸张有限，可另附页。	

（三）教练员调查问卷

机动车驾驶员培训行业情况调研问卷 ——驾培机构教练员	
一、教练员基本情况	1）性别：○男　○女
	2）学历：○初中　○高中　○专科及以上
	3）准教车型： □小型汽车　□大中型客车 □大中型货车　□摩托车
二、年培训学员数量及学员满意度	2020 年度，您共教了________学员，学员对您的满意度约是（单选）： ○小于 70%　○70% ~80% ○80% ~90%　○90% ~95%　○95% 以上

续上表

三、被投诉情况	本年度您被学员投诉了________次（包括投诉到驾校、行业管理部门等）
四、您与驾校的关系是（单选）：	○驾校正式员工 ○承包驾校车辆上交承包费 ○自有车辆挂靠并上交管理费
五、教学教案编写情况	教学过程中，您○是　○没有自己编写教学教案 ○是　○没有采用驾校统一编写的教学教案 ○是　○没有及时填写《教学日志》和《培训记录》
六、您认为您培训学员的任务是（单选）：	○让学员尽快通过驾驶证考试 ○教会学员安全驾驶车辆 ○教一课是一课
七、您认为道路交通事故的发生是否与教练员培训教学环节相关？（单选）	○是　○否
八、您认为教练员采用什么方法和手段能提升学员满意度？（可多选）	□耐心教学 □做好接送学员等服务事项 □不骚扰、侮辱、歧视或打骂学员 □不索取、收受学员钱物或者向学员谋取其他利益 □其他（请说明）
九、您认为教练员采用什么方法和手段能提升学员培训质量？（可多选）	□按照教学大纲规定的教学内容培训 □合理采用相应的教学方法和教学手段 □按照考试要求和考试标准培训 □采用差异化的培训方式，因人施教 □其他（请说明）
十、您认为驾校在提升培训质量和服务质量上能做什么？（可多选）	□实施先培训后付费模式 □关心和支持教练员素质提升 □严格按照教学大纲培训教学 □严格教练员培训教学管理

续上表

十、您认为驾校在提升培训质量和服务质量上能做什么？（可多选）	□建立学员投诉渠道并及时处理有关投诉 □学员自主选择教练员和培训时段 □保证培训不做假 □其他（请说明）
填表说明：本调研问卷题目分两类：选择题和问答题。选择题请您在选择认同选项前的“○”或“□”内打“√”，如有不同看法，可在“其他”后空白处直接陈述观点；问答题请在划线处填写，如纸张有限，可另附页。	

（四）学员调查问卷

机动车驾驶员培训行业情况调研问卷 ——学员	
一、学员基本情况	1）性别：○男　○女
	2）学历：○高中及以下　○大专学历　○大学本科及以上
	3）学习车型： ○小型汽车　○大中型客车 ○大中型货车　○摩托车
二、您当初选择这家驾校的原因是什么？（可多选）：	□尽快拿证　□教学质量好 □驾校品牌好、口碑好　□服务态度好 □自主选择培训时段　□自主选择学费支付方式 □学费便宜　□对教学过程进行评价 □自主选择教练员　□通过熟人介绍 □其他
三、培训合同签订情况	您与驾校○是　○否　签订了培训合同 您○是　○否　知道学习驾驶要签订合同 您○是　○否　了解已经签订合同的内容
四、您是通过什么渠道来这家驾校报名的？（可多选）	□驾校工作人员介绍　□宣传手册 □同学、朋友、同事介绍　□电视、网络等媒体 □驾校宣传点宣传 □其他渠道

续上表

五、学车费用	您的学车费用是________元，您认为该学费（单选）： ○非常贵　○比较贵 ○适中　○比较低　○非常低
六、是否缴纳学费之外的费用	除了学费外，您○是　○否　还缴纳其他费用。 若是，缴费理由：____________________
七、学费缴纳方式	您缴纳学费时，○有　○没有　多种方式（现金、微信、支付宝等）可选，您缴纳学费的方式是（单选）： ○报名时一次性缴纳所有培训费用至驾校 ○报名时一次性预存全部费用到第三方机构（银行等），再按每次培训学时情况缴费 ○报名时一次性缴纳理论培训费用，实车训练和模拟训练按每次训练的预约学时缴纳费用 ○报名时一次性缴纳理论培训和模拟培训费用，实车训练按每次训练的预约学时缴纳费用 ○报名时一次性缴纳理论培训费用，其他按培训项目缴纳费用 ○其他
八、驾校报名时承诺的教学内容与培训教学过程中是否保持一致？（单选）	○是　○否
九、您是否了解驾驶培训教学大纲的组成？（单选）	○完全不了解　○听说过，但具体不清楚 ○有一些了解　○完全了解
十、您是否了解驾驶培训教学大纲中各个项目的培训教学目标？（单选）	○完全不了解　○听说过，但具体不清楚 ○有一些了解　○完全了解
十一、您是否了解学习车型的培训内容和学时规定？（单选）	○完全不了解 ○听说过，但具体不清楚 ○了解学时规定
十二、对于培训记录的认识	您○是　○否知道培训记录的作用 教练员○是　○否让您如实在《培训记录》和《教学日志》上签字

续上表

十三、您报名学习驾驶的目标是什么？（单选）：	○尽快拿到驾驶证 ○学会开车就行 ○保证一辈子驾驶安全
十四、学习驾驶过程中，您可自主选择什么？（可多选）：	□培训时段　□教练员 □培训时段和教练员　□其他
十五、您对教学过程中的服务是否满意？（单选）	○非常满意　○比较满意 ○一般满意　○不满意，原因：
十六、您是如何进行理论知识培训？（单选）	○参加驾校组织的集中课堂教学 ○驾校指定在网上学习 ○自己网上刷题、练题
十七、在实操培训教学过程中，教学模式是怎样的？（单选）：	○一人一车　○多人一车
十八、您对现在的培训教学模式是否满意？（单选）	○非常满意　○比较满意 ○一般满意　○不满意，原因：
十九、教练员出现违规行为情况	您在培训过程中○是　○否　遇到“吃、拿、卡、要”的情况？若是，请选择（可多选）： □培训中教练员索要钱财 □培训中教练员故意刁难 □培训中教练员索要物品 □其他
二十、您认为教练员应当满足什么要求？（可多选）	□能尽快帮我通过考试，其他没要求 □能说普通话，掌握驾驶培训教学的有关知识，教学规范严谨，耐心细致 □其他
二十一、按照现在的教学模式和方法，您考取驾驶证后是否敢上路驾驶？（单选）	○完全不敢 ○车内有老驾驶员指导才敢 ○完全可以单独上路

续上表

二十二、您是否了解驾驶培训的先培后付服务模式？（单选）	○完全没听说过 ○只听说过，但具体不清楚 ○有一些了解 ○完全了解
二十三、选择先培后付服务模式	报名学习驾驶时，您○是　○否　会选用先培后付服务模式，理由：
二十四、您认为采用哪些手段和方法能提升驾校的培训服务质量？（可多选）	□国家出台相关政策 □对教练员加强管理，对教练员教学情况进行监督 □使用音视频设备监控学员的培训过程 □每节课学完后，学员对教练员的培训与服务态度进行评价 □实施先培后付服务模式 □将学员对教练员的评价情况纳入企业考核指标，与工资挂钩 □其他
二十五、培训过程中，采用什么方式和措施能保障学员的合法权益？（可多选）	□国家出台相关政策 □学员对教练员教学情况评价和监督 □使用计时培训系统 □计时收费 □使用音视频设备监控学员的培训过程 □每节课学完后，学员对教练员的培训与服务态度进行评价 □实施先培后付服务模式 □将学员对教练员的评价情况纳入企业考核指标，与工资挂钩 □其他
二十六、在学习驾驶过程中，您最关注的因素有哪些？（可多选）	□尽快拿证 □学出来能开车 □服务态度好 □自主选择教练员 □自主选择培训时段 □自主选择学费支付方式 □学费多少 □对教学过程进行评价 □其他

续上表

二十七、刷题练习情况	您○是　○否　上过驾考宝典、驾校一点通这类的 App 软件进行练题、刷题
二十八、您对管理部门要求完成培训大纲培训学时持什么态度？（单选）	○无所谓，只要能顺利拿到驾驶证就可以 ○没必要，只要考试能过就行 ○很有必要 ○其他
二十九、对于学车，您有什么期望或建议？	
填表说明：本调研问卷题目分两类：选择题和问答题。选择题请您在选择认同选项前的“○”或“□”内打“√”，如有不同看法，可在“其他”后空白处直接陈述观点；问答题请在划线处填写，如纸张有限，可另附页。	

附录B

文中图、表和专栏索引

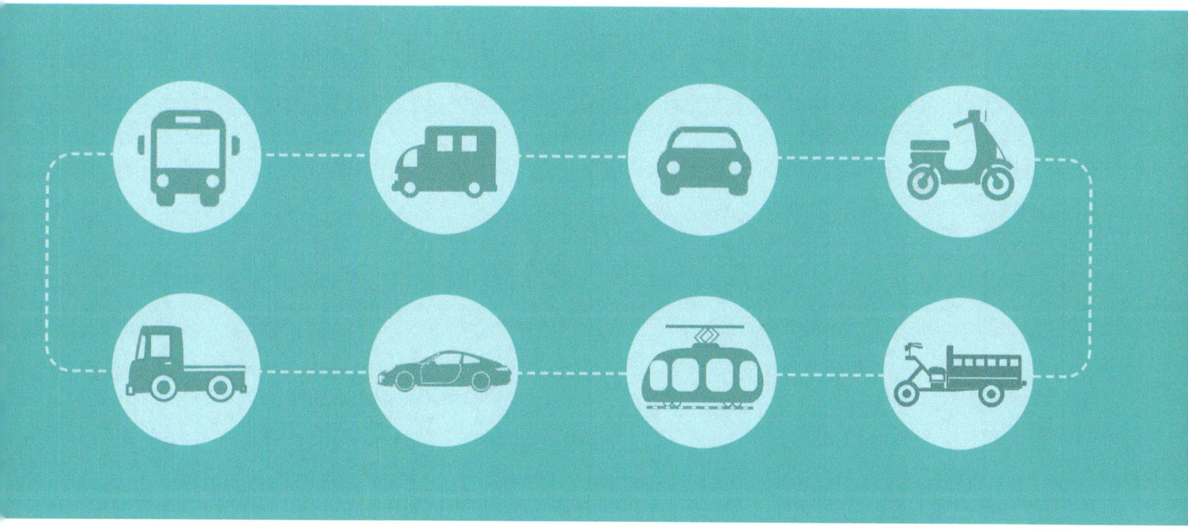

B-1 图索引

B-2 表索引

三 B-3 专栏索引

参考文献

[1] 交通运输部. 道路运输统计分析报告和资料汇编[Z]. 2010—2019.

[2] 公安部交通安全管理局. 中华人民共和国道路交通事故统计年报[R]. 江苏:公安部交通管理科学研究所,2019.

[3] 国务院办公厅. 国务院办公厅转发公安部　交通运输部关于推进机动车驾驶人培训考试制度改革意见的通知(国办发〔2015〕88 号)[Z]. 2015.

[4] 公安部,交通运输部. 关于做好机动车驾驶人培训考试制度改革工作的通知(公交管〔2016〕50 号)[Z]. 2016.

[5] 交通运输部公安部. 交通运输部　公安部关于印发机动车驾驶培训教学与考试大纲的通知(交通发〔2022〕36 号)[Z]. 2022.

[6] 中共中央党校(国家行政学院). 习近平新时代中国特色社会主义思想基本问题[M]. 北京:人民出版社,中共中央党校出版社,2020.

[7] 交通运输部公路科学研究所. 日本机动车驾驶培训与考试制度专题报告[R]. 北京:交通运输部公路科学研究所,2015.

[8] 赵剑波,史丹,邓洲. 高质量发展的内涵研究[J]. 经济与管理研究,2019,40(11):15-31.

[9] 崔淑华,徐凤娇. 机动车驾驶员培训行业发展影响因素的主成分分析[J]. 交通科技与经济,2018,20(02):8-11,17.

[10] 张劲松. 苏州驾培行业政府管理中存在的问题及其对策[D]. 苏州:苏州大学,2016.

[11] 交通运输部公路科学研究所. 江苏省先培后付服务模式研究[R]. 北京:交通运输部公路科学研究所,2017.

[12] 徐文思. 浅谈会计视角下驾校的经营成本控制[J]. 时代金融,2017,(11):226,228.

[13] 丁捷. 大数据环境下企业信用联合监管问题研究[D]. 湖南:湘潭大学,2020.

[14] 王昊彦. 以信用为基础的海事安全监管研究[D]. 重庆:重庆交通大学,2021.

[15] 中华人民共和国交通运输部. 机动车驾驶员培训机构资格条件:GB/T 30340—2013[S]. 北京:中国标准出版社,2014:2.

[16] 中华人民共和国交通运输部. 机动车驾驶员培训教练场技术要求:GB/T 30341—2013[S]. 北京:中国标准出版社,2014:3.